Pío XII, la escolta mora
y un general sin un ojo

W0307443

Colección Autores Españoles
e Hispanoamericanos

Francisco Umbral

Pío XII, la escolta mora y un general sin un ojo

Finalista Premio Planeta
1985

Planeta

COLECCIÓN AUTORES ESPAÑOLES
E HISPANOAMERICANOS

© Francisco Umbral, 1985

Editorial Planeta, S. A., Córcega, 273-277, 08008 Barcelona (España)

Diseño colección y sobrecubierta de Hans Romberg (realización de Jordi Royo)

Primera edición: noviembre de 1985

Depósito legal: B. 33.988-1985

ISBN 84-320-5582-4

Printed in Spain - Impreso en España

Impreso y encuadernado por Printer industria gráfica sa
Provenza, 388, 08025 Barcelona - Sant Vicenç dels Horts, 1985

A Teresita Rodríguez,
que me llevaba al Frondor

La poesía trabaja siempre con el pasado.

BORGES

La memoria trabaja siempre con el presente.

SALVADOR PÁNIKER

Corría el medio siglo y yo tenía un abrigo con cuello de rizo (dado la vuelta), unos guantes amarillos (encontrados/perdidos por casa, quizá femeninos) y un capacho de hule para la compra. Las mañanas de mi ciudad, Valladolid, eran de plata y niebla, una pugna entre las nieblas del río, que querían borrar la historia y la memoria minuciosa de los hombres, y la Historia misma, románica en la Antigua, plateresca en unas portadas, churrigueresca en otras, gótica florida en patios como San Gregorio. Era la Naturaleza, con sus meteoros, contra la Historia, con sus manierismos, según veía yo a través del cristal de mi balcón, constelado de frío.

Naturalmente, acababa imponiéndose la Historia, como ha ocurrido siempre en la vida del hombre, hacia las doce menos cuarto del mediodía. «Las doce en el reloj», que cantaba otro poeta local, Guillén, cabeza noble y casi ofidia, tras un cristal constelado como el mío, esmerilado de amanecer, aún, como queriendo fijar, con el rigor y la lucidez de su pensamiento, el triunfo de la cronología —forma cotidiana de la Historia— sobre la naturaleza nietzscheana, romantizante y locatis.

Pero la ciudad había conseguido ir elevando sus monumentos, uno a uno (cada uno como una Atlántida gótica, plateresca o barroca), hasta la superficie del mar imaginado de la niebla, y era el momento en que yo, abandonando mis imaginaciones, que entonces me parecían poético/culturales, tenía que ponerme el abrigo con cuello de rizo (dado la vuelta), los guantes amarillos (encontrados por casa), coger el capacho de hule e irme a hacer la compra.

Yo era un joven de escasos medios, un artista pobre,

un retrato adolescente e inacabado, y aquello era mi trabajo de todos los días, mientras no aprobase unas oposiciones. El débito con la casa, con la familia, una familia y una casa azules de humedad, negra de muertos, sepia de libros y grabados. Ya en la calle, convocaba imágenes literarias de artistas humillados (Byron niño y cojeante, atravesando la calle con el encargo de una jarra de cerveza que se le derramaba, era la más eficaz) para consolarme de mi malandanza por la única vía que me ha sido siempre consuelo en la vida, ya desde entonces: la literatura. Y caminaba hacia el mercado.

Mi ciudad, que era ese conjunto de Atlántidas menores, surgidas y cultas que ya he explicado, todas ellas en plata de piedra, en piedra de plata, en plata de Historia, mi ciudad, digo, era también un caserío judeocastellano de tejas destruidas y ventanas imprevistas, como monacatos naturales del vivir en sombra y frío. Aquello era lo que yo tenía que recorrer hasta llegar al mercado.

El mercado era de hierro y ladrillo, sesgado por todos los tigres de papel de los anuncios ya rasgados de circos y compañías folklóricas, y desde muy temprano olía a grito y merluza fresca, a naranja guachi y miseria india, a mendigo mutilado de la guerra y abrótano macho de la señora marquesa, que dos o tres veces por semana bajaba a la compra, no se sabía si para llevarse mejores lechugas y mejor lechazo o para oír y ver al pueblo de cerca, e informar luego en sus salones (corría el medio siglo, ya se ha dicho) a los Tercios de Castilla y deanes de la catedral de Juan de Herrera (truncada) que la visitaban los miércoles, a las husmas del Vega Sicilia y las pastas de las Pastorinas. No diré yo que estaba un poco enamorado de la señora marquesa, doña Alfonsa la Millonaria, que eso me suena a novela famosa, sino, muy al contrario, que todo el rubor secreto de mi compra doméstica se hacía rubor público ante la señora marquesa, que al principio de estos encuentros me saludaba muy natural (naturalidad de clase, como aprendí después), pero que luego, ante mi conducta visiblemente esquiva, dejó de hacerlo, y entonces es cuando pensé que realmente no se rebajaba ella a saludar e incluso conversar con un joven vecino que sabía culto, pero que veía hirsuto.

Hacia la una, cuando yo había dado varias vueltas al mercado, buscando lo más barato, el Val (así se llamaba) era como un barco carguero, reventón de manzanas podridas y peces sin Linneo, que navegaba merced a las grímpolas y los gallardetes del griterío: la verdulera, la pescadera, la carnicera, la huevera, la frutera, la pollera, la casquera, todas en un concierto que era el revés de la música, queriendo agotar las existencias (se cerraba a la una y media) a puro grito o mediante la apelación casi violenta a las compradoras rezagadas, entre las cuales había un comprador, que era yo, ya con el capacho humillantemente cargado y el último billete de cinco pesetas resobado en el bolsillo (me quitaba el guante amarillo para no ajarlo de moneda o pescadilla).

El bisabuelo don Martín Martínez, que venía en el caballo blanco, *Sirio*, llenaba todo el cielo con su medio siglo, su estatura y su galope. El bisabuelo don Martín Martínez era el campo todo entrando en la ciudad, el terrateniente/feudal invadiendo los reinos del adoquín y las plazas adoquinadas de silencio. El bisabuelo don Martín Martínez tenía destrozado el piso de las cuatro calles de mi pequeña ciudad, de mi provincia plata, con los cascos de su caballo *Sirio*, y más de una vez se lo había dicho el señor alcalde:

—Mire usted, don Martín Martínez, yo comprendo que no va a irse usted a visitar sus fincas a pie, pero, al llegar al centro urbano, yo le ruego que se baje del caballo.

—Con lo que me roba usted en nombre de Cánovas, tiene usted suficiente para adoquinar toda la ciudad.

—Con perdón de don Martín Martínez, yo no soy alcalde de Cánovas, sino de Sagasta.

—Usted perdone, pero viene a ser lo mismo. Dígale a

Sagasta que con lo que se me llevan de trigo, en alcabalas, tienen para adoquinar hasta la iglesia de San Miguel por dentro.

—Don Martín Martínez siempre tan ocurrente. Y tan irreverente.

—Además, ha dicho ese jovenzano, don José Ortega y Gasset, que toda la Restauración es una fantasmada. Los fantasmas no urbanizan.

—Su anacronismo siempre será su fuerza, don Martín Martínez. Ortega no puede haber dicho eso porque aún no ha nacido. ¿Sabe usted en qué fecha estamos?

—Los calendarios sólo sirven para el retrete. Yo los mando poner allí directamente. Si Ortega y Gasset no ha dicho eso, habrá sido su padre, Ortega Munilla. Y, si no, Ortega lo dirá algún día.

—Entonces ¿yo soy el alcalde de un fantasma?

—Usted es un fantasma por sí mismo, señor alcalde.

Y mi abuelo se iba del Casino (rojos de peluche cansado y oros de latón ennoblecido) rozando las lámparas con su gran estatura, marcando las alfombras con sus botas de barro y equitación, a montar de nuevo el caballo *Sirio*, que tenía en la puerta, sujeto por un sumiller del Casino, aplaciente y miedoso de los extraños que hacía el bicho:

—Es que se le ha acabado la cebada, don Martín Martínez, y parece inquieto.

—Pues haber ido al Horno Francés a comprarle unos petisús, imbécil.

Se subía al caballo blanco, mi abuelo/bisabuelo, y volvía a llenar el cielo de la ciudad, y la ciudad misma, con su tamaño y su trote. La vieja ciudad castellana se enorgullecía y se asustaba un poco, en sus solteronas de pechos sensibles, ante el paso tremendo de aquel hombre que, al fin y al cabo, sólo iba a casa a tomar la sopa.

—Tienen propiedades por el Reino de León.

—Y por aquí por Castilla.

—Hacia Laguna de Duero.

Era el rastro murmurado que quedaba en la ciudad al paso de mi bisabuelo, don Martín Martínez.

Si a mí me llevaba a caballo, entre él y el arzón de la

silla, yo levantaba la cara, para verle la suya a través del humo negro del cigarro, por comprobar si se enteraba de las lenguas anabolenas, pero el humo era mucho y la expresión de don Martín Martínez variaba poco, siempre entre la agresión y la sonrisa.

Una vez que el alcalde, en el Casino, se puso reiterativo con el adoquinado y los cascos del caballo, don Martín Martínez le cogió por la pechera, le llevó hasta un ventanal, lo alzó de golpe y tuvo al alcaldillo colgando en el vacío:

—¿Te suelto, alcaldillo de Cánovas?

—De Sagasta, don Martín.

—Peor me lo pones, mira que te suelto.

—No soy más que un servidor del Orden.

—A la mierda con el Orden. Con eso del Orden tenéis jodida España.

Lo metió para dentro, le dejó caer en la alfombra y el alcaldillo no volvió a hablarle de los cascos de *Sirio*, caballo de Atila que levantaba el adoquinado municipal.

Mi bisabuelo don Martín Martínez cargaba con un brazo una fanega de trigo. Era un gigante, pero no abusaba. Yo he salido un poco a él, aunque astenizado por el placer solitario de la literatura. De modo que mi bisabuelo olía siempre a fanegas, a caballo y a hombre. Don Martín Martínez hacía más Casino al Casino, cuando iba, como hacía más caballo al caballo, y no a la inversa. Era de esos gigantes que hacen *más* todo lo que habitan. Por eso le respetaban los alcaldes de Cánovas/Sagasta. Por eso y por las fincas, claro.

Un día, en invierno, mi bisabuelo recibió una carta del zar de Rusia, que le invitaba a cazar. Como era invierno y mi pequeña provincia estaba nevada, todos nos sentimos de pronto un poco hermanos o cercanos de Rusia. La nieve era un camino que unía ambos países, tan distantes.

—La nieve y el cristianismo —dijo la bisabuela Mónica—, que los rusos son muy cristianos y siempre tienen un altarcito en casa, con una lamparilla.

—Se llaman iconos, mujer —dijo el bisabuelo don Martín Martínez, con ese natural desprecio de los hombres a caballo hacia las mujeres sentadas en sillita baja de cloquear un hijo, como un huevo.

La nieve era un camino, sí, y por aquel camino se fue el abuelo don Martín Martínez, galopando en su caballo *Sirio*, hasta Rusia, para atender la invitación del zar, a quien conocía de haber compartido un palco y una bailarina en París, con gran espanto de Degas.

—Me están ustedes mustiando la ballerina: ¿cómo la pinto yo mañana?

—Pinte usted otra, señor impresionista. París está lleno de ballerinas que han venido a que las pinte usted y no a bailar, porque bailar, lo que se dice bailar, no sabe ninguna.

Esta anécdota les unió mucho a mi bisabuelo señor Martínez y al zar de todas las Rusias.

—Ustedes los españoles es que tienen respuesta para todo.

—Gracias, señor zar, pero este Degasillo no es más que un proxeneta de bailarinas. O de ballerinas, como él dice, el muy cursi. Parece el alcaldillo de mi ciudad.

O sea, que mi bisabuelo don Martín Martínez se fue a cazar, por el camino de la nieve, con el zar de Rusia.

El bisabuelo don Martín Martínez cruzó Europa a caballo, una Europa nevada e inverniza, y comprendió que había llegado a Rusia cuando empezó a ver carteros que volaban, parejas nupciales en los tejados, burros blancos que tocaban el violín por las calles y palomas que surgían de los floreros. Las aldeas rusas tenían esa luz morada y suave que da la nieve de varios días, cuando aún no ha sido mancillada, pero ya va perdiendo frescura.

Al llegar a San Petersburgo era el año 17. O quizá más. Claro, un caballo, aunque sea *Sirio*, tarda en cruzar Europa. De modo que en Rusia, mientras tanto, ya no mandaba el zar, sino Lenin.

De todos modos, Lenin recibió a mi abuelo:

—Mire usted, yo he venido atravesando toda Europa con esta carta del zar, que me invita a una cacería...

Lenin, sin levantarse de su despacho, leyó la carta como a través del sobre, sin abrirlo.

—De modo que viene usted de España. Otro país abocado a la Revolución de Octubre.

—¿Estamos ya en octubre? —preguntó mi bisabuelo.

—No, pero en octubre hubo una revolución. ¿Qué le parece a usted lo que ha visto de la nueva Rusia?

—No está mal, pero me parece que falta la libertad.

Y entonces Lenin le hizo la pregunta histórica:

—¿Libertad para qué?

—¿Libertad para qué? —repetía mi abuelo a la hora de la cena.

Todos cenábamos en silencio. El bisabuelo tenía aún un aura de distancias.

—Libertad para qué, ¿os dais cuenta? Es como si me preguntan que el agua para qué. La libertad es como el agua. La respuesta era tan obvia que al pronto no supe qué contestarle. Cuando se me ocurrió una respuesta, la audiencia ya había terminado, y aquí estoy de vuelta.

Mi bisabuelo, don Martín Martínez había visto a mi bisabuela Mónica, de catorce años, jugando a las tabas en la calle. Yo jugaba con ella.

—Niña, que te llaman, que subas.

—Me quiero casar con la niña, y en seguida.

—Este señor se quiere casar contigo. ¿Lo conoces?

—Claro que sí, y es muy alto y muy guapo.

Y la bisabuela Mónica, de catorce años, volvió a la calle a jugar a las tabas conmigo y con los otros chicos. Se casaron en seguida y tuvieron quince hijos. Casi todos murieron, menos mi abuela Luisa, que era una de las mayores, y a quien mi bisabuelo llevaba a montar a caballo con botines femeninos de montar.

—Las mujeres son frágiles y hay que ponerles botines para que no se les quiebre un tobillo.

Los botines de la abuela Luisa, brillantes y de gamuza,

tenían miles de herretes, de modo que, el día de equitación o cacería, la abuela Luisa se levantaba muy temprano para que las criadas le fuesen abrochando los herretes.

Una vez por semana, don Martín Martínez se recortaba los callos. Una tarde volvió del Casino con gran dolor en un pie. Se metió en la cama, pero no quiso llamar médicos. La cosa era gangrena y mi bisabuelo murió en unas horas. Tenía cincuenta años. Se había burlado a gritos de Cánovas y Sagasta.

Niñas/coliflor que perfumaron mi infancia: Clarita, Amalita, Teresita, la Ina, etc. Clarita era de la fábrica de sombreros, silenciosa fábrica en sombra donde ya no se hacían sombreros, que tenía un huerto delante, con pilón y chorro de agua, y adonde yo cruzaba con el botijo, como llevando de la mano el hermano pequeño que yo no tenía, por llenarlo de aquel agua, tras el trámite ladrador de los perros, poco mordedores, que me ponían las patas delanteras en el pecho débil, enfermo, pretuberculoso, y me miraban cara a cara, como el hombre/lobo de las películas, sólo que mucho más bondadosos, pues hay un fondo de curiosidad por el hombre, un fondo dorado y desconfiado, en la mirada de los animales.

En seguida venía Clarita, saliendo de la casa sin bragas bajo su vestido que fuera dominical, o saliendo del pilón con una braga azul y chorreante, pegada al culillo gracioso y ya pugnaz (qué precoz es la mujer, por detrás y por delante). Es decir, que se estaba bañando en el pilón, y sus pezones mojados eran ingenuos como los míos, pero la braguita azul de punto me inquietaba, precisamente porque la había visto siempre sin ella, y nos poníamos en cuclillas, junto al caño por donde salía el disparo del agua fresca, torcida como una soga, y los perros andaban en torno, habían pasado de la épica a la lírica y nos lamían la espalda con un bucolismo de poetas anacreónticos y bujarrones.

—¿Te gusta el agua de mi huerto, Francesillo?

—Claro, Clarita.

Luego, había poco más que hacer allí y yo me iba, y los hermanos de Clarita andaban a los husmos por el huerto, como perros, y los perros se aburrían y miraban a la niña, como hermanos, mientras ella se metía de nuevo en el pilón, seguía bañándose, y en la casa se iba muriendo la familia, el padre vasco, la madre vasca, los oficiales y las oficialas de los talleres, y sólo quedaba, en aquel hogar negro y extraño, lleno de la sombra verde del huerto, una humanidad de cabezas de madera, pensamientos de sombrero, planchas de carbón, como vapores varados de la Liga Hanseática o Hansa Teutónica, más un bombín nuevo, café, elegante, pretencioso, olvidado, de algún oidor o relator de la Real Chancillería de Valladolid, que se había olvidado de mandar a recoger el sombrero, o que se había muerto a pelo.

Yo cruzaba la calle, hacia mi casa, con el botijo de la mano, echando un trago de vez en cuando, más que por sed, por darle naturalidad y alegría a mi acarreo, por disimular el esfuerzo, como trata de disimularlo Sísifo y todo el que lleva una piedra, que siempre es humillante, aunque lo mío era una piedra de agua.

Yo recordaba a Clarita de cuando los bombardeos —aquella bomba de la estación—, los rosarios en el hondo refugio de piedra, todo el barrio metido en un solo panteón, y ella, como siempre, con el culillo gracioso y desnudo sobre las frías losas subterráneas, jugando a las tabas o imitando en runrún irónico el rezo de los mayores. Así era Clarita.

La amistad del niño con el botijo es quizá la primera camaradería del chico, no se sabía bien si el niño cuidaba del botijo, en verano, o el botijo cuidaba del niño, pero el botijo, ya digo, era más hermano pequeño en las casas donde no había hermano pequeño. Claro que el botijo traicionaba, como traicionan primero los amigos y luego las novias, y de pronto me sesgaba las amígdalas con un filo de agua fría, y yo me metía en la cama denso de fiebre y con la garganta perfumada de medicinas que sabían a hierba y de hierbas de la abuela que sabían a medicina. Lo que no se me ocurrió pensar nunca es que la saeta de agua me la había clavado Clarita en aquel huerto fabril que era como un paraíso terrenal por donde vagaban Caín y Abel, simplemente los dos hermanos de la niña, buscándose y encontrándose, y una quijada de perro, ya que no de burro, era un teatro de moscas entre los pedruscos de la puerta.

Cuando, muchos años más tarde, leí *Las moscas*, de Sartre, me acordaba todo el rato de las moscas de aquel huerto y aquella quijada de perro, y quizá por eso la obra no me gustó: porque no contaba la historia de Clarita y sus hermanos y las multitudes de pensadores de madera que hacían tertulia en la penumbra de la casa, sino que contaba otras cosas más prepotentes, más pretenciosas y más de mentira: me parece que hasta sacaba a los griegos.

Amalita, sobrina de Sabina, la portera, que tenía un brazo hinchado y una tortuga de oro, era una niña de pueblo con braguita malva, y ahora recuerdo que John Updike lo dice en una de sus novelas: «Cuando se ha sentido una vez, ya se siente siempre. Todavía sentimos a la niña a quien vimos la braguita en la escuela de párvulos. Somos así de imbéciles.»

Yo no creo que seamos así de imbéciles, sino que estamos así de habitados por nosotros mismos, y yo llevo un racimo de niñas en el alma vieja de viejo y todavía puedo respirar, si quiero, el perfume aldeano, fucsia y pobre de aquella niña que no era nada, nadie, pero que reinaba en el brazo monstruoso de su tía y en el caparazón verdeoro de la tortuga, y que tenía una braga malva que ella me enseñaba siempre que yo se lo pedía. Hasta en mis perfumes malva de adulto vive aún la mínima Amalita.

SANTO, del latín *sanctus*. Perfecto y libre de toda culpa.

Con toda propiedad, sólo se dice de Dios, que lo es esencialmente; por gracia y privilegio y participación se dice de los hombres. // Dícese de la persona a quien la Iglesia declara tal y manda que se le dé culto universalmente. // Aplícase a la persona de especial virtud y ejemplo. // Dícese de lo que especialmente está dedicado a Dios. // Aplícase a lo que es venerable por algún motivo de religión. // Dícese de los seis días de la Semana Santa que siguen al Domingo de Ramos. // Conforme a la ley de Dios, sagrado, inviolable. // Aplícase a algunas cosas que traen al hombre especial provecho, y con particularidad a las que tienen singular virtud para la curación de algunas enfermedades. // Aplícase a la Iglesia católica por nota característica suya.

Esto es lo que yo había leído, en un repente ladrón, en el expediente de beatificación de don Luis, de modo que me puse a cavilar, con san Pedro de Arlanza, en la sacristía, sobre las posibilidades de nuestro coadjutor en Roma.

—Santo, del latín *sanctus*. Parece, mayormente, que el cielo habla en latín, señor don san Pedro.

—Lo que pasa es que la Iglesia usa el latín, para estos casos, como el caballero la espada gloriosa de su abuelo, que está en la panoplia y que ya no corta, pero sirve para asustar a las visitas.

Así me dijo san Pedro de Arlanza, disolviéndose en la gozada de la primera nube de caldo o picadura —ya ni me recuerdo—, mucho más y mejor que en las nubes hipotéticas y celestiales.

—Que le he fisgado el expediente a don Luis y le piden «perfecto y libre de toda culpa».

—¿Y tú no ves a tu coadjutor perfecto y libre de toda culpa? —preguntó el santo, con una ironía sobria entre su nube de tabaco.

Guardé un rato de silencio, mientras le daba a mi pitillo chupadas de murciélago.

—Bueno, usted me va a perdonar, don san Pedro, pero a mí don Luis es que se me antoja un poco buja, como si dijéramos.

Hubo otro silencio.

—¿Te ha metido mano, hijo?

Parecía que nos estábamos confesando. O sea, confesándome yo con él, y tampoco hubiera sido mala cosa confesarse con un santo.

—A punto ha estado, señor don san Pedro.

—¿Tocamientos secretos y acciones deshonestas?

—Sin llegar a tanto.

—Tranquilo. Eso no llega al Vaticano. Yo conseguí la santidad por mucho menos.

—Como usted diga, señor san Pedro.

(Sólo por gracia, privilegio y participación se dice de los hombres —le objeté al santo.)

—Las señoras del barrio se están moviendo bien. Don Luis, recuérdalo, no va para santo, sino sólo para beato.

—¿Y eso qué supone, señor don Pedro de Arlanza?

—Eso supone, hijo, que habrá más dinero para la parroquia, para el párroco, para el beato, para ti y para mí y, por lo tanto, para picadura, caldo de gallina o vino. O sea, que viviremos mejor, Francesillo.

—Es usted un santo muy práctico, don san Pedro.

—Todos los santos lo hemos sido, Francesillo. De no ser así, no tendríamos una peana.

—También dícese en el expediente que a la persona declarada tal, manda que se le dé culto universal. Yo es que no veo a don Luis disfrutando culto universal.

—Claro, porque te ha tocado el pecho, que lo tienes ancho y bonito (y yo te prometo que no soy maricón, Francesillo: ahora que estoy en el cielo, qué más me daría decirlo). Pero no olvides que el expediente habla de beatos y tú le estás aplicando al coadjutor un tratamiento de santo.

—«Conforme a la ley de Dios, sagrado, inviolable.»

—¿Es que te has permitido pensar alguna vez, hijo,

que nuestro coadjutor pudiera ser groseramente violado en la carne?

—Usted perdone, don san Pedro.

Había sorna en la picadura del santo.

—«Aplícase a algunas cosas que traen al hombre especial provecho, y con particularidad a las que tienen singular virtud para la curación de algunas enfermedades», concluye el expediente. Yo no he visto que don Luis haya curado ninguna enfermedad.

—Hombre de poca fe —me dijo don san Pedro, apagando el cigarro en un apagavelas de oro.

Doña Alfonsa la Millonaria descendía todos los miércoles al mercado como la Virgen del Carmen al Purgatorio, y, en lugar de un ánima, sacaba de aquel llamear de gritos y frutas y carnes rojas, un pavo bien cebado o un salmón fresco para su resopón de la noche (eran los miércoles), que al clero siempre le ha complacido comer bien y castamente, y lo mismo a los mílites y équites.

Y quién sabe si los pavos cebones o los salmones frescos no tienen, asimismo, alma que salvar. La teología, según en manos de quién, puede hacer estragos en los tres reinos naturales, e incluso en algunos espirituales.

Como doña Alfonsa ascendía/descendía al mercado/purgatorio, y yo iba por mi pie, con el capacho de hule, entre calles pinas, hirsutas de siglos y perfumadas de fruterías, que las actualizaban, ya no volvíamos a coincidir en nuestras labores la señora y yo, cosa que siempre me era un alivio. Algún día, quizá, si lograba gloria local en el *Diario Pinciano*, sería yo invitado a los miércoles de la marquesa. Por eso había que conservar bien amarillos los guantes amarillos.

Doña María Sanmanuel Martinmorena era una pamplonica alta, rubia, entrada, viuda y decidora, en quien la marquesa (vivían frente por frente) tenía su deuteragonista, una contraria de su igual, no hay peor cuña que la de la misma madera, una competidora de la noche.

Doña Alfonsa la Millonaria —perfil de ave y voz de canonesa— temía o ignoraba a doña María Sanmanuel Martinmorena, porque doña María era de otra raza, la vasca o así, era viuda de general muerto cuando el Alzamiento, en las escaleras de Capitanía General, fiel al famoso general Weyler, y esto le había dejado una pensión a la que se añadían los pluses de las cruces. Doña Alfonsa la Millonaria, la marquesa de los miércoles, en fin, era una aristócrata liberal e ilustrada, según iba viendo yo a mis pocas luces de cuando entonces, pero doña María Sanmanuel Martinmorena era una pamplonica fanática, fanatizada por la muerte, además, llena de humor, de sexo y de salacidad.

Pelo rubio, en moño, con mucha peineta, gran estatura, ojos claros y ya —ay— acuosos. ¿Unas cataratas? Nariz breve y un decir procaz y audaz. Las pensiones militares no le daban para nada y tenía que coger huéspedes. Doña Alfonsa la Millonaria, que vivía su liberalismo de contraespionaje gracias al sacrificio de mártires como el general muerto de doña María, no invitaba a ésta, jamás, a sus miércoles, ni se saludaban por la calle, pues hubo entonces en la ciudad, me recuerdo, una suerte de vencedores exquisitos y exentos que ignoraban a los vencedores directos, a los protomártires.

Querían, en fin, la gloria sin la sangre.

Pero doña María Sanmanuel Martinmorena estaba dispuesta a vender su sangre y la de sus muertos, con ese fanatismo vindicativo y obstinado de los pamplonicas, que a veces son más vascos que los vascos. Había una tensión, en la calle, una tirantez del aire, cuando ambas damas se cruzaban, doña Alfonsa siempre en asunción o descendimiento, rodeada de criadas con cestas, y doña María a cuerpo limpio, esbelto y enlutado, con sus cincuenta a punto para el amor o para la guerra.

Era cuando yo comprendía que el alzamiento de Mola no había resuelto nada.

No es que hubiera dos Españas que zanjar. Es que había miles de Españas en la derecha y en la izquierda. Doña

María Sanmanuel Martinmorena tenía un piso de general, un principal con vitrinas, anchos pasillos de tarima encerada (la enceraba ella misma, en aquellas dificultades), aparadores con plata y arcones con uniformes, como soldados amortajados, y oro de entorchados y alguna moneda, también de oro, que se salía del bolsillo del pantalón, como un último y generoso dispendio del muerto.

Cuando yo subía a su casa, a veces, reclamado por la tentación estética de la Historia, el recorrido por aquel museo militar terminaba en las galerías y la cocina, populosa de cucarachas, que eran como las alimañas traidoras a tanta grandeza y nobleza, algo así como los bolcheviques de la casa, de donde sólo se deducía que doña María Sanmanuel Martinmorena no dedicaba el tiempo suficiente a la limpieza de sus fogones, ni tenía criada para hacerlo.

De modo que dudaba yo entre el cristianismo palatino de doña Alfonsa la Millonaria y el cristianismo aldeano, lenguaraz y con cucarachas de doña María, la pamplonica, y, al final, mi corazón se resolvía agnóstico, que yo creo que es lo que mejor le iba a mis guantes amarillos.

El agnosticismo, no sé por qué, siempre me había parecido —¿lecturas de Juan Ramón Jiménez?— de un lírico y pagano color amarillo.

El «Diario Pinciano» tenía olor a tinta impresa, olor a rebaño de máquinas bien aceitadas, a mamut de letra impresa. El *Diario Pinciano* saca su número 41 el miércoles cinco de diciembre de mil setecientos ochenta y siete. El *Diario Pinciano* lleva delicada orla de serpentina y helecho, trenzados, y debajo anuncia su sección histórica. En 20 de abril de 1470 mandan los Reyes Católicos, don Fernando y doña Isabel, que los regidores de Valladolid tengan y guarden las llaves de la ciudad. En 9 de enero de 1475, confirma la Reina Católica todos los privilegios que sus antecesores habían concedido a Valladolid. Hay como un mosconeo de Imperio en torno de esta ciudad, durante varios siglos, hasta que los moscones se alejan y la ciudad se queda sola para siempre, olvidada, quieta, intemporal y perdida.

En 3 de abril de 1478 da la misma reina una provisión para que Valladolid tome posesión de lo civil y criminal de la villa de Cabezón. Así se va insinuando el Imperio vallisoletano. En 4 de junio de 1479 mandan los Reyes Católicos que a Valladolid se le restituya la villa de Simancas, que se había dado al almirante. A Simancas iríamos desde entonces, los chicos y chicas de Valladolid, los domingos por la tarde, de excursión, con nuestras bicicletas y nuestros bocadillos de tortilla francesa, que nos devolvía, a la hora de la merienda, en la distancia, el sabor remoto y la imagen melancólica y momentánea del hogar.

En 12 de agosto de 1495 se manda, a favor del vecindario de Valladolid, que a los presidentes y oidores de la Cancillería, que tengan casas, no se les den posadas, y en lo sucesivo, a ninguno de dichos ministros.

Alienta aquí, ya, todo un Lope de Vega. Unos reyes universales gobernando para el pueblo, contra los privilegios y abusos de la alta clase media y la baja aristocracia. No entenderemos el medievo si no entendemos este esfuerzo de las monarquías por ganarse al pueblo, contra la ambición cínica de los de siempre. En 26 de octubre de 1500 manda el Consejo Real que se guarden las Ordenanzas que el Ayuntamiento ha formado para la limpieza de Valladolid. Pero Valladolid, desde 1500, no es una ciudad limpia, sino que los encontrados vientos de la meseta hacen de ella un sitio polvoriento.

Modernamente, Giménez-Caballero, en *Valladolid, la ciudad más romántica de España*, toma nota de ese vero de polvo y suciedad que se forma al borde de las aceras, como barredura del viento.

Polvo románico, barroco, gótico, renacentista, como si todos los monumentos de la ciudad estuvieran deshacién-

Num. 7.

DIARIO PINCIANO,

HISTORICO, LITERARIO, LEGAL, POLITICO, y Economico,

Del Miercoles 21 de Marzo de 1787.

P. Historica.

Aunque en la serie de privilegios y acontecimientos, que han ilustrado à Valladolid, llegamos al año 1322 fue por concluir las Memorias de la Reyna Doña Maria, que como Madre y Tutora de Don Fernando IV. empezo primero que su Hijo á hacer mercedes á esta Ciudad. Hizolas tambien muy grandes D. Fernando, pues eligió á Valladolid para celebrar el año 1302. su casamiento con Doña Constanza, hija de D. Dionisio, y de Santa Isabél, Reyes de Portugal. Entonces se encargó el Rey del gobierno, haciendo á D. Juan Nuñez de Lara, Mayordomo de Palacio, y dando al Infante D. Enrique los Lugares de Atienza y San Estevan de Gormáz. Por un Privilegio dado en 2 de Agosto de 1295 confirmó los buenos usos de Valladolid, y mandó en él mismo: que los Obispos residan en sus Obispados: que el Rey no los traiga consigo: que los criados de la Casa Real no sean Judios: y que los Oficios de Alcalde y Merino no se empeñen. A los Mercaderes, Dueños de Almacen, Carniceros, Abastecedores, y demás Tratantes concedió que fuesen libres de Portazgos, Montazgos, diezmos y asaduras, y de otro qualquier pedido y derecho, estendiendo esta gracia á todos

los

dose siempre bajo la limadura del polvo. Y en 27 de mayo de 1518 confirma singularmente la reina doña Juana una ordenanza que sobre el mismo asunto hizo el mismo Ayuntamiento. Dinastías y generaciones luchando contra el polvo de la ciudad, reinas y locas, reyes y chancilleres, en la batalla fantasmal del polvo, que seguía ganando batallas en mi infancia y adolescencia. En 16 de diciembre de 1503, el rey don Fernando concedió al corregidor y regimiento de Valladolid facultad para visitar las especerías y boticas, reconocer las drogas y medicinas y castigar a los delincuentes.

Especerías y boticas adonde yo he acudido a por un remedio para mi madre, a por un vaso de jarabe, con tapadera de papel rizado, para mi abuela. Especerías y boticas que perfumaban la ciudad como un jardín interior y exótico, morado y fresco.

Especerías y boticas de los recados angustiosos de última hora de la tarde, cuando yo volvía a casa, con un vaso de pócima, salvador e inútil, vaso con sombrero de papel, entre el viento y el polvo, contra el polvo sombrío, insistente y antiguo de la ciudad.

MILLÁN ASTRAY, guerrero demediado, con sombrero de artista cuando iba de paisano, y un agujero en la cara, lado izquierdo, donde debiera estar el pómulo, como esas muescas que dejan las guerras en las catedrales.

Le faltaba un brazo, le faltaba un ojo, le faltaba algo, le sobraba, era la encarnación de la media España con capote, una de las dos Españas, pico de pañuelo en la chaqueta, botines de piqué, hombre que se nos proponía como modelo a los niños de la guerra, hombre que, cuando llegaba a una ciudad, recibía a los periodistas y admiradores en la habitación del hotel, y les ofrecía fotos firmadas, reliquias de sí mismo, fotos en que el fotógrafo le había quitado o puesto algo, salvado, añadido, se llevaban mucho las fotos retocadas, Ibáñez, Gyenes, con estudio, ambos, en la Gran Vía de Madrid, frente por frente, y el ermitaño de la guerra, la juerga y la gloria, gustaba, ya digo, de dejar memoria amarga de sí, en foto con firma de través, y se iba de la ciudad como había llegado, o quizá llegaba un medio Millán Astray y se iba el otro medio, en el hotel, a veces, decían que se había encontrado como un medio cadáver en la cama, cuando abrió la gobernanta, una reliquia de medallas cruces, ojos de cristal y dentaduras, pues que el cuerpo glorioso, el otro medio, volaba ya la España invicta que soñara José Antonio.

No entendíamos esa España, los niños de la guerra. ¿Qué había hecho aquel hombre en África? Matar moros, apresar moros, vencer a los moros, de modo que vivía en función del moro como Dios en función del diablo, sólo que los moros eran muchos y estaban muy cabreados, y aquel cuerpo gallego y demediado había pasado por entre ellos haciendo víctimas, causando bajas, mitad furiosa de un hombre cuya otra mitad a lo mejor estaba en Madrid, en una boda, o con una copa en Chicote, o, sencillamente, durmiendo en la tienda de campaña, hasta la batalla del día siguiente.

Van Gogh se cortó/se iba a cortar una oreja, y de ello se ha hablado o se hablará en estas Memorias, pero Millán Astray se había rebanado medio hombre, hasta dicen que se había quedado ciclán (con un solo huevo), y su novia no era la señorita a quien el pintor mandó la oreja, sino que su novia era España.

Las historias del colegio y la Historia de la Enciclopedia Nuño no eran mentira, pues que el presente las certificaba como verdad, España/España seguía siendo el país de los guerreros que guerrean muertos, que galopan cadáver, que ganan África con la mitad de sí mismos, mientras la otra mitad, sepulta para siempre, vaya usted a saber, sueña con una artista de Chicote o con una señorita legionaria, que a lo mejor también las había.

No es esto, no es esto, me decía yo, con tic que me había quedado de Ortega, tic que les quedó a varias generaciones, pero sí que era aquello, vana cosa pretender que la España fuese otra. España era un general tuerto con botines de piqué.

Cuando yo trataba de racionalizar el mundo, con ese afán racionalista de la pubertad, que lo quiere todo claro, precisamente porque lo tiene muy confuso, llegaba a la ciudad Millán Astray, se aparecía en la ciudad, por mejor decir, con su medio cuerpo de medio hombre enterísimo, y ya no sabía uno cómo acordar la cultura del mundo y del siglo, que en este libro explico según la fui recibiendo, fragmentariamente, con aquellas apariciones, aquellos hombres violentos y sentimentales, aquel general con un ojo de culo de vaso, una manga de imperdible y unos botines de piqué.

Millán Astray dejaba tras de sí el irracionalismo y la violencia. Pero existía, era un espigón de España desgajado, y tardaba yo unos cuantos días en somatizar —mejor, en olvidar— la aparición del santo de la sangre, del sexo y de la guerra. Millán Astray.

MILLÁN ASTRAY, el general Millán Astray, general o lo que fuese, estaba allí, frente a mí, demediado de pelo ralo, gorro ladeado, ojo postizo, boca pegada, cara cosida, brazo manco, pecho abierto, pata de palo (o algo así), cruces y bandas, condecoraciones de sangre, pie malo y sonrisa a medias.

—Si quieres, niño, te firmo una fotografía.

Creo que me encogí de hombros. Él tomó esto como una ilusionada aceptación y me dio a elegir entre las varias fotos que llevaba en la cartera. Elegí una en que se parecía vagamente a un tío mío, por elegir algo, y él me hizo una dedicatoria oblicua, con letra de colegio (me sorprendió que los grandes héroes de la Patria tuvieran letra de colegio) y como dirigiéndose a un adulto.

—Bueno, pues ya estarás contento.

Yo no estaba más contento ni más triste que antes.

El general Millán Astray jugó con la borla y la estrella de su gorro, me mostró las cicatrices en su pecho de legionario, que más parecía un mapa antiguo, y, finalmente, quizá porque no había conseguido mi asombro de niño escéptico y asquerosito, se abrió el pecho y me mostró el Sagrado Corazón de Jesús que llevaba dentro, como en las placas de latón que había en mi casa.

—¿Reinará usted en esta casa con más veneración que en parte alguna?

—No sé si con más veneración, pero con más cojones, y que me perdone el Sagrado Corazón de Jesús.

Se fue dejando un aura macho de hombre demediado. Un rastro de heridas, de gloria y de pólvora. A las cinco, hora de nuestra cita diaria, se lo dije a Teresita Rodríguez:

—Que he conocido al general Millán Astray y que lleva dentro del pecho el Sagrado Corazón de Jesús, y se lo abre y te lo enseña.

Pero Teresita Rodríguez era precoz y jesuitina:

—¿Y no te ha enseñado nada más abajo?

—¿Más abajo?

—Sí. Dicen que los moros le volaron un huevo y que es ciclán.

—¿Ciclán?

—O sea, que le falta un testículo. ¿Y tú vas a ser escritor? Pues vaya un diccionario que tienes.

Estábamos subidos, como todas las primaveras, en lo alto de la acacia más alta del huerto salvaje de Teresita Rodríguez, entre flores blancas —«gatillos»— y despojos de nubes que se enredaban en las ramas.

—¿A mí me falta algún testículo, Teresita?

—Tienes dos, Francesillo. No esperarías tener cinco.

—Millán Astray es un héroe de la Cruzada.

—Mi papá es presidente de la Diputación Provincial. El primer presidente de Franco. ¿Es que eso es una mierda?

—Mujer, no digo que sea una mierda.

—Además, que tu familia es de rojos; no sé a qué viene tanto jaleo con Millán Astray.

—Es que me ha dado una foto.

—Pues la pones en un marco.

—Interés humano. Hay una cosa en periodismo que se llama interés humano. Me interesaba conocer al personaje, aparte las guerras. Yo es que me parece que me voy a especializar en el interés humano.

—A ver, enséñame los huevos, a ver si es que tú eres ciclán, como Millán Astray.

Para Teresita Rodríguez, la conversación, sin duda, se iba haciendo demasiado abstracta, de modo que volvió de pronto a lo concreto, los huevos, como vuelven siempre las mujeres (esto lo aprendería yo después).

—Yo no he luchado contra la morisma, Teresita Rodríguez. Cuando lo de Annual y el barranco del Lobo, yo no había nacido, Teresita Rodríguez. Te prometo que...

—O sea, que no quieres enseñarme los huevos.

No es que no quisiera enseñarle los huevos a Teresita Rodríguez, mi novia de acacia, sino que no estaba seguro de llevar el calzoncillo muy limpio. El lienzo moreno se pone gris si no se lo cambia uno todas las semanas.

—No sé si vengo preparado, Teresita Rodríguez...

—¿Y tú eres rojo, y vosotros habéis hecho una guerra por conseguir el amor libre, y ahora te da vergüenza? Vaya una mierda de rojo.

—Teresita Rodríguez...

—Ni Teresita ni hostias.

Comprendí que aquellas niñas de las jesuitinas, en intimidad eucarística con Jesús, tenían más derecho que nosotros a decir hostias sin que fuese pecado. Y le enseñé los huevos, como todas las tardes, por otra parte, y ella me anduvo a los huevos y a la picha, en lo alto de la acacia, con manos párvulas y lengua comulgante, hasta hacerme eyacular o lo que fuese aquello. La copa de la acacia olía profundamente a sus flores blancas y de nata.

La Virgen de Fátima andaba entonces apareciéndose mucho por España. Teresita Rodríguez me llevó de la mano a ver a la Virgen de Fátima:

—Pero si me parece que es portuguesa, Teresita...

—¿Y qué? ¿Tú es que no has oído hablar del Bloque

Ibérico? Papá habla de eso en todas las comidas. Parece que la Virgen de Fátima actúa mucho por el Bloque Ibérico.

—El Bloque Ibérico es España y Portugal...

—Bueno, y a lo mejor también Andorra y Gibraltar, no sé.

—Gibraltar es de los ingleses, Teresita Rodríguez.

—Los ingleses son unos rojos que han ganado la guerra a los alemanes.

—Ah.

—¿Es que tú no has visto por las tapias unas letras de brea que ponen Gibraltar español?

—Sí, pero creí que era cosa de los flechas.

—Eso tenías que ser tú: flecha. Irías, por lo menos, mejor vestido.

—En casa tienen otras ideas, Teresita Rodríguez. ¿Es que voy mal vestido?

—Yo te quiero de pobre. Eres el pobre más guapo del barrio.

Y me dio un beso en la boca, para corroborar. Aquellos besos de Teresita Rodríguez, hija del primer presidente de Diputación Provincial franquista, a mí es que me confortaban mucho. Me dieron una confianza en mí mismo que no me había dado nada ni nadie (ni siquiera mamá), y ahora, siglos más tarde, sigo pensando que los besos de Teresita Rodríguez me edificaron por dentro. Ya decía Schopenhauer que sólo nuestros primeros amores son involuntarios. Y perdón por citar la fuente más tópica de todas las citas.

Lo cual que Teresita Rodríguez me llevó a la manifestación, o lo que fuese aquello, en honor y expectativa de la Virgen portuguesa de Fátima. Las vírgenes suelen tener horario fijo y cumplirlo, no como la Renfe, que entonces no cumplía ningún horario, de modo que, hacia las ocho de la tarde, aquella señora manuelina, iluminada como por cuatro faroles escurialenses que no pegaban nada, descendió sobre los españoles del racionamiento, que todavía esperábamos algo de la bomba atómica y el hongo. El número estuvo bien, pero un poco como las apariciones de siempre. Las apariciones, a través de los siglos (y yo leía todas las noches el *Año Cristiano* de mi abuela), no han cambiado mucho su escenografía.

—¿Te ha gustado, Francesillo? —me decía Teresita Rodríguez, de vuelta entre la multitud desflecada.

—Me gusta más la Virgen de Lourdes.

—Ésa es roja, o sea, francesa.

—Pero en *The song of Bernadette*, que lo hacía Jeniffer Jones, las pastorcillas y la Virgen y todas estaban más buenas.

—Asqueroso.

—Fascista.

Después de lo cual nos besábamos inevitablemente.

—Además, que lo de Lourdes lo ha escrito un escritor francés de moda, Gilbert Cesbron, y en el libro queda muy bien. Es el autor de *Los santos van al infierno*, *Los traperos de Emaús* o algo así.

—¿Y tú lees esas cosas, Francesillo?

—Yo leo *Corazón*, de Edmundo D'Amicis, en el colegio, que me gusta mucho, «El pequeño escribiente florentino» y «El pequeño vigía lombardo».

—Pues las jesuitinas no nos ponen esas lecturas.

—Las jesuitinas es que deben de ser unas oscurantistas —dije yo, con palabra que ya no se llevaba, entonces, pero es que aún no había otra, como reaccionario, cavernario y más, que han venido luego.

Y notaba que Teresita Rodríguez, aunque reacia por clase y familia a las ideas de la mía, lo iba asimilando todo, poco a poco, pues que la mujer asimila siempre vaginalmente. La Virgen de Fátima había volado como un zepelín mariano sobre nuestras cabezas, persuadiéndonos de que el Bloque Ibérico era el gran invento geopolítico de don Antonio Óscar Fragoso de Carmona, mariscal con derecho a tantas plumas, y persuadiéndonos, sobre todo, de que las vírgenes volaban, o mejor asumptaban, según el caso verídico de María, madre de Cristo. Después del *number*, Teresita Rodríguez y yo nos volvimos a nuestra acacia de primavera, que olía a flor y nata, como todas las acacias.

—¿Y qué te ha parecido la de Fátima?

—Encuentro como más convincente a la de Lourdes.

—Es la Virgen de la Resistencia. Una roja.

—Puede.

Nos íbamos a besar con nuestros besos planos de novios que no saben, pero he aquí que vimos en una acacia lontana del huerto/jardín a la Virgen de Fátima, vigilándonos, con sus cuatro faroles herrerianos (dos firmados por Fernando VII, dos por Isabel II, como bien sabía don Pedro de Répide, cronista de la época del tacón rojo).

—La Virgen nos mira y no puedo hacerte lo de siempre, Francesillo.

—Tampoco vamos a hacerle un feo a la Virgen visitante, Teresita —dije con secreto alivio.

TERESITA RODRÍGUEZ y yo habíamos ido mucho al Frondor. En el Frondor había pavos reales, guardas forestales con su escarapela en el sombrero, como un cow-boy decorado con la rosa rubia de Tejas, y peces de colores en los estanques, entre lotos, haciendo ideografía china entre dos aguas, en sus idas y venidas.

Una vez, Teresita Rodríguez, novia que fue de infancia, jesuitina impura, me había llevado al Frondor, de la mano, y ya no era como cuando iba yo con los chicos cuatreros del barrio o con la familia de lenta paseata.

Era otro Frondor.

En el Frondor se entraba por palomares ingenuos, y las palomas nos miraban como vecindonas de lo verde que estuviesen haciendo la colada, una colada de ropa blanca que eran ellas mismas, y nosotros dos, siempre a horas raras, éramos, juntos, como Alicia en el país de las maravillas.

Lo que pasa es que Alicia no éramos ella ni yo: Alicia éramos los dos. Una pareja infantil y de posguerra que hubiera podido llamarse, quizá, Alicia en el país de las maravillas. Lewis Carroll tenía un bombo de barquillero a la entrada del parque, y jugaba con los números y la ruleta de latón como el Carrol de los libros con los grandes y pequeños números, engañándonos a los niños más por el placer de engañarnos —una transgresión, ¿una violación?— que por sacarnos las perronas de cobre y los cuproníqueles.

Con el tiempo se dijo, efectivamente, que el barquillero, agitanado, cenceño y remoreno, era un poco buja y metía mano a los niños vestidos de blanco que vivían en casas del otro siglo, iluminadas por el Frondor.

Pero a Teresita Rodríguez le cansaban pronto las obleas y los barquillos, sobre todo las obleas:

—Saben como la hostia que me dan las monjas, o sea, el cura, los domingos de comunión, qué asco.

Los barquilleros, entre eucarísticos, tahúres y bujas, eran como sombras errantes —¿la sombra de Caín?— por los paraísos del Frondor. Teresita Rodríguez y yo nos sentábamos en un banco a ver los pavos reales:

—O mejor en el suelo. Desde el suelo casi parecen el Papa.

Teresita Rodríguez tenía muchas iniciativas y yo siempre las seguía. La mujer, y sobre todo la mujer/niña, siempre es un poco Beatriz que lleva a su Dante infantil de rodillas escarpadas ante la presencia luminiscente del Altísimo, que en este caso era un poco bajo, o sea, la Gruta (había que bajar la cabeza para entrar, y eso que aún estábamos creciendo), en cuya penumbra resplandecía una luz de pleistoceno municipal, lagos artificiales, serpentones de barro o vida, estalactitas y estalagmitas, lluvia de fontanería y una como sacralidad de trópicos no del todo tristes, tribales, consistoriales. No se sabía bien si la Gruta era la capilla berroqueña de un dios o era el dios mismo. Olía a la fecundación de las ranas y el color cenestésico del agua aislada, sólo un poco redimida por un rayo de sol. Teresita Rodríguez, en la Gruta, aprovechaba, naturalmente, para besarme.

La escolta mora de Franco, con algo de invasión y algo de nube, era una cosa que habíamos visto, como una ráfaga de desierto y protocolo, rodeando el coche del Caudillo, cuando una vez fue a la ciudad y nos llevaron nuestras tías de la mano, porque era gratis.

Al Caudillo apenas lo vimos (su perfil remoto nos recordaba, más que otra cosa, un sello de Correos), pero vimos como una navidad de caballos y reyes negros (todos eran el Rey Negro de Navidades), con sus ojos de fiera y sus lanzas que ponían como una verja andante en torno del César Visionario.

Luego, pasado el tiempo, resultó que los moros de Franco seguían por la ciudad, que algunos se habían quedado en ella, que otros venían desde Madrid, con el trapicheo de un kilo de café o un cartón de Camel bajo la gala oriental.

—Es que Franco ha disuelto la escolta mora.

—Ah.

—Es que el nuevo capitán general de la Séptima Región Militar, o sea, ésta, quiere tener también su escolta mora.

Parece que la guerra, mayormente, la habían ganado los generales de África. El tener un Imperio ultramarino sirve, mayormente, para ejercer luego las artes marciales contra el metropolitano. Lo militar, cuando ha perdido milicia, a veces se ejerce contra lo civil, simplemente. Los rojos de mi ciudad lo decían por los cafés cantantes:

—Nuestro Ejército sólo ha ganado batallas contra los propios españoles.

Lo cierto es que, aparte el resentimiento de los rojos, un airón de africanía, blancor, caballo y muerte cruzaba de vez en cuando por el centro mismo de nuestras vidas.

San Pedro de Arlanza, huido de la antigua abadía de la Orden de San Benito, ya ruinosa, orillas del Arlanza, Hortigüela, y de la dominación goda, ignorado en parte por la restauración de don Fernán González, conde de Castilla, con iglesia y tumba en la Mudarra, entre Valladolid y Burgos. Lo cual que san Pedro de Arlanza, en su hornacina de la iglesia de San Miguel, asistía, sereno y lleno de vidas, como el río que le cruza, a mi beatificación como monacillo de lujo para el novenario del año.

Don Luis, el coadjutor, fijándose por los chicos que jugábamos en la plaza de San Miguel, orilla de la iglesia, a la sombra del campanario, se había detenido en mí. A aquel campanario había subido yo mucho, como monacillo y como polizón, a tocar las campanas, mirar el barrio desde una nube, y hasta la ciudad entera, meneármela de acuerdo con el monacillo o campanero titular y burlarle el sexo y el alma al sacristán/organista/campanero, señor Lince, que tenía el pelo de plata, las piernas cortas y el luto cuidado.

Don Luis, el coadjutor, para quien las señoras bien del barrio postulaban como santo —remota beatificación en Roma, de donde nunca llegaban noticias—, a lo mejor era tan dado a púberes como su sacristán, que eso me lo pienso ahora, que entonces ni lo pensara, lo cierto es que me eligió y me llevó cogido por el cuello, casi como castigado, desde mi fogoso juego del marro a los silencios fríos de la sacristía, silencios que se me metían en la tripa, como un cuchillo de helor, y hasta me hacían deponer del vientre a deshora, que sólo las ciencias modernas, que siempre adelantan que es una barbaridad, me han curado eso. San Pedro de Arlanza, santo refugiado y comarcano, sólo tenía capilla de sacristía, de modo que fue el que asistió, mudo y complacido, quizá, a mi medio desnudamiento de las ropas laicas, callejeras, casi republicanas (y acabábamos de ganar una guerra, Señor, Señor), y a mi revestimiento del mejor ropón adolescente, crema y rojo, con botonadura negra, que don Luis encontró en el arca, para que ilustrase yo, como el punto ilustra la i latina, la presencia del predicador dominico, el más nombrado de aquellos años cuarenta.

Pues que en los cuarenta estábamos, y no otra cosa.

Tuvo lugar, pues, mi entrada en religión, digamos (aunque tanto pan de hostias sin consagrar iba a comerme luego, por resmas enteras, para matar el hambre epocal), bajo la advocación alta, blanda, delgada, temblona, del coadjutor don Luis, ya expedientado en Roma para beato, cuando menos, y bajo la mirada sobria, fluvial, mirada de hombre, de san Pedro de Arlanza, que incluso pidió permiso, en algún momento, si mal no recuerdo, para bajarse de su peana y mejorarme la caída de un pliegue o lustrarme con su santo aliento los negros zapatos de canónigo enano, con hebillamen de plata. Así fue.

Era como un río subido en una peana, metido en una hornacina. Aquel santo tenía gracia y esbeltez de río, pero la lujuria de don Luis me quería sólo para él, y me llevó lejos de la mirada del santo.

—Ahora tienes que aprenderte el rito, Francesillo.

Estuvimos en otra antesacristía o postsacristía, adonde el frío era el mismo —con lo bueno que hacía en la calle, en la tarde, con las niñas como rehenes de los vencejos—, y don Luis me explicó el rito, que era bien sencillo: venir de la sacristía al altar mayor, precediendo al orador sagrado, con las manos en pico, arrodillarme tras él, mientras se encomendaba a los altares de la elocuencia, sin olvidar el estado de mis botas, o sea, las suelas, visibles en aquel momento para toda la feligresía, que era mucha y de calidad, y preceder luego al picodeoro hasta el púlpito, donde le echaría la aldabilla a sus latines y me sentaría a dormir en la escalera, oculto por la barandilla (Iglesia es Teatro, o a la inversa), hasta que terminase sus párrafos divinales y me despertase la entrada del órgano del sacristán, como un mar wagneriano y oportuno que no deja vacíos entre la palabra y la música, que no deja agujeros negros en la presencia de Dios.

Don Luis, por fortuna, estuvo discreto y no me manoseó más de lo necesario. ¿Yo ya sabía que el beato/coadjutor iba de buja y me podía haber largado al marro que me esperaba? Pero allí había un dinero.

Y dinero de Dios, que está más limpio.

Cuando cayó el nevadón, el gran nevadón, aquel nevadón de los cuarenta, que caía todos los inviernos, o que era siempre el mismo (el mismo nevadón y el mismo invierno: los cuarenta fueron una larga invernada), Teresita y yo nos pasamos la tarde haciendo nuestra bola de nieve con esfuerzo y paciencia (también, me parece, con un poco de amor). Teresita Rodríguez tenía unos guantes de lana azules, con borlas, más o menos de acuerdo con el uniforme de las jesuitinas, y una bufandita de lo mismo.

Yo no tenía nada y hacía la bola a puro huevo.

—¿Esta tarde no vas al colegio, Teresita Rodríguez?

—Que les vayan dando a las madres jesuitinas. Esta tarde me quedo contigo a hacer la bola.

Y empujábamos nuestra bola de nieve, sísifos infantiles que no habían leído nada de Sísifo, por las calles de la ciudad, contra la réplica negra de las carbonerías y sus cernederos, contra la procesión mariológica de la Virgen de Fátima, que seguía con sus cuatro faroles herrerianos, que no le pegaban nada, movilizando multitudes hambrientas, como si la Virgen, con sus manos abiertas, repartiese lentejas, cuando sólo repartía cuentas de rosario.

Metimos nuestra bola de nieve entre las piernas de los procesionarios. Metimos nuestra bola de nieve bajo las cortinillas del paso de la Virgen de Fátima, movido por unos hombres que olían a sudor y vino incrédulo, metimos nuestra bola de nieve, cada vez más grande, entre las piernas abiertas de Millán Astray (abría mucho las piernas, como si le molestasen los testículos, precisamente porque le faltaba uno). Y a media tarde, ya anochecido, teníamos una bola hermosa y estábamos de regreso en el barrio.

—¿Por dónde habéis paseado la bola?

—¿Por toda la ciudad?

—Y por Rusia, señora, y por Rusia.

—No seréis unos niños rojos.

—No. Sólo republicanos.

En el rincón que hacían la carbonería del carbonero y la sombrerería de Echániz, estábamos Teresita Rodríguez y yo, fatigados de nuestra bola de nieve, inmensa, sin querer comprender lo que no podíamos comprender: que la bola sólo era una metáfora de nuestro amor creciente como una Luna caída.

Los cernedores de carbón cernían carbón en la carbonería, con unos sacos por la cabeza, que les hacían extraños monjes de una religión de estameña y mina. Las sombrereras de la sombrerería de Echániz cantaban en los talleres, planchando las alas de los sombreros.

Teresita Rodríguez y yo nos sentamos en la nieve, cogidos de las manos (mis manos de sabañones de vencido de la guerra, también de la mundial, en sus dulces manos de educanda de las jesuitinas). Teníamos nuestras espaldas sudorosas contra la gran bola de nieve: era la época en que uno no cogía faringitis.

En el cielo del anochecer prematuro de enero (a lo mejor era enero) se nos apareció la Virgen de Fátima, que se aparecía con toda facilidad, y mayormente a los niños, entre sus cuatro faroles herrerianos, escurialenses, fernandinos, isabelinos, que no le pegaban nada a su divinidad manuelina.

—¿Y qué quiere ahora esa tía? —dije.

—No hables así, Francesillo, que es la Virgen.

—Yo creo en la Virgen de Lourdes, que es la de Sartre.

—¿Y quién es Sartre?

—Claro. Las jesuitinas no os explican a Sartre. A ver. Os explicarán a Balmes.

—Ése sí que me suena.

—Claro, es el filósofo del sentido común. Un cura. De Olot o de Vich o de por ahí. Un sitio donde se da mucha cerámica. Está lleno de metáforas ferroviarias.

—¿Tú lo has leído, Francesillo?

—Me lo ha dicho mamá.

—Ah.

En el barrio se sabía que mi madre era una intelectual republicana, y esto producía un respeto, mayormente porque estaba tuberculosa.

La Virgen de Fátima se estuvo en el cielo, mirándonos, pero parece que no dijo nada.

—No me metas mano mientras esté la Virgen —advirtió Teresita.

La verdad era que quien me metía mano era Teresita a mí, pero callé por respeto a la de Fátima.

—¿Tú crees que somos para ella unos humildes pastorcillos?

—Cualquiera sabe.

Luego, noche cerrada, lo que se veía en el cielo ya no era la Virgen de Fátima, sino Millán Astray, vestido del mariscal portugués Antonio Óscar Fragoso de Carmona. Se abrió las cicatrices del pecho y nos mostró el Sagrado Corazón de Jesús que llevaba dentro, y que iba a reinar en España con más veneración que en parte alguna.

—Es un legionario y a papá no le gustan los legionarios —dijo Teresita Rodríguez.

—Tranquila. Está de paso en la ciudad. Te dedica una foto y en seguida se va. A casa lo trajo una tía mía que es de derechas porque está novia de un sargento de Regulares.

En efecto, Millán se fue pronto y ya no hubo más personal por el cielo.

ALGUNAS MAÑANAS, cuando yo ya había tocado a misa de ocho —brisas del campanario, como las de la cofa de un barco que va hacia la Atlántida—, se presentaban en la iglesia Teresita Rodríguez y toda su familia. La madre, que no me recuerdo cómo se llamaba, estaba loca, o la había decretado loca el padre, para mejor disponer, pero la mantilla, el medio luto —no se sabía por quién—, la «normalidad», digamos, del acto religioso, la mantenían muy contenida. Sin duda, la madre de Teresita había sido guapa, pero sin ese punto de maldad colegial y prematura que había en la hija.

El padre, don Emeterio Rodríguez Pancho, era jefe provincial del Movimiento, como queda dicho, y tenía el tic de los guantes, o sea, que cada poco se sacaba unos para ponerse otros, del amarillo/cabritilla al negro senatorial, con algo de oidor de la Real Chancillería que lo va a decir todo, pero que luego no dice nada, sino que digiere un padrenuestro.

A mí me ponía espanto en el epigastrio el pensar que aquel señor pudiera ser mi suegro, siquiera hipotético, de modo que me dedicaba a dar candela a los santos de las capillas, como si todos fueran fumadores, y hasta entraba en la sacristía, qué respiro, a ponerle una candela, un cirio y un puro habano a san Pedro de Arlanza, el santo que había ayudado en mi canonización, y que por ser de segunda línea del martirologio no pasaba de la espaciosa sacristía: Grecos entredudosos y Riberas enriquecidos por la mierda de los siglos, como todo Ribera, ni tenía acceso a las grandes funciones del altar mayor.

Con Teresita Rodríguez iba toda la familia, y hasta el yerno, o marido de la mayor —eran dos hermanas, el hermano, nipón natural sin ascendencia nipona, no contaba—, o sea, el señor Montalbán, tísico y arquitecto municipal, que había pegado braguetazo con Lourdes la hermana mayor y única de Teresita, ya digo, y que era madonna de mucha consideración, ancha de caderas y estrecha de conceptos, a quien yo no sé si el señor Montalbán, renegrido, alto y con gafas, tísico hasta el alma, le daba satisfacción corporal suficiente. Pero no hijos.

(Yo había aprendido de don Luis, el coadjutor en proceso de beato, a decir «corporal» por sexual.)

Don Emeterio Rodríguez Pancho, con su juego de guantes —negros/cabritilla, amarillos/recepción, grises/media tarde—, era el hombre a cuyo servicio ponía la iglesia de

San Miguel su servilismo, cuando iba, que siempre era alguna festejación familiar, política o una justificación ante los altos mandos (todo era un sistema de espías que se espiaban) de su buena conducta familiar y religiosa.

El hermano de Teresita, gilipollas y nipón apócrifo, era el que comulgaba con más unción. Teresita Rodríguez, con un abriguito negro y como de la criada (seguramente era de la criada) por sobre su uniforme de jesuitina, con placa sobre el inexistente seno izquierdo, yo veía que me miraba, me seguía con los ojos vivos, redondos y como goyescos.

Teresita Rodríguez había ido allí a verme, aunque a mí me daba vergüenza representar aquellas funciones de subalterno de Dios, e ir vestido de faldas como ella. De vez en cuando cambiaba un santo de sitio, innecesariamente y por demostrarle a Teresita Rodríguez mi potencia física y mi autoridad en el Reino de los Cielos, que era la parroquia de San Miguel. Una cosa así.

Luego comprendí, con el tiempo, que Teresita, complicada como era —todas las mujeres lo son sexualmente, afectivamente—, gustaba de ver a aquel pequeño cura apócrifo yendo y viniendo entre los santos como Cristo niño entre los doctores.

Pero tenía uno demasiado reciente a García Lorca (biblioteca municipal, ficha censurada): «Dando a la misa los negros melones de tus pechos.» Teresita no disfrutaba de negros melones, blancos por dentro, sino de un pecho más o menos liso, como el mío, y por eso la amé —años cuarenta— y la amo/la amo.

Teresita Rodríguez, claro, se me casaría luego con un cadete de Caballería —Academia Militar de la ciudad, monumento pastelario de Benlliure—, pero eso es una cosa que pasa siempre.

Gracias a eso —gracias a los cadetes— somos libres.

De Paracelso al cardenal Segura. El cardenal don Pedro Segura era adversario reiterativo del sistema y el César Visionario, pero no desde la izquierda, sino desde la derecha, o, para ser más exactos, desde la Iglesia, y basta.

El cardenal Gomá, en Barcelona, en cambio, parece que estaba con el sistema, pero alguna puerta de catedral le cerró al César Visionario, negándole el palio.

La presentación de nuevos obispos al César Visionario se hacía siempre en presencia del ministro de Justicia. Frente interminable de Segura, como una prolongación teológica de la frente antropométrica: la teología no puede guardarse en el mismo lóbulo que las ciencias de la tierra. Rostro de paleto con solideo, de cardenal agrario, de hechicero de las viejas tribus que componían las tres culturas de España (a lo mejor son muchas más de tres).

Y un fondo de adheridos con gafas negras, señoritas aún a la moda de antes de la guerra y multitud entintada de iglesia lóbrega, fotografiada de pronto por la luz del sol. El cardenal Gomá bendecía Cataluña con dos dedos, a juzgar por los No-Dos, y un atalaje de curas viejos vestidos de monacillos apócrifos, falangistas negros y militares versicolores acompañaba los paseos de este hombre por la Barcelona enlutecida y remota.

El César Visionario, un poco barbilampiño, tieso y con borlas, amagadamente tripón, presidía aquellas presentaciones de obispos con la sabiduría de no sacar el sable metafórico de su Poder, sino que parecía sometido siempre a la autoridad y el respeto de la Iglesia. Los sometidos se iban contentos de su fuerza sobrenatural.

Ya sólo por eso le perdonaban, le absolvían.

España de caudillos y de curas, España de uniformes y casullas (ya se hablará aquí del valor cívico del traje paisano, como mi sempiterno traje marrón con rayita).

España regida por el ceremonial, por la peste dorada e inversa de los incensarios y los responsorios. España/España, aparta de mí este cáliz, pero el cáliz nos lo daban a beber todos los días, en la radio, el cine o el periódico.

Cuando el guerrero se queda sin razones, acude al hechicero. Sólo el ritual puede sustituir al pensamiento. Y esto no es tan simple, porque la sustitución no es sólo voluntarista, sino que el pensamiento, cansado de sí mismo, se entrega inconfesablemente al halago del humo, el perfume, los colores, los uniformes, el latín y la estrofa. La religión ha sido tan actuante a lo largo de la Historia porque reposa el pensamiento. El rito, como la estrofa o el laúd, alivian la razón.

En este sentido, todos éramos un poco culpables. Nos dejábamos querer.

Nos dejábamos salvar.

(Por el cielo de España volaban los obispos como los ángeles renacentistas por los cuadros de la época.)

Lo que pasa es que eran unos ángeles acecinados, ya muy entrados, sin gracia, que daban como un poco de asco —Segura, Gomá, Pla y Deniel, etc.—, y los niños de la guerra mirábamos con estupefacción aquel espectáculo de adultos con alas de celuloide (que les había prestado el No-Do), haciendo la caridad aérea sobre las regiones devastadas, que era un bonito nombre que le habían encontrado a la tierra masacrada por el César Visionario y sus vináceas legiones.

Los obispos voladeros/volanderos dejaban caer octavillas, encíclicas, amenazas, ejercicios espirituales, hostias consagradas, pequeños satanases como de feria, para la chifla y el miedo, muerdos de pan blanco —cuando todo el pan era negro— y un poco de vino consagrado en bota, que emborrachaba lo mismo que si estuviese sin consagrar.

Periódicamente volaban los obispos sobre España, con alas de periódico o de celuloide/No-Do, y era como cuando habían volado los cazas de Hitler o los dioses del Museo del Prado. Uno veía tanto obispo por los cielos que no sabía qué pensar. Todos eran ya entrados, como digo, y eso le daba cierta pesantez a su vuelo, pero para eso estaba Eugenio d'Ors, filósofo del sistema, distinguiendo entre las formas que pesan y las formas que vuelan. Los obispos pesaban, pero volaban. En eso se notaba que eran obispos.

Efectivamente, una tía mía, la tía Algadefina, que luego moriría de tisis en la alcoba italiana, sin dar un ruido, era como un poco de derechas, más que nada porque tocaba mucho a Soutullo y Vert al piano, era lo que mejor se sabía, Soutullo y Vert, y creía que España, ganando los nacionales, iba a ser una eterna *Leyenda del beso*.

Casi lo fue.

Pero del beso negro.

El sargento de Regulares que se llamaba Marcelino dio mucho juego en la familia, cuando venía al anochecer, a hablar por la reja con la tía Algadefina, pero luego le desmovilizaron o le movilizaron, que uno nunca ha entendido muy bien estas cosas del Ejército, y el sargento Marcelino, de Regulares, desapareció para siempre, como el moro de Venecia, seguramente porque era casado y se reunió con su familia en alguna provincia liberada por Franco. La tía Algadefina, como homenaje secreto, callado y público a su amor perdido y regular, daba de vez en cuando, en casa, unos conciertos de piano, incluso después de muerta, y lo que tenían sus veladas musicales es que concitaban a toda la familia, varias generaciones, vivos y muertos, y todos acudíamos a oír a Soutullo y Vert en el piano de cola de la tía Algadefina. La tía Algadefina tocaba con los balcones abiertos, de modo que *La leyenda del beso* llenaba todo el barrio, con su dulce procacidad, contra los cantos piadosos de las Teresianas y sus educandas, contra los cuplés de moda cantados por Iván, el ebanista y santero, rojo y agnóstico, que vivía de hacer santos en los que no creía. Contra los pasodobles de las modistas.

Todos estábamos deseando que terminase el concierto para iniciar la cháchara, incluso doña Alfonsa la Millonaria, que vivía en el palacio de enfrente, y que también tenía una hija, cerdal y torpe, que tocaba el piano (y que acabó de monja de clausura, como todas las mujeres cerdales).

Marcelino era un regular que sólo resultó regular. En casa no era bien visto por mis mayores, bisabuelos, abuelos, tíos, padres, madres y demás familia. El piano debía de ser un Kawai o algo así. Una cosa que sonaba siempre bien, incluso cuando la gata, *Rojilla*, se paseaba por el teclado. La hija cerdal de doña Alfonsa la Millonaria tenía mejor piano, pero mi tía Algadefina tocaba con más sensibilidad, esa sensibilidad que da para la música un amor frustrado. (La música se nutre de amores y frustrados y de batallas: fuera de eso, sólo sabe imitar la tormenta.)

Después de los conciertos K. Kawai, Kawai, Kawai Gakkiseisakusho, trade mark, registered, Hanamatsujapan, después de *La leyenda del beso*, todo transcurría en un clima muy Soutullo y Vert, y yo echaba de menos a Teresita Rodríguez, con quien tantas ironías habría podido hacer de las merendolas musicales de mi casa —«tus tías es que son unas pájaras», me dijo un día Teresita graciosísima, cuando ella estaba mucho más adelantada en hombres que mis adustas tías—. Quise, una vez, llevar a Teresita Rodríguez a los conciertos de mi tía Algadefina, secretamente dedicados al regular ausente, Marcelino, pero el peñascal ideológico de la familia, heredado de papá, se opuso:

—Es la hija de una fascista.

—Es la hija de un traidor.

Bueno. O sea, que desistí.

En casa había una humedad de muertos y una alegría falsa de conciertos. Marcelino, el falso Marcelino, o lo que fuese, el regular Marcelino se había ido para siempre, y mi tía Algadefina se remediaba tocando mucho Soutullo y Vert, como seguramente lo había tocado en la oscuridad del salón o tocaba a oscuras, como Paganini el violín, aunque no con los mismos resultados; mientras el sargento de Regulares escuchaba en la calle, pasadito de frío y harto de música.

En aquellas veladas musicales se nos pasó la guerra y la posguerra, y yo me asomaba al balcón, como si no hacía nada, por asistir a la frustración de la hija cerdal de doña Alfonsa en el palacio de enfrente.

Es que éramos gente de palacio.

Los japoneses, en cuanto ganamos la guerra mundial, empezaron a secar la madera de los pianos antes que nadie, y por eso hacen los mejores y los más abundantes pianos del mundo, y por eso mi tía Algadefina tenía un piano que ponía todas esas cosas raras, entre el japonés y el inglés, pero que sonaba como los propios ángeles pianistas en las veladas musicales de los miércoles, en honor (esto era secreto) de Marcelino, el sargento de Regulares que había desaparecido de la ciudad y probablemente se había reunido con su honesta familia vencedora en otra provincia de la España Eterna/Eviterna. O sea.

Un día, la tía Algadefina, después del concierto, tuvo una lírica hemoptisis, y hubo que acostarla en la alcoba italiana que reservábamos para el efecto, como pretumba familiar, y en seguida se llamó a los médicos y dijeron que aquello era un caso perdido. Entre el piano nipón y el sargento de Regulares, Marcelino, se habían cargado a mi tía Algadefina, que no era inteligente, pero sí sensitiva, que es lo que se le pide a una mujer, coño.

Mamá, que era inteligente y sensitiva al mismo tiempo, mandó llamar a los mejores especialistas de la ciudad, y todos pasaron por la alcoba italiana y dijeron que aquello no tenía remedio, y la tía Algadefina era la muerta que nos alegraba la vida en las reuniones familiares o sociales de cada tarde, porque nadie tiene tanto ingenio ni tanto cinismo como los muertos, que son los que están de vuelta de todo. *La leyenda del beso* era la *Misa de Réquiem*, del gilipollas y niñoide de Mozart, de mi tía Algadefina, que murió en seguida.

Uno que iba mucho a los conciertos de la tía Algadefina era Juan Pérez, un falangista con cara de Cristo que estaba enamorado de ella y aguantaba todo aquello sin entender nada, pues su sensibilidad musical se había endurecido con el *Cara al sol*, del detestable maestro Tellería.

A mi tía Algadefina (que era como adunamiento, antología y resumen de las tías de la familia) no le gustaba nada Juan Pérez, el falangista, porque le encontraba una nomenclatura hortera, porque le aburría su cara de Cristo (veía cristos a diario, en la parroquia de San Miguel: románicos, góticos, realistas, dieciochescos, de Juan de Juni, de Gregorio Fernández y hasta de Berruguete).

En la izquierda o en la derecha, había que llamarse otra cosa.

Entre aquella burguesía liberal de los conciertos, en aquel mundo de Soutullo y Vert, todo comprensión, apertura y nostalgia, el militarismo paisano de Juan Pérez era una cosa que olía a sudor macho y colchoneta, que por lo visto es el sudor de la Patria, pero que a mis tías, tan pianistas ellas, no les iba nada.

Después del concierto, Juan Pérez explicaba el sindicalismo vertical, una cosa abstrusa que nadie podía entender. Unos estaban contra el sindicalismo y cualquier organización obrera. Otros estaban con la Revolución de Octubre, o con don Pablo Iglesias, que tan bondadosamente había hablado a los obreros y tipógrafos en el Frondor (hasta los cisnes guillenianos dice que se paraban a oírle, ondulando el cuello como una interrogación interesada). Lo que no estaba nadie era con aquel pergeño del sindicalismo vertical de Juan Pérez.

Juan Pérez, por hacerse grato a la familia, algunas veces me llevaba a la verbena, cuando había. A mamá no le gustaba nada que yo me fuese con un fascista, pero la tía Algadefina guardaba aún ciertas delicadezas para con aquel pretendiente joseantoniano, si bien su corazón, lleno de Soutullo y Vert, como hemos visto lectores y autor, escapaba hacia el amor más novelesco del sargento Marcelino, o lo que fuese aquel incógnito regular, cuyo nombre de tropa ya era incierto: los Regulares. ¿Y qué eran y quiénes eran los Regulares?

En la verbena, el falangista Juan Pérez, que se metía el gorro falangista en la presilla de la hombrera de la camisa azul (gesto que me impresionaba un poco, no lo niego), me montaba en los autos de choque y chocaba con todo el mundo, como si la pista eléctrica estuviera llena de rojos, y no se cuidaba de mí para nada, de modo que, a cada choque, yo me daba con los dientes contra el volante o contra el refuerzo de goma o la carrocería de latón del vehículo.

Hasta que previne el juego y me agarré fuerte a los bordes alabeados para no dejarme los dientes en la estúpida aventura. El falangista, Juan Pérez, evidentemente, no se cuidaba para nada de mí, sólo me estaba utilizando como rehén de su amor por la tía Algadefina, y, por otra parte, desahogaba las energías reprimidas de su permiso de guerra o posguerra atacando a los conciudadanos con un auto de choque de feria que él convertía en un tanque. Su lucha, la lucha de aquellos señores, que eran los de mi ciudad, me pareció desde entonces una bravata de feria, y en medio siglo nunca me ha parecido otra cosa.

Sólo que la feria que montaron fue sangrienta, la verbena costó un millón de españoles y el falangista Juan Pérez murió de tuberculosis en el frente.

Así las cosas, cuando por casa ha aparecido alguna fotografía de Juan Pérez, aquel Cristo con gorra y borla de militar, yo me he entretenido en pintarle cuernos y antifaz. Estaban defendiendo, los falangistas, a una burguesía culta, ilustrada y liberal que no quería ni necesitaba defenderse de nada.

Por eso, después de la guerra, nadie se hizo falangista, salvo algún funcionario obligado, y la Falange se refugiaba en un obrerismo retórico y sin eficacia, en tanto que los obreros tampoco creían en ella. Franco sabía que tenía tras él a toda la derecha española, amplias clases medias y el Ejército mismo, más su protección al capital, el feudalismo y la Banca. La Falange, un fenómeno político/estético importado de Centroeuropa, no tenía detrás nada, no representaba a nadie, y esto me parece a mí ahora que fue la clave de su descolgamiento, tanto o más que el desdén del César Visionario, celoso del prestigio juvenil y asesinado del joven fascista Primo de Rivera.

Juan Pérez, el pobre, no tenía libros ni perspectiva para enterarse de nada de aquello, de modo que se estaba en los conciertos de la tía Algadefina (mucho Soutullo y Vert al principio y al final), sin entender aquella *soirée* de muertos, pensando, quizá, que la verdad de España estaba en el frente, en la muerte, en la pólvora, en las minas, en el tabaco negro y en los luceros aldeanos.

Juan Pérez fumaba y se abstraía, durante los conciertos. Yo, sentado en el suelo, sobre un cojín, como un infantito, le observaba con la ironía natural y sin fundamento del niño. He tardado siglos en saber que el pobre Juan Pérez, bello como un Cristo hortera, no escuchaba la música ni se abstraía en nada profundo. Era un descolgado de la Historia, como toda la Falange, engañada por el César Visionario: no respondía a nada, no representaba a nadie. Sólo quería realizar colectivamente, como acontecimiento, su mediocridad personal y de clase. Y, de paso, tirarse a mi tía Algadefina, antes o después del matrimonio. Pero murió antes, de una hemoptisis contra una roca, en la Ciudad Universitaria de Madrid. Por otra parte, la tía Algadefina llevaba ya muchos años difunta.

El Frondor. Teresita Rodríguez, con su uniforme de jesuitina y su melena corta y fragante, me llevaba al Frondor, a ver los pavos reales, primeros cuarenta, que sólo había pavos reales en la casa del obispo y en el Frondor.

Los pavos reales tenían algo de Richelieu y algo de donjuán con poca cabeza, y pasaban ante nosotros, altos y solemnes, protocolarios y estúpidos, o hacían de pronto su vuelo corto hacia un árbol, ramas más bajas, y desde allí lanzaban su gañido, o como se llame eso, con una violencia amarga y débil de seres más hermosos que atendidos.

Les pesaba tanta belleza, quizá, como a los poetas y a esos pájaros que Baudelaire —su viaje a la isla Mauricio, que le llenó de imágenes orientales— describe a veces como sinónimo de los poetas: unas alas tan grandes para volar que no permiten andar. Hay que arrastrarlas por el suelo.

Lo que más nos gustaba, claro, era verle hacer la rueda al pavo real, no sé si macho o hembra, abrir su cola en abanico, en mantón de Manila, en peineta, para fascinar a su pareja, aunque allí, en el Frondor, se diría que sólo iba a fascinar al empleado de banco y a su novia.

—¿Y para qué hacen eso, Teresita?

—Para enamorar a la hembra.

—No sabemos si ese pavo es macho o hembra.

—Pues para enamorar al macho. Qué más da.

Este «qué más da» me inquietaba, me daba toda la distancia y la sabiduría sexual que había entre Teresita Rodríguez y yo. La mujer siempre va por delante, en estas cosas y en otras.

De modo que en la vida sexual, tan estricta según nuestros párrocos dominicales, había un «quemasdá», una promiscuidad, la que a mí me había hecho presentir siempre que Teresita Rodríguez tenía algún contacto secreto o acción deshonesta con la primera doncella de su casa, o quizá con la planchadora de toda la vida, que siempre es mujer más sabia, y que aquel feminismo montaraz, venido de los montes de Torozos, más la esencia a cebolla de la cocina, eran para Teresita Rodríguez, la jesuitina exquisita, casi un machismo, y que, a falta de otros machos, había gozado o se había dejado gozar por aquellas criadas de axila y perejil.

Qué más da. *Quemasdá.* A la gente, sobre todo a la novia, se le descubre por cosas así, por frases al paso. No por lo que dicen ni por lo que no dicen, sino por lo que dejan decir al descuido. ¿El macho del pavo real hace la rueda para la hembra o la hembra para el macho, o quizá dos machos y dos hembras entre sí? Yo me perdía en este juego turbio de posibilidades y así es como descubrí muy pronto que mis cartas de amor a Hedy Lamarr, o las glosas de cine —impublicadas e impublicables— sobre Rita Hayworth, no contenían, ni mucho menos, todo el amor del mundo, sino que el amor iba a ser una infinita variante en la que no quería perder mi vida.

¿Por qué no hacerse fraile?
Qué chorrada.

La niña, sí, iba mucho más lejos que yo en su entendimiento y vividura de la sexualidad de las aves, palomas o pavos reales, y quería comunicarme algo de aquel panteísmo del Frondor, para que nuestra pasión fuese más rica, completa y compleja.

Pero mi puritanismo de pobre se resistía.

—Sólo son bichos, Francesillo.

—También nosotros somos bichos. Y hay que diferenciarse de ellos.

No había manera. Yo era una especie de puritano laico. A los pobres nos educaban en el amor por su sitio. El panerotismo era una noción de ricos, ricos de izquierdas o ricos de derechas.

Claro que, en el fondo de todo, quizá, o en la superficie, lo que estaba era el macho machista. El rechazo a toda promiscuidad que amenazase mi imperio. El macho es el zar. Si hay un reino confuso sin machos ni hembras, donde todo el mundo hace la rueda, mi *Yo* no es nada, no es «acontecimiento interior» (véase Jung, citado más adelante o más atrás), no es algo que pueda afirmarse exteriormente mediante la ejecución sexual. Sólo me quedaba —qué triste— la ejecución literaria.

DOÑA MARÍA SANMANUEL MARTINMORENA bajaba todas las noches a casa a jugar a la brisca, con mis abuelas, con mis tías y conmigo. Doña María Sanmanuel Martinmorena tenía manos de cocinera, cabeza de reina y decires de meretriz. Los miércoles, o sea, los días (las noches) en que doña Alfonsa la Millonaria abría sus salones, doña María estaba especialmente procaz, aunque no nombrase a la otra para nada.

Doña María Sanmanuel Martinmorena, viuda de un general que había muerto en las escaleras de Capitanía General, el 18 de julio o por ahí, defendiendo a su superior, hacía trampas a la brisca.

Doña María y yo jugábamos concienzudamente, ceñudamente, reconcentradamente. Yo le ponía al inocente juego de la brisca un intelectualismo que no tiene, y, de paso, cuidaba de sorprender las trampas de doña María, que en los primeros tiempos callé por discreción, pero que luego le denunciaba abiertamente:

—Doña María, ese tres de bastos acaba usted de robarlo.

—Ay, sí, hijo, tienes razón.

Y doña María purificaba y corregía su juego con naturalidad de gran dama o de gran *madame*, cualquiera sabe. Para las tías y las abuelas, la brisca era ocasión de tertulia y roneo vecinal, de modo que les daba un poco igual ganar que perder (nos jugábamos aquellas perronas de cobre que pronto dejaron de circular).

Pero cuando el juego había terminado y venía la sobretertulia, en la hora, más o menos, de las brujas, doña María derivaba su conversación involuntariamente —¿involuntariamente?— hacia aquella vecina ilustre que tenía más brillo que ella en el barrio y que no había perdido a nadie en la guerra.

—La Millonaria no ha perdido a nadie en la guerra. Francesillo lo dice en un artículo que me leyó y que nunca tendrá ocasión de publicar, el pobre: «Hay quienes quieren la gloria, pero sin sangre.» La quieren y la tienen.

Me hacía, así, cómplice de sus resentimientos, mientras abanicaba sus menopausias con negro abanico de país japonés y nadie podía acordarse ya de que, diez minutos antes, aquella gran viuda había hecho trampas a la brisca, por llevarse unas perronas o unos cuproníqueles.

Doña María Sanmanuel Martinmorena había conocido al general Weyler (o lo había conocido su marido, ya daba igual: las viudas heredan también los recuerdos, la memoria del muerto), y nos contaba cómo el glorioso Weyler se dejaba derramar la sopa, cuando comía, por sobre las condecoraciones. Todos reíamos mucho con esto.

Luego, yo me iba a acostar, llevado de un cierto sentido del deber y del horario, que me gustaba considerar dandismo, aunque quizá no fuese más que una conciencia pequeñoburguesa. Era cuando doña María, en la sobrenoche, les explicaba a mis tías solteras (las abuelas también se habían dormido) ensalmos para seducir hombres sin perder virgo, y les explicaba a mis tías casadas ensalmos para engañar al marido sin perder honra ni perder marido. Doña María Sanmanuel Martinmorena era una bruja vasca, carloséptima y salaz, que vivía como sepultada bajo el imperio de luz de doña Alfonsa.

Entre aquellas dos mujeres, aprendí pronto que la mujer, pasada la primera juventud, se resuelve en bruja o marquesa, viuda siempre y en todo caso, y que ni lo uno ni lo otro era conveniente para un escritor venidero, que se quería solo y libre. El barrio vivía, de lejos o de cerca, el duelo silencioso y como unipersonal de ambas damas, y cuando los rumores de corrupción del clero y los équites (rumores publicitados o no por doña María) iban demasiado altos, doña Alfonsa hacía una de sus apariciones en el mercado, que ya se han descrito, más o menos, con mucho dispendio de billetaje entre las estraperlistas, mucha corte de criadas, mucho bulto de cestas y algún alarde de ubicuidad que no dejaba de poner respeto en las gentes sencillas del mercado:

—Que doña Alfonsa está comprando puerros en el puesto de las legumbres.

—Que no, que está escogiendo el mero en la pescadería de la señora Antonia.

—Que se ha ido ya para casa.

—Que todavía no ha venido.

Cuando el barrio comenzaba a estar cansado de mílites, de la leyenda de Capitanía, de las viudas con cartilla especial y de la vida cuartelera, doña María Sanmanuel Martinmorena pedía una audiencia al nuevo capitán general, para quejarse de cualquier cosa, y, a la vuelta, se hacía acompañar de un oficial de servicio, hasta casa, el velito negro de lunares por medio rostro rubio, maquillado y pamplonica.

Todo el barrio lo veía y aquello imponía un respeto. Luego, es decir, una semana más tarde, volvían a llamarla la bruja vasca, y la bruja hacía emplastos, trampas a la brisca, curas a las malmaridadas, virgos a las vírgenes y remedios a las malparidas.

Pero aquella vuelta de Capitanía, luto sobre rubio, tocado de fieltro sobre el pelo de oro corto, y, ante todo, la cruz del marido, una de sus cruces o medallas, sobre el seno izquierdo, todavía pugnaz, de doña María Sanmanuel Martinmorena. Aquello no podía olvidarse.

El general Weyler, de vuelta de sus gloriosas campañas, era un viejo que alternaba en su uniforme, con las condecoraciones, algunas condecoraciones de comida que se le iba cayendo por encima, con los años y ese desarreglo que es la gloria.

Se decía que uno de los generales más adictos a Weyler había sido el marido de doña María, pero lo mataron en las escalinatas de Capitanía General, defendiendo a su superior, un dieciocho de julio, y dejó una viuda alta, rubia, navarrica y popular: doña María Sanmanuel Martinmorena.

Doña María Sanmanuel Martinmorena iba poco por los conciertos de la tía Algadefina, pues que era bruja vasca que salía sólo de noche, o casi, y casi todas las noches se entraba en casa a jugar a la brisca. Doña María Sanmanuel Martinmorena tenía el pelo rubio y rizado, recogido en moño, la mirada clara y acuosa, la nariz roma, el habla cínica y procaz, el cuerpo alto y todavía erguido, a sus cincuenta años o así, y sin duda había enloquecido a muchos hombres, entre ellos al general. Su casa, que estaba en el piso principal, mano izquierda, enfrente de la nuestra, que era mano derecha, era una gran casa con tarima ancha y encerada, vitrinas con todos los recuerdos del muerto, como un museo del Ejército, y cucarachas en la cocina.

Alguna vez, fisgando yo aquella Historia de España que era el largo atuendo del general muerto en las escaleras de Capitanía, un dieciocho de julio, se salía del bolsillo de un pantalón de gala militar una moneda de oro o plata, que rodaba por la tarima, como último dispendio del muerto.

Acudía yo presto a recoger la moneda:

—Guárdatela, Francesillo, que al general le hubiera gustado el gesto.

Doña María Sanmanuel Martinmorena, navarrica, cincuentona y cachonda, tenía estos detalles, y al muerto, a su muerto, siempre lo llamaba «el general». Como si ella sólo hubiera sido su puta, cuando había sido su mujer por la Iglesia.

Doña María Sanmanuel Mantinmorena, enlutada y erguida, de medio velito sobre la picardía de sus ojos claros y su pelo pelirrojo, levantaba el vuelo al atardecer, como el búho de Minerva, y ya al anochecer estaba en nuestra casa, jugando a la brisca en la cocina, con mi abuela, mis tías y conmigo. Esto era lo que le gustaba, más que los conciertos de Soutullo y Vert, con falangistas como Juan Pérez, que ella odiaba como navarrica vagamente tradicionalista. Doña María Sanmanuel Martinmorena, viuda de protomártir de la Cruzada y señora que había conocido a Weyler y su manera de echarse lamparones de comida entre las cruces gloriosas, doña María Sanmanuel Martinmorena, digo, hacía trampas a la brisca.

Al principio, yo me indignaba mucho y se lo decía. Pero luego capté su manera socarrona de reaccionar, su gracia irónica, y decidí hacer trampas yo también, porque ya había leído uno, más o menos, que al cinismo no se responde con triacas de honradez, sino con mayor cinismo. Doña María Sanmanuel Martinmorena era bruja vasca. Vasca como casi todas las brujas. Bruja como casi todas las vascas. Doña María Sanmanuel Martinmorena le hacía brujerías y hechizos a doña Alfonsa la Millonaria, que era la aristocracia liberal del barrio (la gloria de Franco, pero sin sangre, por favor), mientras que doña María Sanmanuel Martinmorena había masticado la sangre, pero sin gloria, salvo la pensión del difunto y el plus por algunas cruces de guerra, que ella se ponía sobre la crinolina del pecho izquierdo, en días en que iba a ver al capitán general para pedirle algo. Eran la derecha montaraz y la derecha civilizada, o algo así, ambas mujeres, con esa capacidad de alegorización que tiene la mujer, culona o no, en los monumentos públicos.

—Doña María, usted acaba de presentar un as de bastos que se ha sacado de la manga.

—Del escote, hijo mío, del escote, Francesillo.

Lo del escote era un tanto perturbador, pero el afán legalista del adolescente puede con todas las perturbaciones.

—Lo cierto es que usted hace trampas a la brisca, doña María.

—A este niño lo están educando muy mal, señora —le decía doña María a mi abuela.

—Sé respetuoso con doña María, Francesillo, que es viuda de guerra —decía mi abuela, más de derechas que sus hijas y, sobre todo, que una de ellas: mi madre.

—Usted perdone, doña María, pero yo he tenido la cruz de que me saliese una hija veleide, o sea, republicana, usted ya sabe, y este niño no es más que el vástago de tanto volterianismo. El padre aún está en Ocaña.

Puesto que el padre estaba en Ocaña, doña María seguía haciendo trampas a la brisca.

EL FRONDOR. El Frondor y los cisnes. Teresita Rodríguez me llevaba de la mano a ver los cisnes del estanque, que eran dos, macho y hembra, pero resultaban igualmente femeninos o, en todo caso, cada uno de ellos, «deidad de la corriente», como dijo el poeta local, Jorge Guillén, a quien los contrarrevolucionarios quisieron cortar el pelo al cero y meter en el cuerpo unos litros de aceite de ricino, para que se fuese de bareta, en *cocheras*.

Guillén huyó a tiempo a los Estados Unidos, separado para siempre de los cisnes del Frondor, deidades de la corriente que le habían dado, más que su leído/releído Paul Valéry, el sentido de la elegancia como permanencia, de la permanencia como elegancia.

Teresita Rodríguez y yo les echábamos barquillos a los cisnes, o migas de pan, si no teníamos dinero para barquillos, el pan de nuestras meriendas, y los cisnes hundían su pico en el agua, sacando una joya de humedad y crepúsculo, una perla temblorosa de nada, como si el tesoro hubiese estado allí toda la vida, esperándoles, esperándonos. A un cisne se le echa un barquillo y te devuelve una joya. Los animales son la única intercesión mágica entre el hombre y la magia.

En la magia tradicional —que es ya casi tan oficial como la medicina— se ha utilizado a los animales en función curativa (orina o sangre de cabrito, etc.), pero en la magia mágica de la infancia y el Frondor, los animales seguían (y siguen siendo para mí) esos seres herméticos, intermediarios del hombre y la naturaleza, a cuya imagen y semejanza se hizo el diseño teológico del ángel. Los animales son inmortales porque ignoran su muerte y son puros porque «fornican directamente», como leía yo entonces en Neruda, según se ha contado/contará en estas Memorias. El cisne es el stradivarius del lago y por eso a Teresita Rodríguez le gustaban los cisnes.

También a mí, ya que, por entonces, a los niños nos llevaban mucho a los conciertos, la eterna música alemana, barroca, centroeuropea y romántica, quizá como liberación de la patria de himnos que nos había tocado vivir. Cuando leí en Rubén que los cisnes eran «unánimes» tuve un estremecimiento estético que se hizo casi orgásmico al pasárselo a Teresita.

Efectivamente, los cisnes son unánimes como los violines de una orquesta, y esto refuerza la imagen del stradivarius, ya que el cisne no es otra cosa que un stradivarius con plumas.

(Lo malo es cuando sale del agua, que queda paticorto, de pies planos, como una oca de granja o una granjera, directamente.) El mundo, muerto Guillén, no está bien hecho. Ni siquiera, musical D'Annunzio, es «el mejor de los mundos posibles».

Salvo el Frondor, claro.

El Frondor ya era otra cosa. Rueda de barquilleros, alpinismo municipal de las grutas, pagoda viva de los altos palomares, landas «duramente verdes» de los lagos. El Frondor: mundo único y suyo —y mío, por ella— de Teresita Rodríguez.

Vivo y espectacular diálogo de Teresita Rodríguez con la serpiente, en el Frondor

TERESITA RODRÍGUEZ, quizá ya se ha contado aquí, me llevaba al Frondor. El Frondor era el parque grande de la ciudad pequeña. En el Frondor había barquilleros lorquianos, con su bombo/ruleta al hombro, niños-vestidos-de-blanco, hijos de los invictos de la guerra, que vivían en la acera de enfrente, o paseo de Capuchinos, amas, añas, ayas con los niños, algunas vestidas todavía según el gremio, con cofia de encaje antiguo, pendientes de moneda de don Amadeo, grandes uniformes para los grandes pechos (habían sido amas de cría y generalmente procedían de Galicia), zapatos de medio tacón, medias blancas y un algo de cuarteronas cubanas que se vinieron con los señoritos cuando perdimos la Isla.

Teresita lo que tenía era mucha conversación para toda clase de animales, y esto quizá se contará luego, más por detalle. Quede anotado, de momento, que Teresita Rodríguez le daba un anillo de boda, oro puro, robado en casa, al cisne macho del estanque grande, a quien don Jorge Guillén, poeta local, había llamado «deidad de la corriente», y el cisne se lo tragaba y luego se lo devolvía a Teresita Rodríguez en la mano.

O le daba un mensaje a una de las múltiples palomas de los múltiples palomares del Frondor, y la paloma, que no era mensajera ni había pensado nunca en hacer oposiciones al digno Cuerpo de Correos, se iba y volvía con el mensaje anillado, y me lo entregaba a mí: «Francesillo, te deseo.» Joder con la niña.

Así fue como una mañana, temprano, Teresita Rodríguez y yo nos internamos en el Frondor, cogidos de la mano, como siempre, y Teresita Rodríguez me dijo:

—Francesillo, voy a llevarte a visitar a la señora serpiente.

—¿La serpiente de la gruta?

—Claro, pues cuál va a ser.

Y dio un tirón de mí.

—Pero a mí me dan asco las serpientes.

—¿Asco?

—Bueno, un poco de miedo.

—Los rojos no amáis la creación del Señor. Todos los animales son bellos y buenos. Son ángeles caídos bajo distintas formas.

—Ah.

La gruta era municipal y artificial, con estalactitas y estalagmitas como de piedra pómez, pero la naturaleza siempre se venga de sus imitaciones y había creado un lago natural, de lluvia y légamo, en el corazón de aquella gruta decorativa.

La cueva tenía varias entradas y a todas se llegaba por cualquier parte, viendo gotear un agua de filtraciones misteriosas (quizá cañerías) sobre el agua aislada del lago, que era de un verde espeso, pensativo y maligno. Teresita y yo nos pusimos en un rincón, contra la pared picuda de picos, con la espalda contra las telas de araña, las arañas y otras alimañas:

—¿Y cuándo sale la señora serpiente?

—Estáte callado, Francesillo.

No sé si pasó una hora de sombra o pasaron cinco minutos de sol. De pronto, lo negro comenzó a tornarse verde y lo verde comenzó a concretarse en serpiente, en serpentón, que se iba desmadejando como un sueño (no como en un sueño), y al fin alzó, sobre el cuerpo en anillos, un cuello grueso y una cabeza triangular, con algo de esmeralda y algo de perro de otra especie:

—Señora serpiente, usted sabe que la amo y la admiro, soy Teresita Rodríguez, hija del jefe provincial, ya sabe, y siempre que cazo una paloma se la traigo, e incluso una vez le traje, señora serpiente, un pavo real, que por cierto usted devoró en un momento, y le sentaron mal las plumas, a ver, y en cuanto pueda le traeré el cisne macho del lago grande del Frondor, que ya le he traído como anticipo, a la señora serpiente, algunas ocas del dicho lago, cogidas al azar, porque son bobas, y la señora serpiente las ha devorado con gusto, éste es Francesillo, mi novio, aunque es pobre, o sea, mi prometido, y no se lo doy a devorar, de momento, a la señora serpiente, porque todavía le amo un poco y me gusta besarle en la copa de una acacia, ahora por la primavera. Gracias por habernos recibido, señora serpiente y...

Teresita Rodríguez había hablado con una voz casi ronca y una sintaxis que evidentemente no eran suyas. En ningún momento me había soltado la mano, pero de pronto advertí que su mano estaba helada. La señora serpiente, por su parte, había escuchado el discurso de Teresita Rodríguez con ojos de negrura y relámpagos de lengua, levísimamente bamboleante la grande y hermosa cabeza triangular. Empezaba a recogerse sobre sí misma con un frufrú de sedas femeninas por el que supe lo que de serpentinas tienen las mujeres.

Salimos de la cueva y caminamos por el Frondor, bajo el sol realísimo de la primavera. Ni siquiera nos cogíamos de la mano. Yo no le preguntaba nada a Teresita Rodríguez, pero iba haciéndole y haciéndome, interiormente, todas las preguntas que había suscitado en mí aquel encuentro. Quizá yo, como niño de familia de rojos, lo que más había evocado ante la presencia faraónica de la serpiente, y su muda y amenazante atención, había sido la Dictadura misma, el Poder y sus poderes.

Yo nunca había visto un dictador, pero debían de ser así, como la serpiente, como el serpentón municipal del Frondor, que el Consistorio no había puesto allí, claro, pero que había anidado misteriosamente, atravesando la ciudad y sus tranvías, por la noche, en el cruce de artificio y naturaleza que era el Frondor, con sus lagos naturales y sus lagos artificiales, con su manjar asegurado de palomas, palomos, ocas, patos, cisnes y pájaros, a más de algún guacamayo y otras especies americanas que le recordaban a la aristocracia local los buenos y bellos tiempos de la dominación de Filipinas, Cuba y sitios así de bonitos y de raros, a los que facundamente se podía llamar «España». Eso, o la ilusión de eso, era exactamente lo que les había devuelto el César Visionario (Agustín de Foxá o Federico de Urrutia, tendría que consultarlo ahora, y me da como pereza). Por eso amaba a Franco la alta burguesía y la aristocracia local:

Por los guacamayos.

—Teresita Rodríguez, tú eres bruja, has hablado con la serpiente, y la serpiente te ha escuchado y no nos ha comido.

Teresita Rodríguez era una Alicia de provincias que jamás leería a Lewis Carroll (más pura y verdadera por eso) y era una niña bruja, como todas las mujeres, pensé, pues ya iba aprendiendo yo que toda mujer, meretriz o no, jesuitina o no, tiene tripa de bruja, como todo hombre tiene tripa de loco y Julio César.

—Las serpientes son buenas, Francesillo. San Francisco de Asís llamaba hermanos a todos los animales. Vosotros, los rojos, ya te lo he dicho, habéis sido enseñados en el odio a la creación del Señor. La serpiente es buena y ya ves que no te ha comido.

—Es buena si le llevas una oca para que se la trague, de vez en cuando.

—Tiene que alimentarse, pobrecita.

—A mí me ha parecido un dictador, y eso que nunca he visto dictadores.

—En el colegio os envenenan de política. No sé por qué te mandan a un colegio de laicos, que es como dice papá que hay que decir «rojos».

—Es, sencillamente, un colegio de pobres.

—¿De pobres?

—Mis compañeros son chicos de los Pajarillos, de las Delicias, del barrio España, del Cuatro de Marzo, del barrio Girón, de la Magdalena, de Santa Clara, de San Pedro, de las Arcas Reales. Pobres.

No me atrevía a cogerle una mano a Teresita (aparte que era ella, siempre, quien tomaba la iniciativa, por más amor o más poder de clase), porque la frialdad de su último contacto me recordaba a la serpiente. De modo que derivé la conversación, mientras cruzábamos el Frondor camino de la ciudad, hacia un tema escolar, neutro:

—¿Y es una serpiente pitón, Teresita?

—Yo creo que no es una serpiente. Yo creo que es un dragón.

—¿Un dragón, Teresita? Quizá no sea más que una serpiente de cascabel.

—Y dale. Los rojos no creéis en nada que no venga en vuestra enciclopedia. ¿Es que tú crees que nunca ha habido dragones?

—Se llamaban tiranosaurios. En el Museo de Ciencias Naturales de Madrid...

—Nada de tiranosaurios. En el colegio hemos leído *Tirante el Blanco*, en la lengua del Imperio, eso sí, que un cuento tan bonito lo escribieron en valenciano, a quién se le ocurre. Yo no sabía que existiese el valenciano. Por algo estuvo allí el último Gobierno de la República. Todos valencianos y masones. Bueno, pues en *Tirante el Blanco* salen dragones, me parece. ¿Es que vas a saber tú más que *Tirante el Blanco*, porque tus papás fuesen de Azaña? Azaña nunca escribió *Tirante el Blanco*.

—¿Y tú crees que nos conviene ser tan amigos de un dragón, Teresita Rodríguez? Yo no soy Tirante el Blanco...

—Es un dragón de derechas, Francesillo. Es un dragón nacional. Lo ha puesto el señor alcalde, que es amigo de papá, figúrate.

Y, mientras salíamos del Frondor, reino verde y venenoso del dragón, a la ciudad de espacio y plata vieja, anchurosa por aquella parte, Teresita Rodríguez volvió a cogerme la mano, como siempre, deslizante y cálida. Por culpa de aquella mano no he podido vivir nunca más sin la suave presión de una mano femenina en la mía.

Se nos hacía tarde para la comida en casa.

DOÑA ALFONSA LA MILLONARIA era la otra gran doña de mi barrio, barrio tranquilo de conventos, clausuras, arcedianías y casas de putas, con algún metal que «amanecía clarín», por el verano, o algún «monárquico clarín de lluvia fría», por el invierno.

Doña Alfonsa la Millonaria descendía al mercado del Val todos los miércoles, como la Virgen del Carmen al Purgatorio, sólo que doña Alfonsa no sacaba un ánima de rojo, del Purgatorio, sino que sacaba del mercado un ánima de cordero lechal, de cerdo de pata negra o de gallina Leghorn, pues que doña Alfonsa la Millonaria, liberal y de la aristocracia financiera, daba su resopón los miércoles por la noche, a generales de Capitanía, capitanes de la VII Región, beneficiados de la catedral herreriana (truncada) y algún cura populista, como don Anastasio, de Pan y Catecismo, con el hablar zazo y las uñas negras. Doña Alfonsa (no sé si se ha dado ya aquí esta síntesis) era la gloria —de la guerra— sin la sangre, y doña María era la sangre sin la gloria, salvo la menguada pensión que le dejaban las cuatro cruces del marido.

Así las cosas, había en el barrio como una tensión o tirantez entre ambas mujeres, que apenas se saludaban por la calle. Días militares en que doña María Sanmanuel Martinmorena salía con su medio velito, su gala negra, su luto enhiesto y sus cruces, a sentarse entre las viudas de otros generales, en la tribuna de honor, y luego la acompañaba a casa, de vuelta, algún oficial de bigote rubio, seguramente de la Academia de Caballería, cosa que no volvió a ocurrir desde que se supo o dijo que doña María había subido al oficial a su piso, le había dado de comer y luego lo había seducido en la alcoba matrimonial, azul y fría, justo sobre el hueco de la cama que dejara el difunto. Días de todos los días en que doña Alfonsa la Millonaria salía al mercado, en nube de criadas con cestas, chóferes para el auto, porteras ayudadoras y sobrinas aprendizas (también doña Alfonsa era viuda, aunque no de guerra, qué ordinariez), días en que el mercado se alborotaba con la presencia de la aristócrata, o lo que fuese, y se la veía al mismo tiempo discutiendo unos puerros en la verdulería y cortando una carne, con su mano enguantada de cabritilla, en la carnicería:

—Córtelo usted misma, doña Alfonsa, que usted tiene muy buena mano para los filetes de aguja —decía, complacido y jodido, el carnicero.

La ubicuidad de doña Alfonsa en el mercado era prueba de su superior clase, y estaba, al mismo tiempo, justificando y denigrando al César Visionario, pues que él había ganado una guerra para que las doñas Alfonsas cortasen por sí mismas los filetes de aguja, con preferencia de la cola del racionamiento que esperaba, pero, asimismo, se veía que el «tenientillo» no era de aquella clase, y que doña Alfonsa y otras doñas le menospreciaban un poco. Franco se dio el gusto de retardar durante años y años la Monarquía, y los tratadistas políticos han creído que era por razones de Estado.

Era solamente por razones personales. Era la venganza del militar pequeñoburgués contra las clases que adoraba, y que no le recibían, por decirlo con el argot de ellas mismas.

Con lo que el resopón de los miércoles, en casa de doña Alfonsa la Millonaria, resultaba un tanto conspiratorio: generales descontentos de su destino, prelados descontentos de su sumisión al Pardo, antes que a Roma, intelectuales de derechas descontentos de que aún no se les hubiese llamado para un cargo en Madrid.

—Usted sabe, doña Alfonsa...

Pero doña Alfonsa la Millonaria lo sabía todo.

La tensión entre las dos grandes viudas del barrio era una tensión fuerte, que yo recuerde. Eran, ya digo, las dos Españas en que había vuelto a dividirse, multípara, la España eterna: vencedores sin sangre y sangrientos sin victoria. Doña Alfonsa era la izquierda liberal y millonaria del Régimen. Doña María era la derecha navarra y sin un duro del Régimen.

Algo así me parecía a mí, o me lo parece ahora, repasando, para estas Memorias, mis diarios de entonces. Doña María Sanmanuel Martinmorena tenía la brisca nocturna en mi casa, tenía sus brujerías de bruja vasca, tenía la noche.

Doña Alfonsa la Millonaria tenía la mañana, sus apariciones resplandecientes en el mercado del Val, ya digo, como una Virgen del Carmen por sobre las ánimas del Purgatorio, que eran lechazos, y tenía el resopón de los miércoles, con tílburis, coches Ford T, haigas y caballos de la Remonta en su puerta/palacio.

Todo aquello me parecía a mí que iba a acabar mal.

A AGUSTINITO se le aparecía Pío XII.

—¿Siempre, cuando tú quieres, aquí mismo?

—No, en el pueblo, muy de noche.

Durante toda la guerra mundial, a Agustinito, que era un niño teósofo, relapso, herético, creyente, lector de Rahner, Maritain, Guardini y todos ésos, se le había aparecido Pío XII en el corral de casa.

—Eso es que le vemos mucho en el No-Do y en el periódico y que luego tienes alucinaciones. O sea visiones.

Pero Agustinito fumaba y se quedaba mirando para ninguna parte.

Podía ser que Agustinito fuese un santo, con aquella cabeza entre mártir cristiano y filósofo existencialista que tenía.

—¿Y te pilla fumando, Pío XII?

—De madrugada, cuando salgo al corral a orinar o a despejarme un poco, después de haber leído toda la noche el Concilio de Nicea, se me aparece.

—¿Por qué parte?

—Por el rincón donde dé la luna, siempre.

—¿Y aquí en la ciudad no te lo has encontrado nunca?

—No son encuentros. Son apariciones. Sólo me visita en casa, en el pueblo.

El pueblo, como ya queda dicho, era San Pedro Latarce, donde la familia tenía sus tierras y sus gallinas.

—Entonces Pío XII es santo —decía yo.

—Es Papa.

—¿Y Papa es más que santo? Yo creía que sólo se aparecían los santos.

—¿Y qué te dice? —saltaba Javi.

—No me dice nada. Pero es que yo dudo mucho de la santidad de Pío XII, y a lo mejor se me aparece como una disuasión o un castigo.

Agustinito siempre se había expresado bien en lenguaje vaticano.

—¿Va de blanco, como en los No-Dos?

—Siempre va de blanco.

Agustinito no estaba muy seguro de que Pío XII no fuese cómplice en alguna medida de la política de Hitler —«Hitler, al fin y al cabo, quiere parar al comunismo ateo», explicaba Agustinito—, y como ya se iba sabiendo lo de las duchas de los judíos, Agustinito tenía problemas de conciencia con aquel espectro blanco de las fotos, cara de ave y cuerpo de ectoplasma, que luego saldría denunciado en libros como «no neutral» en la contienda.

—Pregúntale de eso en el corral —decía Javi.

—No es sitio —desistía Agustinito.

—Sácalo en el periódico. Vamos a contarlo en el *Diario Pinciano*. Eso es noticia. ¿Verdad, Francesillo, que es noticia? —me preguntaban a mí, como más predestinado al periodismo.

—Se pondrá perdido con la gallinaza, porque hay que ver cómo está tu corral —decía Javi, que recordaba una visita al pueblo de Agustinito.

—¿Y orinas delante de Pío XII?
—Se me pasan las ganas.

Aquel chico estaba enflaquecido, con los ojos de un claro ya acuoso, la cara hundida en la cara y las manos nerviosas, engarabitándose en el cigarro.
—Serán los nervios del tabaco.
—Os digo que le he visto. Y no sólo una vez.
A Agustinito le estaba vampirizando Pío XII, como un vampiro blanco, su sangre de niño insano, de hijo único que fumaba demasiado.
—Tienes mala conciencia con Pío XII —le dije yo.
—En España no salimos del medievalismo —le dijo Loyola López.
—Yo estoy seguro de que es Pío XII, por qué no iba a ser Pío XII —dijo Davidito, alma música a carboncillo, de un romanticismo tardíamente desperezado, que creía en las apariciones porque lo había leído en Bécquer y porque también a él se le aparecían cosas cuando oía o tocaba a Chopin. Pero Agustinito, que era listo, no quería que sus cuestiones teológico/vaticanistas se transformasen/esfumasen en la vaguedad de la música y la sentimentalidad de un romanticismo de Conservatorio:
—Yo no estoy tan seguro —dijo.
—Eso te viene de leer a los teólogos que no creen en Dios —afirmó Honorato, lleno de sentido común contable.
—Todos los teólogos creen en Dios —nos concedió Agustinito, ilustrando nuestra ignorancia desde su nube niceana de tabaco negro.
—Y a los santos que van al infierno —insistía Honorato, utilizando, quizá sin darse cuenta, un título de Gilbert Cesbron, un autor católico y fucsia, muy de moda por entonces.
Preciado no decía nada, porque Preciado estaba en el grupo para ir transformando los bienes del estraperlo familiar en bienes de cultura general, y este misterioso asunto de Pío XII en un corral de San Pedro Latarce quedaba

más allá de su curiosidad. Se le advertía un saludable escepticismo de estraperlista.

—A ver, Agustinito, te pasas la noche de claro en claro, como don Quijote, y luego sales a hacer una necesidad al corral, ya de amanecida, y ves fantasías.

—Pío XII no es Dulcinea.

Estas salidas eran las que más nos gustaban de Agustinito.

—Lo raro es que no te hable, él que habla tanto en los periódicos.

—Hay apariciones puramente testimoniales.

—¿Qué es testimoniales?

—Mudas —resumió el niño sabio.

—Con Pío XII o sin Pío XII, te estás desmejorando, Agustinito —dijo Loyola López—. Podías probar una temporada a leer otras cosas.

—La colección Pueyo de novelas selectas —ironizó serio el niño niceano que veía al Papa.

—¿Pío XII es el Anticristo? —preguntaba Javi.

—¿Y qué dice tu padre? —le pregunté a Agustinito.

—Que no orine en el corral de madrugada.

Lo del sastre de mi barrio era cosa de cada dos años o así.

Cada dos años o así, la familia decidía renovarme el traje marrón cruzado, abrumador, y nos íbamos en grupo al otro lado de la plaza, casi como a encargar una mortaja, al entresuelo (me parece que era un entresuelo) en que vivía este hombre, siempre con el metro por el cuello, como atadura voluntaria de su reclusión. Los pájaros de Perse, su sosias, la fauna exótica y lírica del poeta que él no conocía (suponiendo que Perse no fuese él), se reducían a un loro de patio que apenas había visto directamente la luz del sol y que insultaba de modo concienzudo y versicolor al cliente mientra éste se dejaba medir la entrepierna.

—Señorito cabrón, señorito cabrón.

Aunque el loro decía, más bien, «gegoriso gafrón».

Pero se entendía.

Aquel loro era toda la libertad enjaulada de un hombre que había elegido la reclusión gremial (muchos más encargos de trajes de los que podía atender, aun con un taller de pantaloneras del que me llegaban remotos coros juveniles, cantando zarzuela, y a los que hubiera querido asomarme, por ver a las mozas en su gineceo de máquinas de coser, incluso así, con una manga ausente y un hombro de guata). Aquel loro me parecía que era la isla Mauricio de Baudelaire, los pájaros de Perse, de que vengo hablando, todos los animales que saca Lautréamont, las aves exóticas de Gauguin y Rousseau.

Aquel sastre de barrio tenía, sin duda, dormido en la conciencia, un dulce y dorado sueño de exotismos.

Todo hombre —hasta los sastres de barrio— lleva dentro un Baudelaire, un Perse, que seguramente no se manifiesta en su existencia, ni siquiera se formula interiormente, por falta de vocabulario imaginativo.

De modo que, al no realizarse el loro como metáfora de lo exótico, lo remoto y lo libre, lo que pasaba es que la cotidianeidad iba retiñendo al loro, que olía ya a café con leche. O quizá a achicoria.

Loro achicorado, achicorada ave del paraíso perdido de la imaginación, preso en la jaula de un sastre sin imaginación.

Yo hacía ensayismo y lírica (en mí no estaban muy diferenciados, ni lo han estado luego, nunca, la lírica y el ensayismo), mientras el sastre me presentaba cortes de telas marrones, con rayita, y toda la familia lo pensábamos mucho, aun sabiendo que íbamos a recaer en la rayita y lo marrón.

Doña María Sanmanuel Martinmorena, en la rueda de sus huéspedes, cogió un día a Reposo, María del Reposo, huérfana de notario, como se decían casi todas las meretrices de posguerra, y que era una belleza oval, tranquila, a lo Ida Lupino. Se veía en seguida que le preocupaba más ganarse la vida que beneficiarse hombres.

Porque Reposo, María del Reposo, tenía un punto de tuberculosis muy de la época (nos habíamos acostumbrado a conocer la tisis a primera vista, por la frecuencia del caso), y tenía un algo de señorita que la apartaba del comercio crudo y directo de la carne que mantenían otras damas. Doña María Sanmanuel Martinmorena conoció sus años de oro de viuda gracias al hospedaje de María del Reposo, a la que venían a ver cazadores y pescadores de la comarca (que cazaban y pescaban en sus propias fincas), y que siempre se traían una liebre, una cesta de huevos, unas truchas envueltas en un pañuelo o una perdiz roja y gorda.

Las dos mujeres fueron muy felices con estas dádivas, y, cuando María del Reposo, oval, serena, hija de notario —¿por qué no creérselo?—, recibía a sus enamorados, doña María Sanmanuel Martinmorena se iba a hacer visitas por el barrio, para no enterarse de nada, y era cuando yo, interrumpiendo mis lecturas del 27 (prohibido), mis diarios íntimos (que ahora me sirven para redactar estas Memorias), o mi correspondencia sentimental con Hedy Lamarr, me acercaba al balcón, descorría un poco el visillo, o lo apartaba con la mano (el *stor*, entonces decíamos estores), y veía a la viuda militar y pelirroja, navarrica y bruja, enlutada y todavía bella, cruzar de unas casas a otras, dejando aviso, tarjeta o recado en las porterías, como una heroína de Proust, queriendo borrar con su actividad social (frustrada: casi nadie la recibía) la actividad celestinal que ejercía, por entonces, respecto de María del Reposo.

A la noche, doña María Sanmanuel Martinmorena vendría a casa, a jugar a la brisca en la cocina, pero yo pensaba ya en la pupila, en la bella, oval y silente María del Reposo, tan delusiva que nunca se acercó a nuestra casa para nada, y a la que sólo veíamos por las mañanas, en la tertulia de la panadería, con Feli, la panadera (una grulla solterona y tópica), la propia doña María y alguna rubia zaza, hermana de carbonero con minas en Asturias, porque Asturias era el Eldorado de la época.

Desde que tenía en su casa a María del Reposo, doña María Sanmanuel Martinmorena iba menos a Capitanía General. Había ganado en arrogancia social, como queriendo desafiar al mundo, pero por dentro la debilitaba el saber que su celestinazgo era público, aunque callado, y que ella, una *madame* de barrio pequeñoburgués, no estaba en condiciones, ya, de pedir audiencia a un capitán de los Tercios de Flandes, señor capitán.

Demediado el siglo, quizá ya se ha dicho, yo tenía un abrigo con cuello de rizo (vuelto), unos guantes amarillos (encontrados por casa) y un capacho de hule para la compra. Así y todo, me enamoré un poco de María del Reposo, más, quizá, por lo que tenía de meretriz que por lo que tenía de mujer, ya que la fascinación de la meretriz sobre el adolescente es eterna e imborrable, ahora lo veo claro. Si aquella mujer recibía hombres por una cesta de huevos o una lubina gorda, ¿por qué no yo? La disponibilidad de la mujer es lo que más inerva al hombre, en un mundo de mujeres estrictas, y no otra fascinación tienen las meretrices sobre nosotros. María del Reposo me saludaba muy cariñosa y dulce, cuando yo entraba a por el pan (última estación de mi viacrucis doméstico), de vuelta del mercado y las apariciones y descensos de doña Alfonsa la Millonaria.

—Buenos días, Francesillo, está usted muy alto.

—Gracias que se le deben, doña María del Reposo.

Ella, en la mesa camilla de la trastienda panadera, debía de tener los muslos ardientes de brasero (picón de encina, seguramente), y yo, frío de mercado, humillado de mercaderías, no tenía nada que decirle.

Me iba a casa con mi frustración y mi barra de pan. Por las tardes, desde primera hora, aquello era un desfile de cazadores, pescadores, agricultores, hombres que venían en mula o en tractor, terratenientes, en fin, herederos de la España de Onésimo Redondo, de quien me parece que ya me he explicado aquí, subiendo al principal de doña María Sanmanuel Martinmorena, a la alcoba azul y tenue (yo la conocía) de María del Reposo. ¿Cómo los recibía ella, qué clase de amor hacían, qué barro de Cigales, de Tudela, de Peñafiel, quedaba en las sábanas blancas, duras y frescas de María del Reposo?

Me pasaba horas en el balcón, sujetando el *stor* y sufriendo, sin estudiar a mis clásicos, que eran casi todos románticos, sin escribir mi carta de amor a Hedy Lamarr, sin preparar mis oposiciones a la Banca. Doña María Sanmanuel Martinmorena, negra y rubia, esbelta y bruja, dejaba un zigzag de paseos en la nieve, de un portal a otro, depositando infatigables tarjetas de viuda de general (había conocido incluso, ya se ha dicho, a Weyler y Saliquet) en la portería de casas donde ya —ay— no se la recibía.

SANTÓN. El que profesa vida austera y penitente fuera de la religión cristiana. En San Miguel teníamos un santón, Rufo el Barbas, que profesaba vida austera y penitente, pero no fuera de la religión cristiana o, al menos, no fuera de la iglesia, sino dentro, por el calor. Rufo el Barbas había sido torero antes de la guerra, gastaba barba boscosa, ceño malo, pata de ortopedia, vino amargo de las tabernas y recuerdos de un pasado taurino que nadie podía verificar, con la Cruzada de por medio.

—Esta pierna la perdí en el Ebro, y no necesito decirles a ustedes en qué orilla.

La fórmula la utilizaba Rufo el Barbas lo mismo con los nacionales que con los rojillos, de modo que siempre le funcionaba. Unos y otros daban por supuesto que Rufo el Barbas había perdido la pierna a manos y balas de los otros.

Que la suya era una pierna mártir/protomártir. Primero, Rufo el Barbas anduvo mucho por las tabernas de la ciudad, en torno a los mercados, sentándose siempre debajo de un cartel taurino —Manolete, Aparicio y Litri—, según las épocas. O sea, que Rufo el Barbas, remoreno y corpulento, impedido de un remo, sabía ya por entonces, cuando no se hablaba de eso, en los cuarenta, cuidar la imagen, y se ponía a beber el vino amargo y escaso y pobre y a débito debajo de un cartel taurino, lo cual le asociaba, involuntariamente, con las glorias de la fiesta.

Así iba su vida, contando viejas corridas —«el día que don Luis de Mazzantini me llevó en su landó a la plaza, ambos de alamares, el día en que Bombita y yo posamos para la cámara de don Ernesto Giménez Caballero, que era muy dado al cinematógrafo»—, y en este plan.

Pero al dueño del bar del Val le debía mucho dinero, y el dueño del bar del Val ya estaba como muy harto de fiarle chatos y decas y campanos a Rufo el Barbas, de modo que un domingo por la tarde le pidió todo el dinero de golpe, y Rufo el Barbas no tenía más que dos perronas de cobre en el bolsillo roto del pantalón, y el dueño del bar del Val no se limitó a echarlo a la calle, a llamarle gorrón y ladrón y cuentista y mal torero —«un torero con barba, no te jode, cuándo se ha visto»—, sino que salió tras él y, ya en terreno de nadie, cuando Rufo el Barbas menos se lo esperaba, el dueño del bar del Val le dio una paliza de muerte, patadas, bofetadas, puñetazos en los huevos, tirones de la barba, tirones del pelo largo, patadas en el paladar, puñadas en la vista y saltos mortales sobre la tripa llena de aire y vino, vacía de comida, de Rufo el Barbas.

Yo había salido con don Julián, el párroco —viejo, no gordo, pero hinchado, morado todo él, torpón, con bonete y capa—, a llevar el santolio a una moribunda de casa bien, Acera de Recoletos, y a la vuelta, como a don Julián le pusieron auto, los prebendados, y a mí me dejaron a pie, me volví andando, agradeciendo casi aquel paseo por el domingo libre, vacío y espacioso, pues que el monacillazgo tenía algo de monacato, y uno acababa ensoñando con la calle.

Así es como asistí a la pelea de Rufo el Barbas y el irascible dueño del bar del Val, que en realidad no fue pelea, sino una paliza unilateral —el cojo no podía ni quería defenderse—, una visión a dos de la guerra civil y un hombre que quedó en el asfalto desertizado del domingo, en una trama triste de barbas, melena, sangre, vino y baba.

—Don Rufo, que se venga usted conmigo.

Le ayudé como pude a llegar a San Miguel y desde entonces vivió en la parroquia, pidiendo a la puerta en el buen tiempo, pidiendo dentro, en la puerta misma, en el invierno, con el sombrero en la mano y la voz profunda de los hombres que han dialogado mucho con esa criatura mitológica que es el toro. Lo que procuramos ocultarles a todos, empezando por don Julián y don Luis, es que Rufo el Barbas tiraba a republicano y a taurino.

—Nada, un pobre que me he traído.

—Este Francesillo va teniendo iniciativas de santo.

—A lo mejor, el día de mañana, es un san Wenceslao y un san Boleslao, que eran hermanos y muy piadosos.

—En todo caso, señora, seré uno de los dos. Para siamés me parece que no he nacido.

El Frondor. Lo mío era remar y yo llevaba a Teresita Rodríguez por el Frondor, en barca.

Al tomar la barca, en el estanque, se invertían los papeles y yo me convertía en protagonista. Si Teresita Rodríguez había llevado la iniciativa en los momentos líricos del Frondor, yo la llevaba en los momentos épicos.

Aquí se trata de sujetar bien los estrobos, mover los remos de manera que la fuerza superior del brazo derecho no desequilibre la navegación en línea recta de la barca. Todo eso.

La barca, naturalmente, iba mucho más lejos de su itinerario. Cruzábamos las tribus enmogollanadas de las ocas, el reino ventrudo de los patos, la orquestina estúpida y bellísima de los cisnes, y la proa de mi barca iba destruyendo flores de esas que sólo echan raíces en el agua, y los peces rojos nos miraban como los persas miraron a los griegos, un día, y los peces azules nos miraban como los romanos y los cartagineses se miraron frente a frente, otro día. La barca se deslizaba, bajo mis remadas sabias, como un sueño por la superficie barroca de otro sueño.

«Vimos gruesas serpientes dibujar su pregunta.»

Yo empezaba a leer a los surrealistas, en el coro, con un Berruguete clavado en la espalda, pero Teresita Rodríguez no iba a leerlos nunca.

—Vimos grucsas serpientes dibujar su pregunta...

—Son hermosas y nos aman.

Cruzábamos los reinos del pez abisal y el pájaro acuático.

Me fijé en Teresita Rodríguez.

Iba al otro extremo de la barca, con una mano perdida en el agua, como un loto, y su uniforme de jesuitina. La melena suelta, un lacito en el pelo, las orejas un poco grandes, los pendientes innecesarios, los ojos vivos, el perfil bello, la boca dulcemente locuaz.

Llevaba un jersey y encima otro jersey y luego la falda plisada del colegio, y siempre el Sagrado Corazón sobre el inexistente seno izquierdo. Llevaba una gran carpeta, un reloj casi de hombre, las medias un poco caídas y unos zapatos adorables, viejos, colegiales y suyos.

La amé, la amé.

—Teresita Rodríguez, lo que pasa es que te amo.

—No irás a aprovechar esta gruta para abusar de mí.

Porque estábamos en una gruta del estanque, entre sombras húmedas y olas quietas y azules, como calcáreas.

—Pues a lo mejor sí.

Y fue ella la que vino hacia mi sitio, en la barca, y jugamos a las masturbaciones, como siempre, sin saber que la cosa se llamaba así.

—Eres loco.

—Nada nuevo para ti —dije astutamente.

—Pero no contigo.

Comprendí, con el Antiguo Testamento, que la mujer es impura y ha nacido manchada. ¿Con quién había vivido ella aquellas cosas? Con las compañeras de colegio, con sus primos, consigo misma, claro. Sufrí por primera y última vez el dolor —algunos hombres lo arrastran toda la vida— de saber que la hembra es impura desde antes de nacer, y que el orgasmo aflora en ella tan naturalmente como un trébol.

De regreso, las ocas, los cisnes, las gruesas serpientes, los peces de colores y hasta los lotos parecían haber perdido su inocencia. Adán ni siquiera necesita nombrar. Le basta con pecar para que cada cosa vaya teniendo su nombre propio, como saliendo de la inocencia.

—¿Volveremos el próximo domingo?

—Volveremos, Teresita Rodríguez.

ANITA, la modista de arriba, tenía un hermano carpintero, sobrio, cetrino y callado como son todos los carpinteros, de quienes tenemos una imagen rubia, equivocada. Rubia es la madera, pero, fijándose bien, los carpinteros son cetrinos y cenceños.

Anita, la modista, tenía una sobrina —hija de su hermano— llamada Anita, asimismo y como corresponde, ya que la familia se llevaba muy bien entre sí y hasta tenían una madre de ciento veinticinco años, que a veces se ponía un poco indigesta de comerse un cordero aliviado con tres botellas de Vega Sicilia. En estos casos, los hijos y nietos le decían a la señora:

—Eructe, madre, eructe.

(Alguien de la familia decía «irute», pero esto es costumbrismo lingüístico que no viene al caso.) La señora, esta señora un poco entrada —ciento veinticinco años—, eructaba o irutaba (yo creo que le sentaba mejor irutar), y como nueva.

Pero un día, después de una fiesta de cordero y Vega Sicilia (los corderos se los comía casi vivos), lo que irutó la anciana fue la muerte, o la vida, y se quedó en el iruto.

Tampoco la cosa fue de mucho desastre, ya que la señora, que se llamaba señora Ana, previsiblemente, andaba rondando la edad discreta de morirse. Lo malo fue lo de Anita, la niña, que se la llevó a veranear la Sección Femenina a San Sebastián, la cogió la primera ola, en La Concha, y nunca más se supo. La Sección Femenina hizo lo que pudo, eso sí. Incluso Pilar le puso un telegrama a la familia, que lo tenían en un marco de caoba que le había hecho el carpintero, en la pared.

Ana, Anita, era una niña desvaída y redicha, azulina y moderna, culta y con novio, y nunca me había llamado la atención, pese a su pubertad, y pese a vivir en el mismo inmueble, con portalón de ecos nobles y cancela de colores juanramonianos, con frescos malos y falsos, en el techo y las paredes, con escalera encerada y portera que tenía un brazo hinchado y el otro normal, una tortuga de oro y una sobrina de pueblo, Amalita, con olor a jara, ni guapa ni fea, pero que a mí me gustaba mucho, y le mordía la braga malva cuando se dejaba.

Ana, Anita, que no había sido nada en vida, lo fue todo en la muerte, cuando la expusieron en ataúd de cristal, durante no sé cuántos días, antes del entierro. Yo la vi en su ataúd de cristal, pasé la noche junto a aquella muerta tan cursi y junto a un actor del TEU, un rubio dramático que se sujetaba las manos a la cabeza como si se le fueran a volar.

Habían paseado mucho por el barrio y por el Frondor (me los encontraba a veces, yendo yo con Teresita Rodríguez), habían vivido un amor casto y desnatado de posguerra, todo de bragas húmedas, poluciones en la sombra, contra el lienzo moreno del calzoncillo, y versos del Siglo de Oro que él se sabía, de haberlos aprendido en el TEU. Decían que iba a ser el mejor actor de España.

A lo que iba: que Ana, Anita, lo fue todo de muerta, y se presentaba en las tertulias de cómicos de su novio, siempre presididas por Lucio Alfil, o se presentaba en mi habitación, de madrugada, con sus boas o boás de imitación, no para hacer el amor, ni mucho menos, sino para explicarme que ella era una muerta sensible y había comprendido lo que nunca comprendió en vida: que yo era un vivo sensible.

Ana, Anita, la chica de las modistas y los carpinteros, hacía mucha vida social de muerta, más que de viva, y había que prestarle atención como a una loca o una vieja, cuando era tan joven (el mar la había congelado en su pubertad), sólo por no recordarle que estaba muerta y que no diese más la lata. Doña Alfonsa la Millonaria nunca quiso admitir que la muerta se salía de su ataúd de cristal y asistía a saraos. Por eso no la invitaba los miércoles, pese a sus boas o boás. Doña María Sanmanuel Martinmorena decía que las niñas de aquella edad, en sus tiempos, se meaban en la cama y no andaban muriendo y resucitando. Don Luis, el coadjutor, le dijo a la modista que no rastreaba nada católico en la resurrección o reaparición de la niña, y que lo mejor que podía hacer Anita era no aparecer por misa de doce, los domingos, para no espantarle la feligresía. Con María del Reposo tuvo algunas tertulias enigmáticas de las que nada se sabe. Teresita Rodríguez me lo dijo: «A ver si me vas a dejar por una muerta.» Y la abracé con violencia porque en ella se encrespaban todos los olores nuevos y calientes de la vida.

Así como al padre Hoyos se le había aparecido el Sagrado Corazón de Jesús hacia la parte oriental de la ciudad, donde luego se levantó un monasterio de mármol memorativo, don Pío XII no se le aparecía sólo a Agustinito, en San Pedro Latarce, sino que empezó a aparecérseles a viejas aristócratas, a canónigos sin resuello e incluso a muchachas vírgenes y bigotudas de Acción Católica/Rama Mujeres.

Al señor Rodríguez Pancho, padre de Teresita Rodríguez y hombre del Movimiento, con mucho mando provincial, se le apareció en la hora de la muerte, diciéndole estas verídicas palabras: «Ni un rojo en tu santa ciudad, ni un rojo en tu santa provincia.»

A don Luis, el coadjutor de San Miguel, se le apareció otra vez, mientras se revestía la casulla, avisándole de que él estaba llamado a los altares (nunca se supo si «él» era don Luis o el propio Pío XII, que jamás ha logrado eso de la Iglesia, tan sensata).

Durante la guerra mundial, o sea hasta el año 45, puede decirse que Pío XII se apareció mucho en nuestra ciudad, con la particularidad de que eran las suyas las apariciones de un vivo, ya que seguía reinando en el Vaticano y en la prensa mundial de derechas. Se apareció varios años.

A los viejos párrocos de Santa Clara, los Pajarillos o la Magdalena, también se les aparecía de vez en cuando Pío XII, anunciándoles el fin de la guerra mundial con la victoria de Hitler. Como Hitler había perdido la guerra hacía, por lo menos, cinco años, lo que quedaba de manifiesto, cuando estos viejos y santos párrocos contaban la aparición en la secretaría del Arzobispado, era que no leían los periódicos.

BUSCÁBAMOS EL SATÉN, la loa/lamé, loa de nuestras madres, nuestras tías y, sobre todo, de las amigas de nuestras tías/madres. Era cuando la imaginación cabía en un vestido femenino que hacía aguas y nuestra intrahistoria de pubertad cabía en un espejo. Perseguíamos contactos furtivos, sedas dormidas, despertábamos flores de trapo de los veinte/treinta, vivíamos la nostalgia incurable de nuestros padres felices (a lo mejor fueron tan desgraciados) y en la calle sonaba un organillo como el piano amargo de la pobreza epocal.

Éramos púberes.

Buscábamos maderas sabias, todas con calidad de violín, chimeneas sentenciosas, libros amarillos (de portada y contenido), huíamos la época. Lo nuestro —lo veo ahora— me parece que era una huida generacional. No nos gustaba el tiempo de posguerra, ni esa respiración de guerra (civil, mundial) que había quedado en el mundo, de manera que huíamos de los justificadores de la guerra, en uno y otro mundo ideológico, porque queríamos salvarnos de la Historia —luego explicaré cómo—, con su ominosa hache mayúscula, como una empalizada. Las huidas de la Historia se repiten en todas las mocedades.

Huida hacia adelante —como la del toro— o hacia adentro, como la de los jóvenes falangistas españoles en los años treinta. Buscábamos violines de polvo, stradivarius de provincias (éstas son también las Memorias de un púber de provincias), como nuestros hermanos mayores habían buscado un máuser y un peine de balas, escapando, sin saberlo, del presente mediocre y el futuro derrumbante que les ofrecía la vida. Buscábamos crespones, ya digo, el contacto frío y ferviente de la sillería de Berruguete, en el coro de San Benito, porque habíamos descubierto, algunos, que la cultura es un tiempo a salvo, el único reino donde vale tanto un vivo como un muerto.

Aguas del crespón, peces dormidos del satén, todo lo que cantaba en nuestras manos el recitado silencioso del tiempo, del pasado.

No queríamos guerra/posguerra, no queríamos Alan Ladd ni marines (cine dominical), ni Líster ni Gil Robles. Queríamos quemar nuestra sensibilidad adolescente en la hoguera de la belleza, ser violín púber en manos de Yehudi Menuhin, que por entonces salía mucho en los periódicos.

Eso queríamos.

Leí en una revista una vieja anécdota de Paganini: se fue la luz en el teatro y siguió tocando a oscuras. El mejor concierto de su vida. La música y él, cuerpo a cuerpo, sin el entrecuerpo casi musculoso de la luz. Yo quería, como otros (que quizá no lo sabían), ser el violinista a oscuras en la tiniebla de la intuición, hacer mi prosa sin saber lo que hacía.

Acertar.

Pero acertar sin que el mundo me acertase. Secretamente. A lo mejor luego lo explico más claro. Para esto hago este libro, estas Memorias de pubertad, anatomía de un adolescente cultural donde se reconstruye el hombre que luego fui como los antropólogos reconstruyen al hombre prehistórico por una vértebra, fijando edad personal e histórica, nivel mental y nivel de vida.

También tiene esto algo de Memorias de un hijo del siglo. Para mí —y luego lo repito— el siglo XX (eso que hoy llamamos periodísticamente «la modernidad») comienza en Baudelaire y acaba en Sartre, el último humanista. Todo lo demás, a partir de ahí, ha sido ya equilibrio del terror y desequilibrio del desamor (el mío). Buscábamos la plata enferma y el oro falso, tanto más fascinante por imitado, ya que añadía a su prestigio casto, por decirlo así, el prestigio gideano del acto gratuito, los monederos culpables y la alquimia.

Todas estas cosas estaban en los arcones de las abuelas, forrados por fuera de piel como de camello (una piel

Num. 30.

DIARIO PINCIANO,

Del Miercoles 29. de Agosto de 1787.

P. Historica.

Los Reyes Catolicos volvieron de Medina del Campo á Valladolid á principios del año de 1475 y se aposentaron como antes en las Casas de Juan de Vivero, donde es hoy la Real Cancilleria, cerca de las quales estaba entonces la Puerta llamada de Cabezon, la que era muy fuerte, y se hallaba guarnecida y ocupada por el Conde de Benavente Don Rodrigo Alonso Pimentel, poco afecto hasta entonces á dichos Principes. Estos mandaron derribar aquella Puerta y toda su fortaleza, quedando mas asegurados, y permaneciendo aqui algunos dias, en que huvo grandes fiestas, y recibieron el omenage de muchos Señores y Villas y Ciudades que no lo habian prestado. En este tiempo vino á Valladolid Ruy de Sosa, Embaxador del Rey de Portugal á pedir á los Reyes Catolicos que dexasen estos Reynos, que tenian ocupados injustamente, y usurpados á la Princesa Doña Juana, su sobrina, con quien él tenia dispuesto casarse. Fue oida la embaxada, y respondida como era justo. Y de aqui empezó la guerra con Portugal, de que se habló en el Diario ultimo, donde debe enmendarse que la accion de gracias que la Reyna Doña Isabel hizo por la Victoria de Toro, no fue en San Pablo de Valladolid, sino en San Pablo de Tordesillas. Por el mes de Noviembre de 76 estaba la Reyna en Valladolid,

donque se iba cayendo y dejaba a la vista sólo el claveteado y los listones). También estaban en las tiendas de los anticuarios (pocos, en la pequeña ciudad), y hasta en las librerías de viejo, una o dos, adonde acudíamos por acariciar, con mano blanca y temblorosa, el lomo de un Torres Villarroel, de un Vélez de Guevara, de un Juan Ramón o un Valle primerizos y enterizos.

Buscábamos el satén, la loa/lamé. Era cuando la imaginación cabía en un vestido femenino que hacía aguas y nuestra pubertad en un espejo.

EFECTIVAMENTE (y no hago aquí sino glosar, a partir de mis diarios y Memorias de entonces, los anales de Culo Rosa), los Reyes volvieron de Medina a Valladolid en 1475, y vivieron en el palacio de Vivero, rodeados de putas y de monjas, entre la Real Chancillería y la Puerta de Cabezón. Don Rodrigo Alonso Pimentel era poco afecto a los príncipes, y, en los 40, sus descendientes quedan como poco afectos a Franco. Tenían casa puesta en la calle de los Arces, en cuyos bajos vivía mi amigo Dupont, un francesito de la infancia. Hubo grandes fiestas y se recibió el homenaje de muchos señores. En las cocheras de los tranvías fusilaban personas todas las noches. En el entierro de Luis Huidobro, la gente iba hablando mal del muerto, lo que nunca habrían hecho en vida: que si tenía amantes y eso.

En este tiempo vino a Valladolid el embajador del rey de Portugal, a pedir sus reinos a los Reyes para la princesa doña Juana, su sobrina, con la que él se iba a casar. Doña Alfonsa, entonces moza, lució en todas las fiestas. Doña María Sanmanuel Martinmorena bailó con la impudicia de las viudas, para un moro. Lucio Alfil perseguía pajecillos y Zequiel Zamora se bebió una variada provincia de vinos. Hubo guerra con Portugal y Culo Rosa, siempre de izquierdas (por entonces) defendía valientemente a los portugueses, en el *Diario Pinciano*. La reina doña Isabel hizo acción de gracias por la victoria de Toro, en San Pablo de Tordesillas, y no en San Pablo de Valladolid, pleito histórico que tenía en disputa a Culo Rosa y Zequiel Zamora, en los cafés cantantes de la posguerra (años cuarenta/cincuenta), bajo el revuelo barato y verriondo de la zambra que se bailaba Pilarín May, flamenca zaragozana.

Por entonces iba yo al *Diario Pinciano*, algunas noches, a entregar una tímida colaboración, y entraba en la sala de máquinas, y veía toda aquella artillería de la cultura, dispuesta para digerir y difundir mi prosa o cualquier cosa que se le echase, y por primera vez tuve fe en que la literatura era una cosa de verdad, un poder entre los poderes del mundo, ya que se habían inventado aquellos acorazados nocturnos, aquellos submarinos pacíficos, aquellos ballenatos de acero para perpetuar «la prosa del mundo» (como había leído yo en Merleau-Ponty, por indicación de Agustinito). Si la literatura tenía a su servicio semejante escuadra, resulta que la literatura era verdad, una verdad objetiva, algo tras lo que uno podía parapetarse, como tras aquellas máquinas. Escribir no era hacerle cartas de amor a Hedy Lamarr, falsísimas, para dejarlas inacabadas en el estudio/comedor. Escribir era entregar un original a la impaciencia aceitada de aquellos monstruos, que perpetuaban la prosa de uno para siempre, el pensamiento de uno, los vagos fantasmas de niebla y luz que a uno le andaban por dentro. Así, habían llegado hasta nosotros las andanzas y guerras de los Reyes Católicos por Valladolid, en cronicones de Culo Rosa. En aquella sala de máquinas decidí ser escritor. La letra impresa, sí, era un poder entre los poderes del mundo. Nadie es nada si no se acoge a un poder terrenal. Yo había encontrado el mío.

Luis López Álvarez con sus crónicas de París, Capuletti con sus dibujos, Agustinito con su historia de los Concilios, Culo Rosa con sus cronicones de la Real Chancillería, todos nos encontrábamos allí, a cierta hora de la madrugada. Éramos el lujo del *Diario Pinciano*, su literatura y su arte, su cultura y su Historia. Lo demás, en el *Diario Pinciano*, eran las esquelas locales, las farmacias de guardia y la guerra fría entre Stalin y Roosevelt o Eisenhower o quien le tocase. Loyola López traía crónicas de cine y Davidito dibujos para ilustrar cuentos. Aún no se había casado con Ana, Anita, la niña muerta en La Concha de San Sebastián, en una excursión de la Sección Femenina, según narran estas Memorias en capítulo anterior, que fuera boda de mucho boato, testimoniada periodísticamente por el cronista de ciclismo y retocada literariamente por mí, para su publicación.

Aquella boda fue un poco o un mucho la dispersión del grupo. Loyola López se fue a Europa con su moto, llevándose consigo, en el transportín, a Pepe Zaratán, que estaba ya harto de esperar la herencia de su bisabuelo, don Lezama, y quería probar fortuna tocando a «Baj» en los auditorios alemanes. Teresita Rodríguez se había perdido entre el verdeoliva de los cadetes de la Academia de Caballería. Yo era un hombre solo y libre para escapar a Madrid. Alejandrito, dejando sus radios y sus colecciones de sellos, asistía a la muerte de su padre, viajante de comercio —licores y galletas—, y el entierro de este señor volvió a reunirnos a todos. La madre altiricona volvía a quedarse soltera. Ahora, solterona de muerto. Alejandrito entró en una crisis mística que le llevaba de San Miguel a San Benito, de San Benito a San Gregorio, de San Gregorio a San Martín, de San Martín a Santa Clara, haciendo trisagios salivosos y visitas al Santísimo. Preciado casó con la puta más fea y con mejor cuerpo de cuantas vivían a la sombra de los Reyes Católicos, o los muros del palacio de Vivero, persuadido de que nunca iba a ser un exquisito entre exquisitos, aunque sus padres tuvieran en casa las obras completas de Marcel Proust, en piel, todavía con el celofán puesto, en la librería. Es lo que decía el padre de Preciado, con criterios de camisero:

—Mira, Francesillo, estas grandes obras de la literatura universal, o bien *ouvres*, como gustes, no se les puede quitar el celofán, porque en seguida pierden el apresto.

—Razón que le sobra, don Preciado. Hay que cuidar mucho las *ouvres*.

Javi se fue a Francia con la princesa Seina de Polignac a sabiendas de que, en lugar de un *château*, iba a encontrarse una vivienda parisina de clase media, con un familión que vivía a cuadros de cocina, entre el olor de la berza y las elegías de periódico por la *République espagnole*:

—Oh la *République*, yo luché en las Brigadas Internacionales, garzón —le decía a Javi el padre de la princesa Seina (según cartas de mi amigo), entre besazo y besazo al gollete del buen/mal vino francés.

La *République*, las *ouvres*, el inmenso Partido Comunista Francés, el existencialismo futbolístico de Camus, las visitas de Cocteau a Madrid, del brazo de González-Ruano, y las glosas de nuestra prensa nacionalcatólica a la muerte de Paul Claudel. Vivíamos, inmersos e intonsos, todo lo francés. Después de la guerra mundial, lo francés había reentoñado en Europa.

Francia fue la beneficiaria cultural de la victoria aliada. Los franceses saben que, como dijo alguien, «son los griegos de nuestro tiempo», y siempre le sacan partido a eso. Se trabajan su parcela. Su área de influencia en el mundo es la cultura, como la de Alemania es la industria o la de Inglaterra es la Historia. ¿Y nosotros? Nosotros, salvo Luis López Álvarez, que se fue a París, asimismo, a la busca de su Marie Thérèse, como no podía ser menos, seguíamos pegados a los muros de la patria mía, o sea palacio de Vivero, rumor de sedas y sables, dentro, de los Reyes Católicos, estruendo frutero, afuera, de las putas de San Martín.

Muros de palacio o Chancillería, muros platerescos de San Gregorio, muros románicos de la Antigua, muros fríos y húmedos de San Miguel. Teníamos en la espalda un logogrifo de gótico y románico que era la marca de nuestra cobardía.

Yo, ya digo, no veía otra escapada que Madrid.

NOSOTROS ÉRAMOS DAVIDITO, marcado por la pleuresía y el anacronismo, hijo de viuda de militar, como todos los chicos de mi generación (excepto los que éramos hijos de viuda de republicano), y que dibujaba al carboncillo a todas las niñas de la aristocracia local, en el Aero Club o en la Hípica, un poco a la manera de un Fortuny disminuido físico, y luego las llevaba a casa a tocarles un poco de Chopin en el Pleyel de los buenos tiempos, porque Davidito vivía disperso en la genialidad de sus vocaciones, en la pluralidad de sus genialidades, así como sujeto y fijo en la febrícula de la pleuresía, y de lo que trataba, mayormente, era de pegar braguetazo entre el dinero local, aunque no se lo confesase a sí mismo con tan fervorosa crudeza como su santa madre se lo confesaba al confesor de los Filipinos, al otro lado del Frondor, que era donde lavaba sus culpas la gente bien/bian de la zona.

Davidito, de pelo a lo Byron, chaqueta de cuadros anticuada (le había quedado estrecha, con el reposo de la pleura) y zapatos negros de mucha puntera, que le estilizaban la figura y le exaltaban los juanetes, se daba todas las mañanas su paseo por la calle de Santiago, caminando despacio, sonriendo a todo el mundo y calculando la moza que podía convenirle, por si el carboncillo o el claro de luna del polaco no acababan de corroborar su genialidad con unos duros.

Nosotros éramos Davidito (en un grupo muy compacto, todos somos todos: los amigos no son sino espejos del yo), que gustaba de la pintura de Fortuny, como queda sugerido, la música de Chopin, las muchachas entradas en carnes y el cine espantoso de Laurence Olivier, que era teatro filmado, y al que yo le oponía el cine de Orson Welles, lleno de barroquismo de la imagen en movimiento, complicado de metáforas visuales.

Davidito acabaría casando con Ana, Anita, la sobrina ahogada de las modistas, que no tenía un duro y además estaba muerta.

Lo que más le iba a Davidito, de todos modos, tan romántico, era una muerta.

Por las tardes reposaba la pleura, con *La Pasión según san Mateo*, de Bach, y a la hora del paseo crepuscular volvía a vérsele por la calle de Santiago, después de que había hecho un poco de piano en casa, siempre advertido por mamá:

—La bata de papá, Davidito, que a ti la música te saca sudores.

Y luego, como para ella:

—Le pone tanto sentimiento este hijo mío…

La madre de Davidito nunca se llevó muy bien con la nuera/muerta, Anita, la de las modistas de mi casa, pero eso, a lo mejor, queda fuera de estas Memorias de la adolescencia y la provincia, no sé. Algunos domingos, Davidito y yo nos metíamos en los bailes canallas, que estaban muy céntricos, por ejemplo en la plaza Mayor, o muy alejados, por ejemplo en un chalet abandonado de La Rubia, y había que ir en autobús. Íbamos a magrear criadas y tirarnos lo que pudiéramos, con nuestra estatura y nuestros cuellos blancos de señoritos golfos.

Con estas cosas, claro, Davidito no acababa de secarse la pleura, que al fin se le secó entre Chopin, Fortuny, los saludables paseos con mamá por el Frondor (Teresita Rodríguez y yo les habíamos acechado alguna vez, viviendo nosotros nuestro amor en la cola abierta de un pavo real), y un pequeño trabajo de ilustrador en el *Diario Pinciano*, que remendaba raleadamente la pensión militar de la viuda (Franco ganó la guerra enviando militares a la muerte, y encima la guerra le salió barata: el caso de la madre de Davidito era el de doña María Sanmanuel Martinmorena, pero en decente).

María de Plata, de casa de la doña Nati, tenía el pelo de caballería, los ojos vivos y grandes, duros e irónicos, la nariz de reliquia y el óvalo de la cara como de santa de barrio o patrona de parroquia, ingenuo, popular y perfecto.

María de Plata, de casa de la doña Nati, tenía el cuerpo como de barro vacceo por la virginidad oscura de la piel, por la contundencia inmortal de la carne, por el perfume fresco y antiguo de toda ella. María de Plata andaba como por los treinta años y, en la cama, cuando yo iba alguna vez de niñas (siempre con ella) se le afilaba dentro una judía castellana, una árabe adolescente de ojos intensos, nariz aguda y boca manierista, boca muy dibujada y civilizada, tirando al Louvre y por ahí, nada africana. María de Plata tenía el sexo estrecho y escueto, limpio, rosado y fresco, practicable, sensible y alegre. Yo se lo decía siempre:

—Parece mentira, María, que con el trabajo que le tienes dado al taller, que llevas toda una vida viviendo de eso, y que se te conserve como de niña, casi como de virgen.

—Te estás ganando el polvo, Francesillo.

Algunos atardeceres, a la salida de la Banca, con el dinero impaciente de una paga extra; algunos atardeceres, a la salida de Artes y Oficios, con el dinero reunido en los robos domésticos; algunos atardeceres, con el sexo hecho puro espíritu y el cuerpo levitante y muy pesado al mismo tiempo, quizá sin un duro, yo me iba a visitar a María de Plata, de casa de la doña Nati, y aquella mujer estaba allí, poderosa de cuerpo, niña rafaélica de cara (pero de un Rafael tosco y hasta como un poco canalla), cosiendo unas cortinas a la doña Nati, porque no era hora de ocuparse, mayormente.

—¿Ya estás aquí, Francesillo?

—Por verte vengo, María de Plata.

(Por aquellos barrios últimos y renacentistas de mi Valladolid profundo, se hablaba aún con un ritmo de parrafeo que se había perdido en el centro ruidoso de la ciudad.)

—Pues ocupada me encuentras, Francesillo.

—¿No tiene espera la bordadura de las cortinas?

—Por ti todo tiene espera, que tienes tú mucho vicio, Francesillo.

Pero todavía nos estábamos un rato, como novios, sentados en un sofá de peluche duro, María de Plata bordando o cosiendo las cortinas, como el ajuar, y yo casi sin atreverme a tocarla, cuando tan pronto iba a alojarme en sus mismas entrañas. Había como un campaneo remoto, en la tarde, y se presentía un vuelo bajo de vencejos no vistos. María de Plata, de pronto, recogía las cortinas, las doblaba mucho hasta el día siguiente, dejaba encima las tijeras, el hilo y el dedal, y he aquí que la moza de treinta, hogareña y bordadora, se iba a convertir en la puta más dura y fina de toda la judería vallisoletana:

—Pues cuando quieras, Francesillo.

—Que hoy no he traído las setenta y cinco pesetas, María de Plata.

—Yo te las adelanto, Francesillo, que tú eres de buen pagar. Pero que no se entere la doña Nati, que es una bruja.

Y pasábamos a su habitación, toda de espejos y láminas baratas. María de Plata se desnudaba sin exhibición y sin oficio, con naturalidad, como una novia que está de vuelta. Pero hacía alguna broma sobre mi afición al fornicio, que no era sino afición a ella, quizá amor:

—Francesillo, eres más cachondo que la música de los caballitos.

—Mujer...

María de Plata, siempre riente y ligera, como una novia inversa, se tornaba, en la cama, niña grave, y su rostro repentinamente afilado, fino de rasgos y confuso de razas, perdía edad y se llenaba de una sobria ternura. Yo no quería otra cosa en la vida que tener sobre mí, muy cerca, los ojos como enamorados y la boca manierista de María de Plata, que me besaba despacio, sabia, ligera y profunda.

—Ay cómo te siento, Francesillo...

LAS MERETRICES eran la mitología caída y temida de nuestra edad. A Juana de Arco, sus enemigos, en campaña, la llaman meretriz. Lo más fascinante que tenían las meretrices era el nombre. Claro que no las llamábamos meretrices, sino putas, que suena como un estampido. Agustinito, siempre rehén débil de la Historia, las llamaba cortesanas. Pero la palabra es equívoca y poco expresiva.

Yo había dado con «meretriz» y todos, en mi grupo, decíamos ya meretriz. Las meretrices vivían a la sombra de los Reyes Católicos, del Colón penúltimo y quebrado, a la sombra de la capa de San Martín, que la partió con un mendigo (singular caso de mezquindad celestial, ya que Dios le hubiese dado al mendigo la capa entera). A la sombra de Santa Clara, que nadie sabíamos quién era. A la sombra de las Chancillerías de Valladolid, donde oidores y relatores reales (en una España acaudillada y sin reyes) se paseaban por las calles regadas con su dandismo provinciano, modernista, luciendo hongo, paraguas cerrado, como de la City (cuando de verdad llovía iban en coche), y chaquetas príncipe de Gales, que eran las chaquetas principescas de entonces: la chaqueta de un rey que había dejado un gran reino por poner de moda una chaqueta: todo muy siglo XX.

Las meretrices eran la Edad Media en el reborde sobrante, en la resaca seca de mi ciudad, una pululación de mujeres semidesnudas, campesinos, soldados y hombres grises que habían venido a violarlas, haciendo un viaje (del que ellos no eran conscientes, pero nosotros sí) hacia la Alta Edad ni tan enorme ni tan delicada como dijera el otro. Las meretrices tenían en sí el tiempo, eso que siempre me ha fascinado, aunque hoy sé que el tiempo, el pasado, sólo es una creación de la memoria que trabaja siempre en presente.

Y lo tenían por la antigüedad milenaria de su oficio y por el *ghetto* medieval, orilla de espuma sucia, adonde las empujaba la ciudad, mi ciudad. Todo adolescente experimenta la fascinación de lo marginal. (Mis primos eran unos adolescentes de orden que experimentaban más bien la fascinación de lo oficial, muy saludable: salvo uno de ellos, entre los innumerables, que quiso ser torero y llegó a torear dirigido por Luis Miguel Dominguín [el Dominguín de los cincuenta], y luego lo dejó por el Derecho romano. Pero los toros son una marginalidad de oro o de muerte, y no sé si lamentar o festejar, hoy, que mi amado primo se apartase de aquello.) Su Derecho romano, por cierto, era libro que a mí me fascinaba, y que leía a trozos, en la cocina o en el comedor/estudio, y que parecía impreso por los propios romanos, y cómo coños iban a imprimir libros los romanos, si faltaban muchos siglos para que Gutenberg inventase la imprenta. Pero era aquél un mundo de claridad y precisión, de fijeza y dureza, como si el Imperio fuese a durar siempre, que me completaba las prosas y los versos modernistas, por contraposición. Quizá todo el modernismo no había sido sino una nostalgia remota de Grecia y Roma.

Pero allí, en el libro de texto de mi primo torero, estaban Grecia y Roma de cuerpo entero. Estaban, sobre todo, los romanos, y ya las meretrices de los barrios malditos de Valladolid eran como esclavas romanas, felizmente jóvenes a través de los siglos, entregadas a nosotros por unos denarios con la cara de Franco.

De modo que María de Plata y yo fornifollábamos dentro del Derecho romano, confortables de altas mayúsculas y firmes decretos. María de Plata, no sé si lo he dicho ya, tenía cara de medalla, cuerpo de estatua romana —ruda imitación de Grecia— y alegría de aquel Nápoles vallisoletano que era el barrio de las meretrices y los reyes antiguos.

María de Plata se ponía encima de mí y hacía toda clase de figuras sexuales, siempre que yo aguantase la eyaculación y mantuviese la erección, hasta que me caía encima, deflagrada de su propio brío, como un gran pájaro cansado, dulce y femenino.

Oidores y relatores de la Real Chancillería. Ya he hablado aquí de ellos. Eran la aristocracia jurisperita de la ciudad, un cruce de Petronio y príncipe de Gales, unos señores que, más que del Derecho romano, vivían ya del paso de Felipe II por la ciudad. Llevaban siglos viviendo de eso, eran siempre los mismos, intemporales y bien educados, y mi ciudad los admiraba y respetaba como toda

España y toda Europa ha admirado y respetado siempre, hasta el presente —no sé muy bien desde qué presente hablo—, a los leguleyos que vienen de Roma, de Napoleón Bonaparte y del Alcubilla.

Oidores y relatores que eran como unos romanos petimetres vestidos por Frutos, el mejor sastre de la ciudad, y no por mi sastre de barrio, mi Saint-John Perse falso y marrón, con un loro que ponía en su trabajo, sin que él lo supiera, todo el exotismo depurado que hay en la poesía de Perse.

Oidores y relatores que ganaban poco, que vivían de las rentas familiares y sólo ejercían el Derecho por dignidad/vanidad (viene a ser la misma cosa), y que encarnaban un poco, frente a la falta de juridicidad del franquismo, la fidelidad espartana (aunque la palabra no sea conveniente) al Derecho de Roma.

Lucio Alfil, dramaturgo local, tenía la cara ancha y blanda, el cuerpo grande y fofo, y se enarbolaba de bufandas, foulards, chaquetas, chaquetones, chales y todo lo que le parecía a él que podía dar la imagen de un director de teatro moderno y audaz, en provincias.

Lucio Alfil trabajaba en una oficina, era dado a mozos, aunque nunca se le cogiera en trance, y tomaba el aperitivo en Jauja, calle de Santiago, a mediodía, con otros genios de la localidad. Les consagraba el cadáver de la gamba, con su perfume, y el olor de la cerveza, como la orina de un caballo mitológico o un caballo teatral (quizá el de Calígula: Camus estaba de moda) que hubiese pasado por allí. Lucio Alfil explicaba a los otros genios lo del ciclorama:

—Yo pongo un ciclorama de fondo. Cuando lo ilumino claro es de día y cuando lo ilumino azul oscuro es de noche. Con eso tengo resuelta la atmósfera de la comedia. Y entonces viene la escena dama/galán.

Y los otros, Zequiel Zamora, Culo Rosa, esperaban que les dialogase de memoria la escena dama/galán, pero Lucio Alfil, que había triunfado algo —poco— en Madrid, pedía más carabineros y más cerveza. Yo tenía bastante claro que la gloria local no conduce exactamente a la gloria nacional o universal, sino que es un camino cortado, pero me callaba, me comía un percebe, si me lo daban, y aprendía de Lucio Alfil:

—Mira, Francesillo, tu adorado Juan Ramón, al que yo conocí en Madrid antes de la guerra, era un poeta sujeto a sus flatos y diarreas, nada sublime. A ver si te enteras.

Me dolía aquello como una blasfemia poética, como si me hubieran incendiado un icono, o todos los libros malva del poeta, de golpe, pero callaba. En provincias se vive mucho de degradar a los que han llegado, a los que son. Lucio Alfil encendía un puro, el puro continuo, y el incienso del tabaco acababa de glorificarle a la hora del vermut. Él creía que estaba en la línea de Jardiel, como autor, pero estaba en la línea de Torrado, que había sido el de moda entre la burguesía estraperlista de posguerra. Para modernizarse, nos hablaba del ciclorama.

Culo Rosa era calvo, de mirada acuosa, de facciones blandas y voz insegura, y hacía un ensayismo entre orteguiano y vallisoletano sobre los escultores religiosos locales y las navegaciones del Pisuerga. Culo Rosa se pegaba algunas escapadas a Madrid, menos espectaculares que las de Lucio Alfil, pero más confidenciales y literarias:

—He hablado con Luis Ponce de León en el bar del Ateneo...

Incluso, a veces, llegaba en sus visitas hasta Juan Aparicio. «No creas, no es Mussolini: es hombre de diálogo.» Todo porque le había prometido vagamente publicarle algo en *Fantasía, El Español* o *La Estafeta Literaria.* Y eso que Culo Rosa iba de republicano de la *Revista de Occidente.* Zequiel Zamora, el más viejo de todos, picado de viruela como de grajos, poeta encadenado por el soneto, periodista lírico, conversador a gritos, hombre de vino y pelo pajizo, era el hombre terrible entre todos ellos, pero no hacia adelante, sino un curioso anarquista hacia atrás, cosa que, por otra parte, se da mucho en España. Luis López Álvarez, de melena negra, hermosa y fugaz, fruncía los ojos por la miopía e imitaba a Eugenio d'Ors en el acento. Alguna vez nos encontrábamos en la carbonería, con el capacho, comprando carbón, y hablábamos de literatura muy naturalmente, como si estuviésemos en el salón de doña Alfonsa. José Manuel Capuletti, hijo de peluqueros que no se cortaba nunca el pelo, alto y bailarín, con perfil lorquiano, dibujaba como Dalí los temas de Lorca y titulaba sus cuadros *Perfil onírico de la Petenera sobre paisaje frío.* Era el más dotado de todos y acabó triunfando comercialmente en Nueva York, a medio nivel, hasta que murió repentinamente en la Quinta Avenida paseando capa española.

Más o menos, éstos eran los contertulios de Jauja, adonde yo me acercaba algunas mañanas, si tenía un duro en el bolsillo, sisado de la compra tempranera, aunque todo solía acabar en un revuelo donde no se sabía quién había pagado la cuenta general, si es que la había pagado alguien. Alfil o Jardiel. Capuletti o Dalí/Lorca. Culo Rosa u Ortega. Zequiel Zamora o el poeta maldito. Yo mismo. Comprendí pronto que el mundo de la creación, que había soñado exento, era limitado y repetitivo como los otros mundos. Los genios locales no hacían mucho más que reproducir a escala, modestamente, lo que andaba por el mundo, o siquiera por Madrid. Y en Madrid encontraría yo un eco de París. Y en París... Así sucesivamente.

La literatura, entonces ¿no era una salvación? Pues a lo mejor tampoco.

Lucio Alfil vivía dentro de un ciclorama. Lucio Alfil agrupaba, según cada generación que iba viniendo —Lucio Alfil había existido siempre—, a unos cuantos efebos con inquietudes y a una chica fea y lista, para cumplir. Con ellos montaba un grupo de teatro experimental, en algún aula de la Escuela de Comercio, que le cedían por las noches, y allí hacían expresión corporal, *living theatre* y todo lo que Lucio Alfil recibía del mundo.

Luego, al efebo que podía, se lo beneficiaba.

A mí me lo propuso varias veces:

—Te vienes una tarde, hacia las ocho o las nueve, y pruebas a ver.

—Yo no soy actor ni voy de eso.

—Pero tú escribes bien y acabarás escribiendo teatro. El teatro es la forma total de la escritura.

Ya. El teatro y la cama.

No fui nunca.

—Que nunca vienes por lo mío.

Lucio Alfil, ya se ha dicho, vivía dentro de un ciclorama que se había traído de Madrid, ciclorama en el que transcurrían las últimas cosas de don Jacinto Benavente, aún vivo —*Abdicación*, canto melancólico y oportunista a la aristocracia, en medio del menestralismo franquista—, y las últimas cosas de Jardiel, así como las primeras cosas (que iban a ser, asimismo, las últimas) del propio Lucio Alfil.

Dentro del ciclorama, por supuesto, perdieron la virginidad algunos muchachos del Teatro Español Universitario, invento artístico del sindicato fascista/franquista de los estudiantes. Lucio Alfil era maricón macho y parece que dejaba satisfechos a los chicos. La vida seguía. Entre los de mi grupo ninguno cayó nunca, tampoco, en aberración teatral ni de ensayo. Éramos todos como muy hombres.

Lucio Alfil bebía cerveza por las mañanas, en Jauja, bebía coñac nacional por las tardes, en las tertulias literarias de los cafés, y bebía whisky por las noches, mientras enseñaba expresión corporal a sus chicos y se iba fijando en cuál de ellos tenía los glúteos más femeninamente ceñidos por la malla.

Uno jamás ha comprendido por qué hay hombres que buscan lo femenino del hombre, en vez de buscar directamente lo femenino de la fémina. Todo esto parece que quedaba más claro, ya digo, de ocho a diez, o de nueve a once, en un aula cedida por la Escuela de Comercio. Lucio Alfil, siempre dentro de su ciclorama, como otros dentro de un sueño, de una obsesión o una esquizofrenia, heredó un dinero familiar y lo invirtió todo en teatro y en efebos. Hacía viajes a Madrid, ya se ha dicho, y volvía contando anécdotas de las grandes cómicas y soñando con nuevos cicloramas. Como todo el que vive una vida *otra*, otra vida dentro o fuera de la propia, como todo el que tiene el centro de su vida situado fuera de la biografía y la cronología (así dicen los críticos que el centro de atracción de una obra barroca está siempre fuera del cuadro), Lucio Alfil era un descentrado, un desdoblado que vivía más en el ciclorama que en la vida, y que en el ciclorama estrenaba comedias que no iba a escribir nunca y gozaba el amor de los efebos como Platón en su Academia.

Me preguntaba yo si no vivimos todos dentro de nuestro ciclorama, proyectados, magnificados por una óptica interior que no es la óptica real con que vemos el mundo o el mundo nos ve a nosotros. Lucio Alfil, a quien yo tenía una como admiración entrañable, que quería desconocer su mediocridad, nos daba el ejemplo involuntario de ser *desdoblado*, de criatura capaz de vivir fuera de su centro de gravitación. Era muy siglo XX (ya se ha dicho aquí, o no, que el siglo XX comienza en Baudelaire y termina en Sartre) el vivir una vida otra, el proyectarse platónicamente desde la caverna interior del ser.

El hombre moderno no se ve a sí mismo, sino que ve las sombras que quiere proyectar de sí: expresionismo, surrealismo, abstracción, existencialismo, marxismo, agonismo, cubismo, etc.

—¿Y cuándo te vienes una tarde por mi Actors Estudio, Francesillo?

—Deje usted, don Lucio, yo tengo a esa hora la academia de ingreso en la Banca.

—Tú no has nacido para banquero, Francesillo. Eres un poeta. Y muy esbelto.

—Para banquero quizá no, don Lucio, pero a lo mejor sí para bancario.

Lucio Alfil no escuchaba la diferencia. Desde su moral homosexual (la homosexualidad es otra moral, qué duda cabe), desaprobaba con la cabeza, como un cura, mis amores con Clarita, con Teresita Rodríguez, con Maripi Almenara. Mi comercio con las pantaloneras del barrio de las Delicias o las meretrices de la doña Nati.

NOSOTROS ÉRAMOS AGUSTINITO, a quien, como ya queda dicho, se le aparecía Pío XII durante la guerra mundial (único caso de la aparición de un vivo), en su corralón de San Pedro Latarce, de madrugada, y le auguraba el triunfo del Eje. (De mayor no le gustaba que le recordásemos estas cosas.) Luego fue muy lector de *Le Croix*, *L'Aurore* y otras herejías del catolicismo francés, así como de Guardini, Maritain y demás heterodoxos vaticanistas. Agustinito era un ángel sabio y mal hecho con alas de periódico católico francés de vanguardia. A Agustinito, versado en Concilios, le gustaba andar siempre por los aleros de la teología, como un diablo cojuelo del pueblo de Dios.

Nosotros éramos Loyola López, la mayor tienda de radios de la ciudad, unos ricos a quienes les había llegado el liberalismo por la radio, aquello de oír todas las noches, encerrados en la tienda, a Francisco Díaz Roncero, bujarrón y exiliado, desde la Radiodifusión/Televisión Francesa, anunciando para el día siguiente la caída de Franco, y así año tras año, más el disco de cierre, *La Marsellesa*, que rubricaba mucho y daba mucha veracidad a los informes nada veraces de Díaz Roncero.

Nosotros éramos Honorato, contable y sindicalista, que leía de buena fe la tercera página del *Pueblo* de Emilio Romero, como si estuviese leyendo a Pablo Iglesias, y que venía de una larga heráldica popular de mujeres enlutadas, hermanas enfermas y matriarcas gordas. Nosotros éramos Preciado, hijo de estraperlistas lenceros, que ilustraba su estraperlo con nuestra frecuentación, fornicaba con las meretrices más caras de la ciudad, iba de domingo toda la semana y tenía en casa las obras completas de Proust.

Nosotros éramos Javi, hijo de un sastre de trajes talares, piragüista del SEU, seductor de francesas en los cursos de verano, incondicional mío, mal estudiante de peritaje industrial y, con el tiempo, vendedor de pintura para barcos en todos los puertos de España. Saltaba al puente de un navío sueco y se ponía a hablar con el capitán, en Cartagena, por ejemplo, sin saber sueco ni conocer al capitán, se tomaban unos whiskies juntos y acababa pintándoles el barco entero. Revestía de azul purísima un mercante noruego con la misma facilidad que su padre, el sastre talar, revestía de negro a un beneficiado de la catedral herreriana y truncada de mi ciudad.

Nosotros, en fin, éramos Alejandrito, alto y bamboleante, con el pelo rizoso y la boca espumosa de ingenio, atrancado en el decir, lúcido en el ironizar, hijo de madre ya mayor y con todos los fallos físicos de este origen, pero lleno de una cultura radiofónica (era la gran cultura de la época) que le permitía distinguir inmediatamente a José Luis Pécker de Bobby Deglané.

Nosotros éramos Maripi Almenara, principesa del comercio local (pañería), con la que algo tuve, y las amigas que arrastraba consigo a nuestras tertulias en el hostal Floreado. Nosotros éramos el grupo, el clan, la banda, la fratría, la taifa, esa cosa en que tiende a agruparse el hombre joven, con su argot y sus hembras, para combatir el presente y soñar el futuro. Davidito y yo quizá éramos los más llamativos del grupo. Agustinito, el más inteligente. Y así cada uno. Pero yo, sin duda, el más nicotinado de literatura. Entre semana, nos veíamos raramente, abandonando cada uno su Escuela de Comercio o de Maestría Industrial, su Escuela de Artes y Oficios Artísticos, su tienda, su contabilidad por partida doble, su Banca, sus Concilios (Nicea, Trento, etc.). Pero el sábado y el domingo eran nuestros, y partíamos a la conquista de nuestra propia juventud.

El sábado por la tarde teníamos nuestra primera tertulia de sobremesa, en el hostal Floreado o en el café cantante de la plaza Mayor, con Capuletti, Luis López Alvarez, Lucio Alfil y otras glorias locales que quizá ya se han citado en estas infieles Memorias, como el malaventurado

Zequiel Zamora. Pero éstos eran «la generación anterior», que primero nos habían deslumbrado y que luego nos parecían locales y limitados. El resto del día y de la noche era una confusión de cines, bares, bailes, estrenos, paseos contra el frío de la calle Santiago, putas, pantaloneras de las Delicias, chalequeras de San Martín, niñas heráldicas del Aero Club y de la Hípica, así hasta la madrugada, en el lecho de María de Plata, con Agustinito sentado a los pies de la cama, uñas negras, piececitos colgantes, que no le llegaban al suelo, mucho liar picadura y un continuo saltar de Guardini a Nicea, siguiendo el sempiterno debate interior de la Iglesia, que es un laberinto cretense por el que aparece y desaparece un minotauro llamado Dios.

El domingo, que tanto prometía, solía quedarse en la reiteración ya ajada de todo esto. El domingo lo habíamos vivido previamente, el sábado. De ahí, quizá, el vacío y la tristeza de los domingos «sobre los duros andamios de la tarde», como decía un poema que entonces nos gustaba mucho, más la nada en el domingo, *rien en le dimanche*, disco y canción de Juliette Greco que nos había traído de París Loyola López, siempre viajero en su Harley-Davidson, siempre cosmopolita gracias a las radios que sus hermanos mayores y judíos vendían por el día y escuchaban por la noche, en diálogo múltiple con la Europa prohibida.

Más o menos, ésos éramos nosotros.

Todo esto había que culminarlo de alguna forma, y yo decidí hacer lo definitivo, lo inmejorable, lo irreparable, que era cortarse, cortarme la oreja de Van Gogh en mi oreja, con el cuchillo de cocina, aquel cuchillo de desescamar el pescado, que estaba allí, sobre la tabla, sangriento de agallas de besugo. Lo tomé una mañana con decisión de suicidio artístico.

Luego había de pasearme por la calle, a la hora del paseo del mediodía, cuando los procuradores de los tribunales venían de sus chancillerías y auditorías, con el sombrero hongo, el paraguas/bastón (siempre hacía sol) y el traje de franela hecho por Frutos, que no era mi sastre mártir de alfileres, sino el artista de la gente bien.

El que mejor les dejaba las hombreras de la chaqueta, que es donde está toda la gracia del traje.

Me eché la melena, aún vagamente rubia, sobre la oreja derecha y predestinada (me hago la raya a la izquierda), y salí a la calle, al paseo, llevando en el bolsillo alto el cuchillo del pescado, todo sangre y coágulos, que así, allí, a la luz del día, fuera de la cocina, quedaba crudamente atentatorio, criminal, obsceno. En seguida vinieron los del grupo.

Davidito, melómano, megalómano, hijo de viuda:

—¿Vas a matar la novia con ese cuchillo? Todo el mundo te mira.

—Me he cortado la oreja de Van Gogh delante del armario de luna, como él mandaba.

—El que mandaba lo del espejo era Baudelaire.

—Bueno, dime si sangro de esta oreja.

En el cielo del paseo provinciano y de buen tono lucía un sol revuelto, verde, amarillo y girante, que era el sol de Van Gogh.

Venía Agustinito con toda la patrística reventándole los bolsillos:

—Estáis jugando al satanismo —decía.

—Y tú al misticismo, no te jode.

Me acordé de su Maritain, su Bernanos, su Camus precatólico, su Ranher, su Guardini. Vivían el morbo de ser los golfos teológicos de Dios.

Pero Dios era un sol girante y loco que nadie miraba, sobre el paseo tranquilo de antes de comer.

Vino Loyola López:

—Tengo yo una litografía de Van Gogh que...

—Vete a la mierda con tus litografías. Esto es sangre.

Arrancó su Harley-Davidson, huyendo en trueno de humo, sin saber qué decir.

Vinieron las principesas del gran comercio local, las que nos aceptaban y apenas nos entendían:

—¿De verdad te has cortado una oreja? Tanto leer a Van Gogh...

—A Van Gogh no se le lee. Se le mira.

—Soy enfermera. Puedo hacerte una cura —decía Maripi Almenara, de nariz judeocastellana y culo glorioso.

—Gracias, Maripi, quiero morirme de una oreja.

Hubo consternación en el paseo.

Yo era de familia buena venida a menos, entrecruzada de republicanismos, gente incómoda.

—El hijo de Greta Garbo, como él se dice, que se ha cortado una oreja.

—¿Le dolía?

—Parece que antes lo hizo un pintor.

—Sería algún loco.

—Un ruso o un romántico.

—O un rojo.

—Eso, un rojo.

Davidito, Agustinito y Maripi Almenara eran el coro griego de mi tragedia romántica.

Las gentes se volvían al pasar:

—Y lleva el cuchillo a la vista. No hay derecho.

—Habría que avisar a los bomberos.

—O a los municipales.

—Una oreja, qué mal gusto.

—Su abuela, toda una señora.

—Y el abuelo, el hombre, el consumero, un santo.

—Está loco. Sus padres casaron cuando la República.

—Aquellas bodas no valían.

—Eso le tiene así. Pobre.

Loyola López se diera otra pasada con la moto:

—Si tienes pérdida y mareos, te llevo a casa en la moto.

Maripi Almenara me sujetaba de un brazo. Creían que iba a caerme.

—Y menos mal que se ha tapado la oreja con el pelo. Hubiera sido muy desagradable.

Estaba deseando llegar a casa para apartar el pelo, verme la oreja intacta y volver el cuchillo a la cocina.

Vino Javi en su velomotor, con chaqueta de cuadros y pestañas de niña:

—¡Comanche, lo encuentro comanche! Eres genial.

No se podía saber si Javi estaba o no en el truco, pero le encantaban estas cosas.

Vino Honorato, borroso aún de contabilidades:

—Estás loco, es demasiado, yo no sé. Ya sabes que te admiro, pero eso. No entiendo adónde quieres ir a parar. Son otros tiempos. Vivimos aquí y no en el París de hace treinta años.

—Modigliani se tiraba por las ventanas, Honorato.

—Lo que hay es que escribir bien y dejarse de excentricidades.

Vino Preciado, de corbata dominical todos los días, las manos muy olorosas a jabón, por quitarse el olor del estraperlo:

—Cosas de Francesillo. Mañana le crecerá otra oreja. Los escritores sois así. ¿Cómo iría yo a la tienda de mi padre, a despachar, con una oreja de menos?

Maripi Almenara, nariz judeocastellana, culo celestial, era mi dulce apoyo cuando ya el paseo y la perplejidad se iban desflecando.

Los otros quizá no lo sabían, pero la juventud vive de sus mutilaciones, como me parece que ya he dicho, y estuvo bien la frase de Antonin Artaud, cuando supo lo de Van Gogh (ninguno de los del grupo acertó a decirme nada semejante):

—¿Y para qué se ha dejado la otra oreja?

Éramos niños desorejados por el régimen. Todos con una oreja en el bolsillo alto, como la identidad perdida. Cuando a uno le pedían la cédula personal, yo sacaba mi oreja cortada, u otro objeto incoherente, por desconcertar un poco a la autoridad.

No todos sacaban orejas, pero salían cartillas de racionamiento, cartillas de tabaco que eran de otros, un libro de Sartre, muy prohibido, tabletas de chocolate, una foto (falseada) de Gilda desnuda, o sea Rita Hayworth. (Sólo era suya la cabeza y las copias valían una peseta, en la plaza Mayor.)

Todos desorejados por la dictadura. Ni oír ni ver. Sólo callar. Habían cortado las orejas a la gente y a muchos les dolía y tomaban aspirinas o se echaban gotitas por el orificio.

Otros ni se enteraban.

Yo me había cortado una oreja de mentira, en nombre de Van Gogh, yo me había suicidado simbólicamente, entre el estilismo y el terrorismo, pero los del grupo no lo entendían, a la guapa gente del paseo le parecía locura de familia —«hasta se dice que eran republicanos»— y Maripi Almenara, la principesa del gran comercio local, nariz judeocastellana y culo escultórico, me llevó a casa en su bici con cintas de colores y timbre que sonaba a urgencia alegre. Nos despedimos en medio de una plaza, bajo la farola.

—¿Sabes, Francesillo? Me gustaría que te hubieras cortado la oreja de verdad, por guardarla para siempre de recuerdo.

Maripi Almenara se estaba enamorando.

Las mujeres se enamoran siempre de lo que no entienden. Y son muy dadas a reliquias. Orejas embalsamadas, testículos en formol o cartas comidas por la voracidad del amarillo, que es el color voraz.

El color Van Gogh.

Fui durante algún tiempo el que se había cortado una oreja. Peinado para atrás, se me veían las dos, pero en el paseo, en los estrenos, en la Academia de Artes y Oficios Artísticos, en el hostal Floreado, la gente giraba en torno de mí, con disimulo, sin disimulo, por comprobar lo de la oreja.

—Pues es verdad que no la tiene.

Porque hay catalepsias e hipnotismos colectivos.

Había personas incapaces de ver sino lo que querían ver. Un horrible y fascinante hueco negro en lugar de la oreja. Cuando, despeinado, el pelo me tapaba una oreja —les daba igual la derecha que la izquierda—, se producían las corroboraciones:

—Nunca le entregaría mi hija en matrimonio a un loco que se cortó una oreja.

—También lo hizo un pintor muy cotizado.

—Sería en el extranjero. Estamos en España. Aquí eso no se hace.

El juego de la oreja me estaba dando mucha más gloria de la que yo esperaba. Porque estaba empezando a corromperme, claro. El éxito siempre corrompe. Me había cortado una oreja en señal de protesta por el desorejamiento de los españoles y por mimetismo de un pintor maldito, pero la oreja cortada/no cortada se convertía en mi mejor artículo, mi mejor relato, mi mejor poema. Lo de la oreja me hacía satánico y famoso en la pequeña ciudad. Debieran haber impreso mi oreja en el *Diario Pinciano*, un domingo, como la muestra definitiva de mi talento. Una oreja cortada es mucho más evidente que un pseudoensayo mal plagiado de alguien.

Me prostituyó el éxito, ya digo, hasta el punto de que esa, esta oreja es hoy un fragmento de estas Memorias del siglo.

Comprendí que la literatura es estarse siempre cortando lonchas de uno mismo y vendiéndolas lo mejor posible.

Un artículo de periódico es una loncha de la escritura general y total de uno.

Un cuento es otra loncha.

Y un ensayo.

Parece que el libro va a ser la pieza completa, el cadáver en bruto, el peso neto, pero también los libros, con el tiempo, se van adelgazando, se van quedando en lonchas.

Y hay que volver a cortarse la oreja.

—Dame el cuchillo —dijo Maripi Almenara—. No vas a entrar en casa con ese cuchillo ensangrentado. Mejor que crean en la cocina que se ha perdido.

Y le entregué el cuchillo de desescamar, rojo de oreja o besugo, y éramos en la plazuela provinciana como unos amantes renacentistas y damasquinados que se pasan el puñal del suicidio por amor.

Y TODO EL SANTORAL se ponía en pie. El libro contenía vidas o hechos de santos. Libro de coro con los introitos callejeros de la mañana, que llegaban de la calle verdulera, más los pregones lañaores/gitanos, paragüeros/componedores, como tribus expulsadas de la Biblia, antífonas de los oficios de los santos, puestos en canto llano, como los lañadores del cielo (el cielo es una cosa que siempre hace agua: por eso llueve tanto), y lista de los santos cuya festividad se conmemora en cada uno de los días del año.

El mío, san Francisco de Jerónimo, tan tercerón y humilde, no venía en casi ningún libro, aunque lo busqué en todos, siendo como era el once de mayo, día único de mi venida al mundo, y quedaba sepultado bajo los Franciscos de Asís, Francisco el Grande, Francisco Javier y otros.

Sólo en San Miguel, sólo en la iglesia, sólo en mi mundo sabían quién era san Francisco de Jerónimo, santo humilde y estático, y no lo confundían con otros, y don Julián madrugaba para decirle una misa en su día, misa en la que yo era campanero, oficiante y homenajeado, y ésta era una de las razones profundas y misteriosas de que yo viviera allí.

Rufo el Barbas, que me estaba algo agradecido, supo esto y, el once de mayo, pedía para mi o para mi santo a la devota feligresía burguesa y egoísta:

—Una limosnita para el pobre Francesillo, por decírselo de misas, que voló al cielo, siendo púber, al encuentro de su santo patrono, san Francisco de Jerónimo, hombre humilde y errante...

Y extendía bajo el atrio, entre las cadenas de san Gregorio, su calañés taurino, irreconocible ya por los años y los desengaños.

El personal, la fiel feligresía, no acababa de entender aquella manera nueva de pedir, pero les impresionaba y echaban unos cuproníqueles.

—Toma, Francesillo, que la mitad te toca a ti, que he pedido en tu nombre.

—Se lo diremos de misas a san Francisco de Jerónimo.

Los matrimonios bien avenidos (entonces todos los matrimonios eran bien avenidos) lo comentaban entre sí:

—Qué manera de pedir tan rara.

—Ya no piden para el manto de la Virgen, como toda la vida.

—Y ese pobre es nuevo. Yo no lo había visto nunca.

—A lo mejor también los pobres se mueren, mujer...

—No creo. Como no trabajan...

Confesionistas son los que profesan la confesión de Habsburgo, declaración luterana de fe propuesta al emperador Carlos V. Pero nosotros de eso no sabíamos. Confesos eran algunos monjes, legos y donados. Monje teníamos uno, de capilla en capilla, expulsado de todas las órdenes (don Luis era un ecuménico y un sincrético, a su manera, y le había dado cobijo), que se masturbaba cada mañana bajo la advocación de una Virgen más o menos necia.

Legos, realmente, no había más que uno, que era yo, pero estaba contento con mi condición de lego, que me salvaba de la familia fúnebre, de las casas de lenocinio, turbias, y de la escuela, siniestra y cruenta. «Donados» nunca supe lo que era, y aún hoy lo ignoro, pero nunca vi ningún donado por el coro o las capillas de San Miguel. Quizá nos faltaba un donado.

Confesores, aparte don Marino, que era un cachondo y vivía con moza, teníamos a los que la Iglesia llama tales, porque han muerto confesando la fe. Pero lo que más nos preocupaba eran los beatos. Don san Pedro de Arlanza me lo dijo un día:

—Trae a ese torero barbas que has metido en casa y vamos a hablar del caso.

¿Por qué sabía que yo había metido en la iglesia un torero barbas? Sin duda era santo y clarividente. Mi agnosticismo no dejaba de traicionarme.

Nos reunimos a horas de deshora. Rufo el Barbas estuvo tímido, tórpido, y no sabía qué hacer con su calañés.

Don san Pedro de Arlanza estuvo más suelto. Los santos son más mundanos que los toreros. «Nada, que hay que conseguir la beatificación en vida de don Luis, que va a morir en seguida, porque eso traerá bienes para la parroquia y, por tanto, para nosotros tres. Francesillo va y viene al Arzobispado, informándose, y usted, don Rufo, como hombre de la calle, y disimule el trato, escribe cartas adonde haga falta pidiendo la beatificación unánime, popular, de don Luis. La Iglesia es populista», concluyó el santo, dándole a la priva del vino consagrado. «Consagrado parece que está más bueno.»

ZEQUIEL ZAMORA, el más viejo de la bohemia local, picado por la viruela del tiempo como la sillería de Berruguete, en San Benito, había sido tuno en su juventud, había empezado múltiples carreras y, al fin, había decidido que un hombre puede realizarse muy cumplidamente entre la poesía, la bohemia y el vino.

Lo demás es corrupción de derechas o revanchismo de izquierdas. A ver qué coño.

Zequiel Zamora, nariz de Cyrano, cuerpo sin cuerpo y voz tronitonante, se lo pasaba en los cafés cantantes de la plaza Mayor, explicándoles a los gitanos, los tratantes y las meretrices, así como alguna vieja que vivía del *papel de viudas*, eso de que el endecasílabo es la regla de oro del verso castellano.

Se lo dije un día, bajo el flamenco zaragozano de Pilarín, que bailaba en el tablado y nos engrandecía con sus muslos blancos, vertiginosos, y su braga negra. Incluso diría yo que Pilarín tenía una cicatriz de navaja en el muslo derecho, lo que la hacía ya irresistible.

—Mira, Zequiel, no es verdad que el endecasílabo sea el escandido natural del castellano. El endecasílabo es italiano y lo trae a España Garcilaso. Como el alejandrino es francés y el octosílabo de romance es español.

—A ti es que te gustan esos maricones de la generación del veintisiete, todos rojos y exiliados, Francesillo.

—Cuando no muertos, o matados —dije, dejando mis guantes amarillos sobre el mármol quebrado de la mesa.

—Ya estamos con lo mismo. Ellos asesinaron al Sagrado Corazón de Jesús, en el Cerro de los Ángeles, centro geográfico de España.

—Era de piedra, Zequiel. No es lo mismo. Por otra parte, ¿quiénes son ellos? Una España republicana que, hacia la derecha o hacia la izquierda, siempre había ido ganando las elecciones.

—Pareces un rojo, Francesillo.

—No creas, para nada. Y, en cuanto al Cerro de los Ángeles, te diré que a la sombra del Sagrado Corazón hay unos hoteles de carretera, unos albergues pequeños, que acogen mayormente a las parejas adúlteras. Y nadie toma medidas contra eso, y a lo mejor los albergues son de los frailes del monasterio que hay debajo.

—Todas las santas figuras de aquel monumento, que yo he visitado en una excursión de Pan y Catecismo, tienen señales de las balas rojas.

—Algo habrían hecho.

Pilarín giraba dentro del bolero de Ravel, dulcísima y vertiginosa peonza femenina, degradada de humo y tute de tratantes, y yo ya no oía lo que Zequiel Zamora, viroloso y ciranesco, con el corazón endecasílabo, el alma de derechas y el vino retórico, me decía contra la poesía del 27, aquellos rojos/maricones exiliados.

—Aquí, en la ciudad, ha estado hace poco Gerardo Diego, Zequiel, y todos hemos ido a verle y oírle.

—Como que es el mejor. Por eso se ha quedado. No tiene nada que temer. No tiene que supervalorar su poesía con desplantes políticos.

—Te voy a decir, Zequiel, unos versos de Gerardo (Gerardo había sido siempre su nombre de pila, sin más tratamiento, para los «profesionales» de la poesía, como lo éramos nosotros): «Huevo de águila: / a Franco nombro.»

—¿Y eso es malo?

—Políticamente, no sé. Poéticamente, es malo.

Así transcurrían nuestras discusiones literarias en los cafés cantantes de la plaza Mayor, un barullo, ya se ha dicho, de tratantes, gitanos, viudas y poetas. Hasta que Lucio Alfil, por entonces en sus buenos tiempos, nos llevaba a una mesa aparte con Culo Rosa, Luis López Álvarez y el pintor Capuletti. López Álvarez había escrito unos versos de enamorado que decían así:

Ya vienen las colegialas,
calle de Santa María...

También había escrito un romance a Valladolid que, naturalmente, era un romance agudo en *i*, forzado por la fonética del nombre de la ciudad. Unos y otros nos leían sus cosas. Yo no me atrevía a leerles una carta a Hedy Lamarr, que quedaba fuera de lugar. Allí no había más sexo flotante y mareante que el de Pilarín, canción española, flamenco e imitaciones, baile y cante, directamente de las mejores salas de Zaragoza.

Zequiel Zamora se fue hundiendo en el vino como Lucio Alfil en su ciclorama. Todos tenemos nuestro ciclorama, azul cielo o rojo/vino de Toro. Zequiel Zamora no distinguía bien entre el verso blanco (medido, pero no rimado) y el verso libre (ni medido ni rimado, al menos explícitamente). Tampoco yo iba a explicárselo. Culo Rosa, como la carátula del llanto, hacía ensayos a lo Pérez de Ayala, metiéndole mucho clasicismo al pensamiento y mucho arcaísmo a la prosa. El *Diario Pinciano* le publicaba algo, de tarde en tarde.

Capuletti, el más dotado, el menos «local», se estaba callado o dibujaba una bailaora en una servilleta de papel. Luis López Álvarez comenzaba a trabajar, asimismo, en su *Mística y mecánica de lo hispánico*. En el ceño y en la voz susurrada imitaba a Eugenio d'Ors. Ortega andaba por París dialogando con las estatuas, como un *clochard* de la filosofía y el exilio.

A mí, de momento, los géneros cortos —artículos para el *Diario Pinciano*, cartas a Hedy Lamarr— era lo que mejor se me daba. Y yo sabía, además, que del género corto se podía vivir en Madrid. Mejor que de los géneros largos. Tras el tornado Pilarín venía la vocalista rubia, con traje largo, rasgado y verde, una Gilda de café de provincias, amado mío, te quiero tanto, no sabes cuánto ni lo sabrás; todo lo que tengo, amado mío, desde que te vi no me sirve a mí, yo sé bien el porqué, amado mío...

DESDE QUE INGRESÉ EN LA BANCA, todas las mañanas me levantaba a las ocho y media, por la portera, que tocaba con sus nudillos gordos en el cristal fino, me lavaba en la cocina, me vestía ropas viejas, arrugadas, mojadas de tiempo, lamentables, y desayunaba las sopas de ajo que mi abuela me había dejado en el horno la noche anterior.

Era una escarcha roja y ácida que, a pesar de todo, me gustaba.

Luego, salía a pie hacia la Banca.

Ya había empezado a leer a Fernando Pessoa, el escritor más siglo XX de toda la lengua portuguesa, que fue contable en una empresa de la calle lisboeta de los Doradores, y con estos modelos literarios iba aliviando el camino de la oficina.

La plaza de San Miguel, a aquella hora, invierno o verano, tenía una fijeza casi cruel en su redondel desierto y vasto, como explicándome que las cosas no cambian y que nada iba a cambiar en mi destino: que una circunferencia siempre será una circunferencia y un bancario siempre será un bancario.

Gracias a la «testarudez de los hechos» (Lenin), el mundo marcha.

Calle de los Arces, plaza de los Arces, un rincón provinciano e incógnito en el que alguna vez, quizá (a juzgar por la insistencia del nombre), habían crecido arces.

Pero ahora no había arces. Sólo algunas acacias felices en su descuido municipal. Y la farmacia del chaflán, toda vertical y estrecha, de techo altísimo, de tarros esbeltos, por donde se movía el somormujo mezquino del boticario, que a aquella hora estaba alzando los cierres.

Calle de Platerías, recta y decidida, naciendo de una iglesia y muriendo en una glorieta comercial, calle con tintorerías y tiendas de rosarios, calle con pastelerías y portales hondos, portales/pasillo que parecían bajar hacia una vivienda subterránea, más que subir a los lóbregos pisos perfumados de Cristo y clase media.

En una afluente de Platerías vivía Javi, mal estudiante que nunca madrugaba para ir a su Escuela de Maestría Industrial, y una vez me lo dijo, poeta sin saberlo:

—Mira, Francesillo, lo que me gusta es que me den las diez en la cama, por esa iglesia de ahí al lado, asomarme en pijama al balcón y ver entre la niebla una vieja que vuelve de misa con los churros atados en un junquillo. Después de eso, que me llena de felicidad, me vuelvo a meter en la cama.

Calle del Duque de la Victoria, con casinos Restauración/Regencia y Bancos y Bancas de expresión pétrea o enverjado falsamente residencial (allí no vivía un rico, un hombre de dinero, sino que allí vivía y disfrutaba el dinero mismo, que era el inquilino privilegiado y escondido).

Calle de grandes almacenes y redacciones de periódicos. Allí estaba la Banca donde yo había ingresado, donde yo trabajaba de nueve a tres o cuatro de la tarde, librándome así de la humillación de los recados domésticos para caer, quizá, en mayor humillación, o en peor discriminación, aquella escuela de pupitres y números, que tenía algo de los colegios de la infancia, con la monstruosidad de unos colegiales viejos y alopécicos, crecidos y frustrados, asentando partidas, llevando estadillos, ajustando transferencias, con los dedos entintados de todas las tintas pobres —roja, azul, negra— que no sirven para entintar nada, para dibujar nada, para crear nada, que sólo sirven para hacer números y confeccionar asientos de contabilidad por partida doble. Y yo me preguntaba ¿es esto la vida: ir reuniendo a los hombres, primero niños, en colegios oscuros y puntuales, día tras día, año tras año, eternamente? El colegio de la oficina, el colegio del trabajo, el colegio de la política, el colegio del periodismo (que también tenía algo de colegio, para el que no lo superaba), el colegio del asilo, el colegio del cementerio, el colegio del colegio, en la infancia. La Banca era un rectángulo con lucerna opaca, sobre la que se adivinaban pájaros muertos y polvo metálico de astros y tormentas, acumulado en muchos años. La Banca era un rasgueo de plumas, un silencioso compañerismo de tabaco, del que yo me sentía exiliado, quizá porque no fumaba, una rueda de números en esos libros girantes de contabilidad, única versión visible y verificable de la rueda de santa Catalina, que, según miré luego en historiadores, es santa inventada (con su suplicio) y quizá no existió nunca en ningún sitio.

Pero el señor Montánchez, el contable mayor, sí que tenía una rueda de santa Catalina de los números, y la hacía girar durante toda la jornada, como esperando que le tocase la lotería de los números contables, lotería que él ya había perdido muchos años atrás, pues que el señor Montánchez, siendo apoderado de una sucursal peatonal de la España interior, había fallado un crédito con un cliente golfo y ya tenía, en la central de Madrid, expediente negativo para siempre, y se había quedado en eso, en contable mayor, sin esperanzas, en su vejez, de superarlo antes de la cercana jubilación.

El señor Montánchez tenía la calva picuda y como blanda, suave, un poco como la de los elefantes, y sus orejas grandes y despegadas contribuían a lo paquidérmico y entrañable de su persona, conjunto que se completaba casi milagrosamente, con gracia como infantil, en los pies hinchados, torpes y como redondos (pies de elefante, que solía calzar con zapatillas, incluso por la calle, para evitar las molestias de la hinchazón, una cosa de riego o algo así, claro).

Una mañana de invierno, cuando la ciudad amaneció

nevada, llamaron de casa del señor Montánchez, que no podía ir a la Banca pisando por la nieve en zapatillas.

El director de la sucursal le envió un contrarrecado amenazándole con suspensión de empleo y sueldo. «Son las órdenes de Madrid.» Una hora más tarde, Montánchez estaba sentado en su alta banqueta, entre el pupitre y la rueda como azteca de los números contables, trabajando lentamente, calladamente, humilladamente. Hacia el mediodía, se quedó tieso, fijo en el pupitre, con la mano en la pluma y la pluma en el tintero. Mantenía un delicado equilibrio de muerto.

La Banca tenía al lado una imprenta, separada por un patio, y en la imprenta trabajaban mayormente mujeres, y el rumor de las minervas, más el canto de las oficialas, acunaban de cerca/lejos nuestro trabajo macho, fumador y silencioso.

Yo, mientras hacía mis humildes tareas, escuchaba mucho la imprenta de al lado, que era para mí un mundo soleado y fascinante, por la fascinación de todo lo que fuera imprimir papel y por la cercanía de un falansterio de mujeres obreras, jóvenes y maduras, todas hermosas, desde las grandes madres obreras hasta la delgada niña del botijo y los recados.

Culo Rosa tenía dos vidas, una en Madrid y otra en Valladolid. Pero no las tenía alternativamente, sino simultáneamente.

Culo Rosa estaba en Madrid, tomando el vermut con Juan Aparicio (si es que don Juan Aparicio tomaba el vermut) y estaba en Valladolid, paseando por la calle de Santiago y explicando a los jóvenes escritores que el escritor es un ser inmaturo. Este *inmaturo* por inmaduro impresionaba mucho a los jóvenes, y les convencía de su inmaturez o inmadurez. Culo Rosa estaba en Madrid, metiendo un artículo erudito en el *ABC*, y estaba en Valladolid, al mismo tiempo, tomando el aperitivo con Lucio Alfil y Zequiel Zamora. Había un Culo Rosa que hacía vida literaria en Madrid, vida de Ateneo y Dirección General de Prensa, vida de Café Gijón y *Estafeta Literaria*, y otro Culo Rosa que, al mismo tiempo, no se movía jamás de Valladolid y tenía sus horas y sus horarios, sus cafés y sus amigos. Culo Rosa se levantaba tarde. Culo Rosa había pedido la excedencia en una compañía de caución y reaseguros para dedicarse por entero a la literatura. Culo Rosa vivía de unas hermanas solteras que le cuidaban y se escondía mucho en la biblioteca del Casino (donde mi bisabuelo, don Martín Martínez, el que fue a Rusia, no habría entrado jamás) para leer y escribir.

Culo Rosa era el eterno escritor local que cultivaba la *diferencia* republicana por hacerse «universal», pero ni así.

Culo Rosa, ya se ha dicho, tenía sus horas y sus horarios. Se levantaba tarde, allá por el barrio de los hospicianos y la gota de leche, se iba paseando por la calle de las Angustias, la Fuente Dorada y la plaza Mayor, hasta la tertulia de Jauja, en la calle de Santiago, donde se reunía con Lucio Alfil, Zequiel Zamora y otros contertulios. Si había salido artículo suyo en el *Diario Pinciano*, Culo Rosa movía el sombrero marrón con especial flexibilidad, para saludar a los vecinos y conocidos del trayecto, como dándoles a todos las gracias por su felicitación expresa respecto del artículo, que seguramente no había leído nadie. Culo Rosa caminaba despacio, hablaba en quejido y miraba en llanto.

Aparte nuestras tertulias, Culo Rosa festejó a doña Alfonsa la Millonaria, viuda y rica hembra, y asistió a alguno de sus miércoles con generales y beneficiados. Lo supe por sus propias confidencias. Tenían un rato de reunión de pie, como se llevaba en Madrid, con una copa en la mano, y Culo Rosa se cuadraba ante los generales de Capitanía y besaba el anillo a los arzobispos locales o visitantes. «Una cosa son las ideas y otra cosa es la crianza, Francesillo.» Luego, la hija única de doña Alfonsa la Millonaria, una gorda cerdal que acabaría cegata y monja, tocaba al piano un poco de Soutullo y Vert. Todo en aquella casa, en aquella vida, en aquel tiempo, era muy Soutullo y Vert. O sea *La leyenda del beso.*

Si era buen tiempo, los grandes balcones estaban abiertos a la calle y al jardín, de modo que el barrio se llenaba de Soutullo y Vert y de aquel sarao como de los viejos tiempos, que tan de derechas nos hacía a todos. Yo, a veces, escuchaba desde mi piso, desde mi estudio/comedor, y pensaba que la alianza Poder/intelectualidad era indestructible: ahí no hay nada que hacer, me decía. Pero me gustaba escuchar una vez más *La leyenda del beso*, en el piano de la hija detestable de doña Alfonsa o, mejor, en el picú, por una orquesta de Madrid.

Las primeras diferencias las tuvieron, claro, por la doble vida de Culo Rosa:

—Que has dado una conferencia en el Ateneo de Madrid, sobre «el románico castellano y sus desviaciones platerescas», que lo trae el *ABC*.

—Mujer, si no me he movido de aquí: toda la tarde trabajando en la biblioteca del Casino.

—Vaya usted a saber lo que haces en Madrid con esas pirujas del Ateneo, Carmen Laforet y todas ésas, unas perdidas, que la Laforet hasta es premio Nobel, qué vergüenza, una mujer premio Nobel.

—Premio Nadal, mujer. Sólo es premio Nadal, una cosa que se da en Barcelona, y casi siempre a las mujeres.

—Nobel o Nadal, unas perdidas y unas rojas, todas ellas.

Culo Rosa no veía manera de llevar su doble vida madrileño/vallisoletana sin que peligrasen sus relaciones con doña Alfonsa la Millonaria, que hubieran podido llevarle muy lejos y resolverle la vida. Ya se veía casado con ella (era soltero por falta de medios), escribiendo largos y cultos ensayos, a lo Pérez de Ayala, a la sombra de los pinares castellanos de doña Alfonsa.

Como Francisco Pino escribía sus excelentes poemas, más o menos.

A lo mejor, la nota del *ABC* la había muñido y enviado el propio Culo Rosa, y era falsa. La vanidad le perdía. Se lo decían, los miércoles, los generales de Capitanía:

—Ya ha hablado el Caudillo de la característica soberbia de los intelectuales.

Y los arzobispos, beneficiados y deanes:

—¿Está usted seguro de que el plateresco es una degeneración viciosa del románico?

—Seguro, ilustrísima, y lo pruebo en mi última serie de ensayos de las revistas *Fantasía* y *El Español*, de Madrid, así como en alguna cosa que he dado a *Escorial*: el plateresco, el churrigueresco, el barroco mismo, están poblados de figuras obscenas, casi como un Kamasutra cristiano...

—Por favor, qué comparaciones.

—Este hombre es un liberalote, se le nota la cepa liberal —intervenía doña Alfonsa, entre orgullosa y disculpadora.

—Todo eso —proseguía Culo Rosa, en dueño de la reunión— está reñido con la austeridad romana y católica del románico. Se trata de un cisma tectónico, digamos.

—Muy interesante, muy interesante —aprobaban los deanes, apurando su Vega Sicilia, antes de la cena, antes de Soutullo y Vert.

Y, quizá, doña Alfonsa la Millonaria comenzaba a enamorarse de aquel hombre políticamente equívoco y literariamente brillante. Era la aristócrata viuda enamorándose del intelectual confusionario. Al fin y al cabo, nada nuevo en la vida española.

—¿Y la cama, Culo Rosa? —le preguntaba Zequiel Zamora, que era cristiano, borracho y follador.

—Doña Alfonsa es una gran mujer de cama, como casi todas las viudas.

Ante nosotros seguía conservándole el tratamiento.

—¿Pero ya han llegado ustedes a todo? —decía yo.

—Hombre, a todo, a todo... ¿A qué le llamas tú todo, Francesillo?

Y la verdad es que yo no sabía muy bien dónde comenzaba y terminaba el todo de la cama. Más bien, por mis experiencias con Teresita Rodríguez y con la meretriz María de Plata, me imaginaba que era una cosa sin principio ni fin.

—La mujer es una cosa sin principio ni fin.

Se hacía un silencio en la tertulia. Yo había dicho otra bobada. Culo Rosa fumaba mejores puros, sacaba el pico de mejores pañuelos por el bolsillo alto de la chaqueta, «caprichos de doña Alfonsa», y se lustraba más los zapatos marrones, en Jauja, a mediodía, aquellos zapatos en que el betún brillaba por sobre el zurcido de posguerra.

Un día, la sociedad limitada (ilimitada, realmente) que presidía doña Alfonsa (lúpulo, nitrato de Chile, electricidad, trigo salvaje, vinos varios, etc.) creó una Fundación Cultural —«a la manera de la Rockefeller», decía Culo Rosa— para «proteger, patrocinar y promocionar los valores artísticos y culturales de la provincia». Quedaban muy bien aquellas tres *pes*. Seguramente eran creación del estilismo de Culo Rosa. Decidieron algunas donaciones y fundaron un premio literario. «De paso —decía Zequiel Zamora, anarquista de derechas— evaden impuestos al nuevo Estado de Franco.» Culo Rosa, desde el incidente del Ateneo y la conferencia, tuvo que reordenar un poco su doble vida simultánea, Madrid/Valladolid.

CUANDO MURIÓ el señor Montánchez, a mitad de un asiento de contabilidad por partida doble, con las zapatillas escarchadas de nieve y los pies como *soufflés* de sangre, desbordando por encima del paño, las mujeres de la imprenta de al lado fueron las más piadosas con el cadáver, las que mejor supieron envolverlo en una manta que olía a periódico y aguarrás, y meterlo en una furgoneta negra que vino de no sé dónde.

Tengo escrito que Valladolid era ciudad implícitamente ofrendada a Cristo, ciudad tácitamente cristológica, y por eso todas las mujeres de Valladolid tenían algo de samaritanas para el hombre vivo, especialmente las chalequeras y las meretrices, a quienes me parece que ya se ha citado aquí, como tenían algo de Verónicas para el Cristo burocrático y bancario.

Se fue el cadáver, seguimos trabajando en silencio, por orden del interventor, pero en la imprenta de al lado no sonaban las minervas. Aquellas mujeres, claro, y su regenta habían sido más piadosas que nosotros. La mujer entiende mejor la muerte, el sexo y todas esas verdades elementales y fundamentales que al hombre le ruborizan un poco en su aparente simplicidad. Luego volvieron a cantar las minervas por sobre nuestro trabajo silencioso, inevitablemente, con renovada alegría.

Adolfo Mauroy le debía a este apellido francés su cabello rubio y rizado, su bigote rubio y un poco nietzscheano (sin que él supiera para nada quién fuese Nietzsche), su estatura y un cierto gusto por el orden y el trabajo. Adolfo Mauroy llevaba la correspondencia comercial de la Banca, escribía mucho y muy de prisa en su vieja Underwood negra, estaba tuberculoso de los dos pulmones y almorzaba sabrosos bocadillos de queso o de chorizo, que perfumaban gustosamente todo el Negociado.

Estuve algún tiempo con él, en Correspondencia, y parece que adivinaba en mí algo irónico, reticente, distante, que no le decidía a tomarme por amigo:

—Tienes una sonrisa irónica para darte dos bofetadas —decía.

Por él supe que yo tenía una sonrisa irónica. Y me alegró el descubrimiento. Cuando se quedó en cama, para siempre, a esperar la muerte, a hacer esa cura de muerte que es la vida, para el incurable, yo iba a verle alguna vez, y le llevaba el sobre azul de la paga, con su nombre y la cantidad escritos por el cajero.

Adolfo Mauroy vivía muy lejos, allá por donde la Esgueva salía de la ciudad, y me gustaba darme algún paseo hasta su casa, no lejana del cementerio, entrando como en una morbosidad de paisaje verde y muerte alegre que me hubiera sido difícil poner en verso, en mis versos de entonces, como hoy me es difícil explicarlo en prosa.

Adolfo Mauroy estaba en la cama, boca arriba, hablando poco y bajo, con los ojos azules llenos del cielo que ven los muertos, atendido por una hermana blanca que me gustaba mucho.

—Está guapa tu hermana.

—Sois todos unos cerdos.

A Adolfo Mauroy, con la enfermedad y la certidumbre de la muerte, le había entrado un como misticismo/puritanismo que le hacía odiar todos los goces de la tierra y, por sobre todos, naturalmente, el sexo.

—Que aquí te traigo la paga.

Y me hacía un gesto con la cabeza para que le dejase el sobre en la mesilla. Yo le decía que siempre se podría hacer algo, que por qué no le veían mejores médicos. Me irritaba aquella pasividad beata ante la muerte, aquella espera de un hombre joven del que no había podido ser amigo.

En su perfil yacente había algo como una sonrisa. Yo estaba diciendo bobadas. La enfermedad, la muerte, Dios, todo eso constituía un silogismo bien trabado que yo no podía entender y que, torpemente, trataba de romper. Comprendí, una mañana, que Adolfo Mauroy y yo no podríamos ser amigos ni siquiera al borde de la muerte. Y me iba de aquella casa y me desconcertaba saberle preparado para la muerte entre tanto paisaje de vida.

Los campos estaban verdes y los trenes corrían hacia más vida, orillando el cementerio como una de las muchas aldeas de vivos/muertos que encontrarían en su trayecto. Al poco tiempo parece que, efectivamente, Adolfo Mauroy murió.

Yo ya me había desentendido del personaje y su mística pequeña y poco inteligente, mística de tuberculoso que creía en la Banca.

Corría el medio siglo y yo tenía un abrigo con cuello de rizo (dado la vuelta), unos guantes amarillos (perdidos/encontrados por casa, quizá femeninos) y un capacho de hule para la compra. Doña Alfonsa la Millonaria salía algunas mañanas, en su tílburi de dos caballos, a hacer el recorrido de las Cajas Agrarias de la provincia, donde tenía mando e intereses. Iba viendo yo lo que ya sabía: que la clase más poética de la sociedad alimenta su poesía de dividendos. Doña Alfonsa la Millonaria, en su tílburi, descendía sobre las Cajas Agrarias, sobre los pastores de cabras locas, sobre los agricultores de secano, cualquier día del mes o la semana, como los miércoles sobre el mercado, y volvía a la ciudad con un fajo de billetes perfumados de espliego —algo era algo— por sobre el perfume de vaca, de buey, de hambre, de niño, que tenía el dinero de los pobres. Doña Alfonsa la Millonaria pasaba por los pueblos de la provincia como una aparición bella y temible. A ella no se le podían inculpar víctimas de la guerra —«la gloria sin la sangre», ya lo tenía yo escrito—, pero era como el quinto jinete que, después del Apocalipsis, pasaba a recoger alcabalas por un paisaje de espanto. Doña Alfonsa la Millonaria era toda una señora.

Doña María Sanmanuel Martinmorena creía que los carlistas habían hecho la guerra con Franco para traer un rey foral y antiguo, pero ese rey no venía y las pensiones de sus medallas, las medallas del difunto, no daban para nada, de modo que decidió abrirle mercados a la dulce y tísica María del Reposo, ya que las trampas de la brisca tampoco eran suficientes. Doña María y doña Alfonsa, dos viudas que habían ganado la guerra, cada una a su modo, pero una, la carlista, se sentía perdedora, y la otra, sin sangre en la familia, iba recogiendo los frutos. Entre los nuevos clientes de María del Reposo apareció un día Loyola, mi amigo, con su Harley-Davidson, que dejó ladeada contra el poyo de la puerta.

Loyola, quizá ya se ha dicho, era de una familia vagamente judaica que vendía joyas a los ricos del estraperlo, durante el día, y escuchaba las emisoras extranjeras, durante la noche, ya que en su tienda también tenían radios. Por estas radios habían seguido la guerra mundial, el triunfo de los aliados, y ahora escuchaban diariamente a Francisco Díaz Roncero, de la Radiodifusión Francesa, sobre todo por las notas de *La Marsellesa* con que empezaban sus noticias y rumores sobre la España de Franco, siempre al caer. El resultado de todo este trapicheo era que Loyola tenía una Harley-Davidson, de la que quizá ya he hablado en estas Memorias, y en la cual raptaba niñas bien y obreras de las Delicias, ya que era difícil, para una muchacha, eludirse al vértigo de la velocidad, a la velocidad del vértigo, en aquellos años en que el mundo iba a pie por su elipse.

Pero tuve rabia, miedo y asco el día, la tarde en que vi a Loyola apoyar su moto en la esquina y subir al piso de la generala, con el dinero suficiente, sin duda, para pagar la ternura tísica de María del Reposo. Rompí la carta que estaba escribiendo a Hedy Lamarr, pensé y escribí que todas las mujeres eran unas meretrices (palabra que me gustaba mucho), y espié por el *stor* la salida de mi amigo, que tardó como una hora y media, aunque me habría bastado con el ruido de la moto. No fui capaz, en todo ese tiempo, de salir de casa, irme al paseo o a los barrios de las putas, meterme en la Biblioteca Municipal o coger un autobús hasta el barrio de las Delicias, donde siempre podía encontrar a Estrella, la pantalonera bizca, de perfil cirenaico y cuerpo tenso. Apuré los celos como los apura siempre el celoso —¿celos de qué?—, y sólo podía enorgullecerme, horas más tarde, de no haber utilizado, ni siquiera mentalmente, en la dramatización de mi rabia, lo del «amargo cáliz».

El estilo no se deja vencer, cuando menos, me dije.

Sin duda, los vagos agricultores ya eran poco para la urgencia y la revancha de doña María Sanmanuel Martinmorena. Le había abierto comercio a María del Reposo entre los chicos bien de la ciudad. Y así, llegaron casi todos los de mi grupo. Después de Loyola López, Javi, con su alegría y su ruido. Y Preciado, hijo de estraperlistas, que sólo andaba con nosotros por cultivarse un poco, todo él revestido de una elegante fealdad, de una dominical elegancia. Y Davidito, con un dinero sin duda robado a su madre, la cabeza alta y la tos contenida, convenciéndose a sí mismo, seguramente, de que aquello era una conquista. Viví aquellos ultrajes uno a uno, detrás de mis estores, dejé de escribir por un tiempo. Me dije que si doña Alfonsa se estaba cobrando la Victoria mediante sus paseos en tílburi, doña María se la cobraba de otra forma, pero también disfrutaba privilegio, ya que a otra, cuyo marido no hubiese muerto heroicamente en las escaleras de Capitanía, el 18 de julio, no le habrían consentido mantener abierta una casa de lenocinio en aquel barrio que se decía decente, tan cerca de la parroquia de San Miguel.

Y yo, precisamente por ser el más cercano a María del Reposo, era el único que no tenía acceso a ella. Porque comprendí, a pesar de mi asco, que me habría gustado mucho ser recibido en la habitación azul y pálida de María del Reposo. Cuando doña María Sanmanuel Martinmorena bajaba a hacer trampas a la brisca, por las noches, yo me metía en la cama, con un libro, muy dignamente, ignorando a la celestina ilustre, navarrica, carlista, viuda y alegre.

Tenía algo contra ella, no sabía qué.

Con tanto fornicio y tanta clientela nueva y pujante, María del Reposo se quedó en cama, aquel invierno, aquejada de toses y respirando mal del lado derecho. En su entierro, que llenó la calle, había terratenientes, agricultores grandes y medianos, hombres de Onésimo (a mí me tocó oficiar como monaguillo), señoritos feudales de cara roja y llanto feo, pero no estuvo ninguno de mis amigos. Era, de todos modos, como si se hubiesen estado acostando con la novia que yo no tenía. Odié mucho, desde entonces, a doña María Sanmanuel Martinmorena, la bruja vasca, y al poco tiempo la asesinaban, pero luego contaré cómo.

Doña Alfonsa la Millonaria, con oportunidad o sin ella, salió aquella tarde en su tílburi, llevándolo ella misma, en dirección contraria al entierro, desafiando las procelas de la multitud, muy visible su imagen latigante por sobre las cabezas pelonas, con boina o sombrero sombrío —«los rojos no usaban sombrero»— de los amantes múltiples y provincianos de María del Reposo. Las dos Españas de la Victoria, la de la gloria sin sangre y la de la sangre sin gloria —todo lo más una cruz con corta pensión—, se enfrentaron sin saberlo en el entierro de aquella señorita puta, hija de notario, por qué no, de una bondad oval, que era María del Reposo.

Yo, que nunca había subido a joder con ella, como los compañeros de mi panda, porque no tenía dinero y porque no era más que Francesillo, el monacillo de San Miguel, devenido poeta dominical de guantes amarillos, sí que subí un día, en los últimos de Reposo, a visitar a la enferma, como era de rigor, y, en aquel clima de visillos y premuerta, en aquel silencio azul pálido, me senté al borde de su cama.

—Gracias por haber venido, Francesillo.

—Lo que hace falta es que usted se ponga bien, doña María del Reposo.

—Eso ya es difícil, Francesillo.

Y tenía ella un camisón tópico de Dama de las Camelias, por qué no decirlo, y unos brazos desnudos y delgados, blancos, que se le salían continuamente de la cama. En algún momento me cogió la cara con una mano. Pensé que la amaba. Estaba pintada, en el lecho, para recibir a la muerte, como para recibir a un amante.

Y eso me gustó. Era una profesional hasta el último momento.

TERESITA RODRÍGUEZ me lo avisó un día, cuando ya no éramos novios, cuando estábamos crecidos, cuando ella andaba con los cadetes de la Academia —acabaría casándose con uno de ellos, gracias a Dios, me parece que ya lo he dicho—, Teresita Rodríguez me avisó del caso, la amenaza que su padre, hombre que mandaba mucho en la cosa política local, como se ha advertido, fraguaba contra Lucio Alfil, tu amigo Lucio Alfil, Francesillo, algo he oído en casa, papá dice que eso es un escándalo, la academia esa de teatro que tiene, que tenéis, que quiere hacer un escarmiento, ya sabes cómo es papá, cree que el mundo es una cuestión de escarmientos, piensa que tú te has vuelto de ésos, o sea marica, y, sobre todo, quiere cerrarle la academia a tu amigo, y si es posible llevarle a la cárcel.

Lo que más me dolía, como un lírico dolor de muelas, mientras Teresita Rodríguez me ponía sobre aviso, era precisamente el estar hablando así, ella y yo, de cosas que nos eran ajenas, cuando hacía tanto tiempo que no me llevaba al Frondor, cogido de la mano. Ya no éramos más que dos amigos, dos vecinos de barrio, dos camaradas, por encima y debajo del sistema de castas que regía y explicaba mi ciudad.

Le agradecí a Teresita Rodríguez el aviso y entonces fue cuando decidí apuntarme a las clases de Lucio Alfil, acudir todos los atardeceres a su academia, caer en la redada, por decirlo como en las películas.

—Tú por aquí, Francesillo. Sabía que acabarías viniendo.

Se creía a salvo de los tiempos dentro de su ciclorama, importado penosamente de Madrid, en heroica emulación de Tamayo. Ya estaba yo también dentro del ciclorama, ya estábamos viviendo ese teatro dentro del teatro que es la vida.

—Sí, es que, como tú dices, el teatro puede que sea la escritura total. Algún día acabaré haciendo algo de teatro. Los griegos, Shakespeare, quizá tengas razón.

Le tuteaba, de pronto, aunque, antes, sólo lo había hecho circunstancialmente. Iba a salvarle de un peligro, o por lo menos a advertirle, y me sentía a su altura. Lucio Alfil parecía complacido por este tuteo. Lucio Alfil, dentro de su ciclorama, despeinado a lo Oscar Wilde, con raya al medio, confuso de puro, babeante de gloria provinciana, con un *foulard* sobre otro *foulard*, miraba distraídamente a los chicos que hacían expresión corporal dentro del ciclorama, o sea fuera del tiempo.

—Además, quiero avisarte de algo, Lucio. Lo sé por Teresita, ya sabes, esa que fue novia mía, la hija de ese que manda en el Movimiento.

Lucio Alfil era una máscara aplaciente de puro, humo de puro, sonrisa azul, muela de oro, bondad homosexual y aura de ciclorama. Pero de pronto me cogió de un brazo, con sequedad masculina, y me llevó a un rincón, tiró el puro a una escupidera y no supo poner, aunque lo intentó, una cara de teatro de acuerdo con la situación.

—No les gusta el tipo de teatro que enseñas aquí.

Efebos sin voz ni cuerpo, sólo dibujo, hacían sus dramas a línea en el ciclorama. Lucio Alfil bajó los ojos. Había comprendido en seguida lo que no le decía. Escándalo, homosexualidad, perversión de menores. Eso era lo que los hombres de la Victoria, los caudillos agrarios y locales, tenían contra él.

—Entonces, no has venido a quedarte.

—Sí, Lucio, he venido para empezar las clases. Voy a venir todos los días. Para ver, sobre todo, para aprender. Ya comprenderás que yo no voy a ser bailarín.

Y sonreímos dentro del ciclorama, porque era como decirle no voy a ser Narciso ni marica.

—Pues hale, siéntate y mira.

Tiempo más tarde, un día en que yo había fallado a las clases, por terminar mi lámina de campesina en la Escuela de Artes y Oficios, se presentó la policía en el aula de Lucio Alfil, en la Escuela de Comercio. Le detuvieron a él y a algunos de los chicos, precintaron el aula (que hubo que desprecintar a la mañana siguiente, pues era la de Derecho mercantil), se incautaron del ciclorama y, desde entonces, Lucio Alfil fue una sombra esmerilada y borracha por las calles de mi pequeña ciudad, un frecuentador de las tabernas últimas, por San Martín y Santa Clara, entre meretrices y soldados. A días le acompañaban Culo Rosa y Zequiel Zamora, pero cada vez menos. Lucio Alfil ni siquiera dejó de existir, sino que cada día existía menos y quizá siga existiendo/inexistiendo. Una noche, estando yo con María de Plata en una taberna de bombilla roja, Alfil, tan rehén del alcohol que ni siquiera supe si me reconocía, explicaba a un grupo de pardales, con la mano puesta en la cabeza de un pastor adolescente y grecocastellano, lo que era un ciclorama.

Pasaron los años y los desengaños. Lucio Alfil se iba hundiendo cada día más en su marginación de alcohólico, homosexual y hombre que no servía para nada. Ya no salía, apenas, del barrio de las meretrices, calle de los Moros, calle de las Vírgenes, calle de Santa Isabel, calle del Conde de Ribadeo. San Martín y Santa Clara, ya se ha dicho. Me explicaba largamente, toda la noche, lo que era un ciclorama, sin reconocer en mí al amigo o el discípulo de antaño. Ni al hombre que le había avisado a tiempo.

A destiempo.

Me fascinaba tener esta nueva relación con Lucio Alfil —el alcohol y el tiempo le distanciaban de mí—, ser un amigo nuevo para él, y cuando me escrutaba a través del alcohol y la noche, cuando quería saber si yo era uno de los suyos y me sobaba mucho un brazo, era el momento de acogerse a María de Plata, que estaba alternando y descorchando en la barra, para explicarle implícitamente que a mí ya no me atrapaba en su ciclorama, como a la mosca en la tela de araña. Ya se ha dicho que Lucio Alfil no dejó de existir, no murió, sino que cada vez existía menos, y quizá sigue por Valladolid, por mi pequeña ciudad, existiendo/inexistiendo, lo cual es como ser un alma errante, pero con cuerpo.

Torrado, Jardiel, Benavente, sus estrenos en Madrid, el ciclorama, todo eso estaba lejísimos. Lo único que quería Lucio Alfil era un vaso de Vega Sicilia y un palurdo adolescente para meneársela un poco, si se dejaba.

Tampoco pedía tanto, pero la sociedad pequeñoburguesa, los reinos de doña Alfonsa la Millonaria y los caudillos agrarios, hombres de Onésimo, se lo negaban.

A partir de un día —de una noche— no volví a verle.

En la tertulia matinal de Jauja, durante los buenos tiempos de Lucio Alfil, Zequiel Zamora y Culo Rosa, Luis López Álvarez y algún advenedizo, en esta tertulia frívola y como un poco madrileña, de pie en la barra, tertulia iluminada de aperitivos que tenían en sí toda la luz roja, opalina y menta de la mañana, se tenía una idea moderada de las mujeres en general. Lucio Alfil, por ejemplo, no tenía ninguna idea al respecto, y el género femenino era una cosa que no existía para él. Sentía para con ellas la suprema generosidad de la indiferencia. Pero el primer y último premio literario de la fundación cultural de doña Alfonsa y sus sociedades limitadas/ilimitadas, para la protección, la propagación y la prosperidad de los valores provinciales, se le adjudicó, previsiblemente, a Culo Rosa, por unos ensayos aparecidos en el *Diario Pinciano* (letra menuda, por apurar el contenido en el menor espacio posible), sobre el plateresco, el churrigueresco, el gótico floreado, el barroco de Berruguete y hasta el manuelino portugués, como desviaciones, heterodoxias y «cismas tectónicos» —judaicos, en definitiva— respecto del sobrio románico castellano y militar.

En aquella letra tan pequeña, nadie leyó los ensayos, salvo los cuatro enterados de las tertulias, y lo de los cismas tectónicos no dejó de impresionar a Zequiel Zamora y otros iconoclastas e iconodulos de derechas:

—Este hombre es un pedante, pero saber, sabe.

El premio eran unos miles de pesetas y he aquí que, tras la ceremonia de entrega, Culo Rosa huyó a Madrid con María de Plata, que nos ponía los cuernos, así, a mí el primero, y luego a todos los patanes de Zaratán y a todos los reclutas de San Quintín.

Con aquel viaje terminaba la doble vida de Culo Rosa, aquella doble vida Madrid/Valladolid. Se fue de Valladolid y se fue a Madrid. No más ubicuidades. A mí me dolía por María de Plata, por los patanes de Zaratán y por los reclutas de San Quintín. A doña Alfonsa le dolió por el último amor de su vida y por el dinero del premio (se consolaba, seguramente, pensando que la fundación cultural, de todos modos, eludía impuestos, aunque, a partir de entonces, tuvieron pocas actividades). Culo Rosa, republicano de café, había traicionado todos sus ideales, con la furia del converso, pidiendo en sus ensayos la demolición de todo lo que no fuera románico castellano (y esta demolición incluía San Pablo y San Gregorio). Pero, una vez cobrado el dinero, se fue a Madrid, que era su utopía, por reunir sus dos vidas —«no se puede vivir eternamente desdoblado, como Baudelaire», solía él decir—, para instalarse en la capital como escritor, mas cometió el error de cálculo que le perdía siempre, muy propio de los que no tienen un duro: creer que los duros no se acaban nunca. Y se llevó con él a la puta más cara de Valladolid.

Pocos años más tarde, cuando Culo Rosa reapareció por la ciudad (María de Plata llevaba mucho tiempo de vuelta, dedicada a lo de siempre), doña Alfonsa era una anciana ciega y el ensayista hizo una bohemia de vino y noche, al margen de los viejos grupos y las tertulias de antaño, convertido en un mendigo irreconocible para la gente nueva, conservando sólo su viejo sombrero flexible, que pasaba de marrón a verde, y con el que saludaba a gentes que ya no le recordaban, o así lo fingían. Llevaba los bolsones de la chaqueta o del abrigo llenos de ejemplares de *Fantasía*, *El Español* y *Escorial*, las revistas de derechas en que él había publicado sus ensayos supuestamente de izquierdas. Gastaba zapatos sin suela y calcetines de periódico. Así lo encontramos Javi y yo, en unas ruinas de ladrillo, orilla ciudadana del río, cerca de las Tenerías, muerto, con una botella de vino en el bolso del loden y un ojo abierto, y así lo cuento (cambiando la identidad del compañero de barca y remo) en *Las Giganteas*, mis Memorias del Pisuerga.

LAS PÁGINAS del *Diario Pinciano* que se intercalan, raleadamente, en estas Memorias, fueron encontradas entre los papeles y papelotes de Culo Rosa, después de su muerte. Culo Rosa pensaba, y con razón, que una buena base científica es el sustento de toda creación literaria, ensayística o narrativa, de modo que iba adunando materiales para su magna crónica de la ciudad, que jamás llegara a escribir, crónica o cronicón al que quizá sustituyen, modestamente, estas alborotadas páginas que tienes delante, curioso lector, y que llevan, entre otras pocas cosas, voluntad de homenaje a los primeros y precarios maestros que uno tuvo y perdió —ay— en la provincia de tedio y plateresco.

«Te miro en tu provincia de tedio y plateresco» es, precisamente, un alejandrino que le escribiría yo por entonces, o mucho antes, o mucho después, a Teresita Rodríguez, cuando me había librado del intelectualismo paisano de Jorge Guillén, del esencialismo endiosado —sin Dios— de Juan Ramón y de otras influencias igualmente nefastas para el sistema neurovegetativo del escritor en que yo consistía, hasta descubrir el alejandrino de Baudelaire, que en Rubén todavía conserva la rima, que en Neruda, abandonando consonancias, se hace ya grandioso, abierto al universo, como un pecho desafiante contra la armonía astral. Pero ni Teresita Rodríguez se merecía alejandrinos ni ninguna otra mujer, pensaba yo entonces (hoy pienso todo lo contrario: soy un desengañado al revés), porque Teresita se me había ido con un cadete, porque Anita había vuelto, después de muerta (como vuelven siempre), y ya liberada del actor rubio (los cómicos ya se sabe que se mueren de hambre), para ennoviarse con un hijo único de buena familia, aunque un poco pleurésico, pero qué va a pedir una muerta. Porque María del Reposo se había acostado con todos mis amigos disponibles y con todos los caudillos agrarios de la provincia, traicionándonos, así, a Franco y a mí. Porque Maripi Almenara se montaba en la moto de Loyola López. Porque María de Plata era puta de oficio. Porque Clarita, la de la sombrerería, al fin se había puesto braga. Porque doña Alfonsa la Millonaria, viuda de un hombre de bien y de fortuna, se liaba escandalosamente con un rojo llorica como Culo Rosa. Porque Hedy Lamarr no contestaba mis cartas no enviadas. Porque doña María Sanmanuel Martinmorena andaba poniendo anuncios en la prensa local, desesperadamente, para cubrir el hueco físico y económico de María del Reposo, muerta, y (esto se le adivinaba) esperando encontrar un caballero estable con quien entrar en relación de fornicio, mientras los uniformes del general fiel a Saliquet, e incluso a Weyler, cuando cadete, se los comía la polilla en las vitrinas de aquella especie de museo militar que era la casa de la bruja navarrica.

—Porque las mujeres son todas unas putas —decía yo en la tertulia de Capuletti, en la tertulia de Davidito y Agustinito o en cualquier otra tertulia.

—Bueno, menos nuestras madres.

—Eso, menos nuestras madres.

MÁRTIR. Persona que padece muerte por amor de Jesucristo y en defensa de la verdadera religión. Un suponer, Pietro Martire de Anghiera, de quien teníamos óleo en San Miguel. Humanista y escritor italiano, más conocido por su nombre españolizado o latinizado. Se movió entre los siglos XV y XVI.

Vino a España en 1487 y fue protonotario apostólico (estos santos se lo montaban muy bien) y consejero de Indias. Asistió a la guerra de Granada y estuvo en relación con Cristóbal Colón y los grandes descubridores y conquistadores, lo que le dio base, sin haber ido a Indias, para escribir la obra *De Orbe Novo*, de 1510. Fue protegido por

Fernando el Católico y Carlos I; éste le nombró prior del cabildo catedral de Granada, cargo que ocupó hasta la muerte.

—¿Y este santo nos sirve? —le pregunté a don san Pedro.

—Pietro Martire de Anghiera, mi colombroño, era confesor, pero no santo —me repuso don san—. Supo moverse entre los españoles, como casi todos los italianos, pero no vale. Tuvo más poder terrenal que gloria celestial. Se trabajó más las antecámaras que la mano izquierda de Dios.

—Ah.

Don san Pedro de Arlanza se fumaba una picadura, mojaba un trozo de resma de hostias en el vino ya consagrado y hacía tertulia con el torero Barbas y conmigo.

—No hay que darle vueltas —dijo—. No tenemos otro hombre que venderle al Vaticano que don Luis, el coadjutor. Si me conoceré yo el Vaticano. Conozco el cielo, que es mucho más sencillo, en comparación.

Don Luis estaba cada día más verde, pero no acababa de morirse. A lo mejor lo verde era salud, en él y a sus años, que eso nunca se sabe.

Yo me volvía a la nave central de la iglesia, propiamente dicha, y miraba el óleo de aquel piadoso raro e italiano. Algo había que venderles a los del Vaticano para que San Miguel fuese un emporio y pudiéramos pasar allí la vida perdurable, pero en vida, porque después de muerto, o sea en el cielo, era más bien aburrido, como había podido comprobar don san Pedro de Arlanza, que de vez en cuando se bajaba a conspirar y a fumarse una picadura con nosotros.

—Hoy sólo tengo de las colillas que me ha echado la feligresía, que son muy piadosos, don san Pedro —dijo el torero Barbas, ofreciendo su castoreño lleno de una picadura revuelta, oscura y sucia.

—No te preocupes, hijo, que lo bendeciré y algo saldrá.

La voluntad de los feligreses siempre es buena. ¿Han echado alguna colilla de puro?

Había colillas de puro, en efecto, que la mujer siempre se lo decía al marido: «No vas a entrar en la casa de Dios como en el Banco, fumándote un purastre, o sea que apaga eso y dáselo al mendigo, que Dios lo mira todo.»

Y el hombre sacrificaba la colilla —lo más sabroso del puro— a la ganancia del cielo. La verdad es que a Dios le va mucho fumar puros. Don san Pedro de Arlanza bendijo el castoreño del revés, en la mano del torero Barbas, don Rufo, temblona de vino, y aquellas miserias quedaron convertidas en otra cosa. Nos hicimos unos cigarros gordos y raros que echaban mucho humo. Era como la medianoche.

—Habrá que abrir luego las ventanas, para que el buja del sacristán no se advierta de mañana —dijo don san Pedro.

—Descuide.

O sea que con aquel italiano no había nada que hacer. Ya decía la propaganda del César Visionario, por los periódicos mayormente, que los italianos habían quedado fatal en Guadalajara, frente a las tropas nacionales.

Como que llevaban suelas de cartón y no lo sabían.

Los italianos, en la Gloriosa Cruzada, se habían dedicado a comer pasteles, hacer hijos a las madrinas de guerra y correr delante del enemigo, por si acaso. También teníamos en San Miguel un *Martirio de san Mauricio* (detalle), por el Greco, en copia, naturalmente, y yo buscaba por entre aquella multitud algo que venderle al Vaticano, pero el cuadro de verdad estaba en El Escorial, todo eran hombres desnudos y esbeltos, poco canonizables, y nuestra única mercancía para el cielo, claramente, iba siendo don Luis, el coadjutor.

DOÑA MARÍA SANMANUEL MARTINMORENA me lo dijo una mañana, en el mercado, o quizá en la panadería, siendo miércoles de invierno, con cellisca:

—Mira, Francesillo, esta noche me voy a presentar en el sarao de doña Alfonsa la Millonaria, y tú te vas a venir conmigo, que una mujer siempre necesita de un hombre.

Desde la muerte de María del Reposo, que había sido su gran fuente de ingresos, doña María Sanmanuel Martinmorena derivaba hacia la locura y la catástrofe. Sus anuncios en el *Diario Pinciano*, pidiendo caballero estable (con el que sin duda pensaba solucionarlo todo de una vez), no surtían efecto. Había perdido categoría en el barrio. Ya no era la viuda de un general muerto heroicamente en las escaleras de Capitanía, sino una celestina a quien se le había muerto la pupila. Los de la gloria sin sangre la ignoraron y la panadera la trataba con la ironía y la confianza de quien ya no veía en ella mucho más que una *madame* como la doña Nati o la Formalita. Doña María Sanmanuel Martinmorena estaba enloqueciendo de frustración y de sexo, de humillación y de hambre (el Caudillo pagaba mal a las viudas), y había decidido presentarse aquella noche en el sarao de doña Alfonsa.

—¿Y a qué va usted, doña María?

—A pedirle un poco de perejil para la cena.

—¿Perejil?

—Sí, estoy haciendo un preparado mágico, muy de la tierra de Navarra, que necesita perejil, y no tengo. Tampoco quiero comprarlo. Tiene que ser perejil prestado, para que surta efecto. Doña Alfonsa nos lo va a prestar, Francesillo.

Me puse el abrigo con cuello de rizo (dado la vuelta), me puse los guantes amarillos (perdidos/encontrados por casa, quizá femeninos), me peiné el pelo, todavía rubio, o casi, hacia un lado, como los intelectuales franceses, y doña María Sanmanuel Martinmorena pasó a buscarme.

Ella iba de negro y rubio recién teñido, de medio velito por la cara, de guantes con media manopla y condecoraciones militares sobre el seno izquierdo, que aún me habría gustado curiosear. (El izquierdo y el derecho.) Se cogió de mi brazo y cruzamos la calle. Profundizamos en el hondo portal, pasando el zaquizamí de la Morena, la portera, que se asomó un poco sorprendida, creyéndonos invitados al miércoles de doña Alfonsa. Había caballos, carruajes y automóviles (de tiro y de motor, quiero decir) en torno de la casa. Dejamos a la izquierda un patio verde en lo negro de la noche, negro en lo verde, y subimos por la ancha escalera de la izquierda, toda de madera oscura y encerada, con clavos de oro, de cabeza grande, que lucían como goterones.

La puerta del piso estaba entreabierta, como en día de recepción que era, y en seguida vino la primera doncella (moza alta, hermosa y necia, la Ignacia, que tenía su familia en la parte pobre del barrio, y a la que yo avistaba, tras el *stor*, cuando salía a por café, muy de mañana, con las gloriosas piernas desnudas en invierno y en verano). Doña María se hizo anunciar y en seguida apareció doña Alfonsa, sobre el fondo olfativo de la casa, que era una mezcla de cera, guisado, oro de Moscú, incienso de la catedral de Juan de Herrera (truncada) y mirra falsa.

—No esperábamos esta grata sorpresa —dijo a doña María, dándole dos besos al aire. Luego se dirigió a mí, como aliviándose—: Y tú, Francesillo, ¿cómo estás? Serás un gran poeta, un gran prosista, leo tus cosas en el *Diario Pinciano*. Cuánta sensibilidad, hijo. Y cómo me acuerdo de tu santa madre, a la que tanto quise. A la que tanto admiré.

Y me dio un beso, pero no al aire, sino en la frente, un beso de madre viuda que sólo tenía una hija imbécil y pianística, y a quien acababa de fallarle el último amor de su vida, Culo Rosa, por entonces huido a Madrid con María de Plata y con el premio que ella fundara para él.

Pronto estuvimos en lo interior del interior. Allí, efectivamente, un Millán Astray (o alguien que se le parecía mucho, o que le imitaba), tendido en un diván, explicando una vez más por qué Hitler había perdido la guerra frente a los aliados, frente a «la conspiración judeo-masónico-marxista, con base en Rusia».

Generales y cardenales le escuchaban en torno, de pie. Millán Astray, o quien fuese, lucía la heroicidad demediada de sus cruces, sus mutilaciones, sus manquedades y sus entuertos. Refulgía todo él como una catástrofe. Había moros de la morería de Franco, aquellos hombres de la escolta que se habían quedado para siempre en la ciudad, o que formaban parte de la escolta del nuevo capitán general, o lo que fuese, de la VII Región, que procedía de África y no había querido ser menos que el Caudillo (o había querido darle al Caudillo una lección, cuando éste ya había disuelto la escolta mora). Pronto vi a doña María enredada en conversación y discreteo con uno de aquellos moros, ella con mucho juego de guantes, él con mucho juego de capa blanca y sonrisa de coco abierto.

Se anunció la cena y cenamos. Doña Alfonsa estuvo siempre mucho más atenta conmigo que con doña María. Doña Alfonsa (y esto me fortaleció mucho) no se acordaba de nuestros ultrajantes (ultrajantes para mí) encuentros en el mercado, sino de mis artículos en el *Diario Pinciano*. Y se lo decía a los archiarzobispos y generales:

—Aquí el joven, al que conozco desde niño, como conocí a su santa madre, mujer de grandes luces, es un futuro genio de las letras españolas, y una juventud como la suya es lo que necesitamos en la nueva España, ya que no hay Imperio sin poesía ni Orden sin desorden, y ese entrañable desorden lo encarna, aquí, nuestro vecino Francesillo.

Doña Alfonsa era una gran mujer. Culo Rosa no sabía lo que se había jugado (y perdido) ignorando a esta dama por escapar a Madrid con una meretriz del barrio del palacio del Vivero, donde casaron los Reyes Católicos: o sea que la meretriz también tenía prosapia, pero es que, en mi pequeña ciudad, todo tenía prosapia, hasta las putas.

Doña Alfonsa llevaba su decepción amorosa y última lo mejor que podía, aunque estaba cerca su ceguera, que yo no sé si fuera del alma o del cuerpo. Hay ciegos que es que se obstinan en no ver. Asimismo, yo no perdía ojo a las pantorrillas gloriosas de Ignacia, la primera doncella, conocida de mis aventuras en el cercano barrio del Rosarillo, que llevaba el uniforme corto, los tacones altos, como las camareras de Bilbao y otras grandes ciudades, y las medias de plexiglás humo, con costura.

Tras el resopón y otros contentos, pasamos al *fumoir* y tomamos malvasía. Doña Alfonsa había tenido la suprema elegancia de no preguntarle en ningún momento a doña María qué rayos hacía allí, cómo se había colocado, sin tarjetón previo, en uno de sus miércoles. Aunque sospeché, con vanidad adolescente, que lo uno se iba por lo otro, o sea que doña Alfonsa la Millonaria daba por bienvenida la intrusión/intromisión de doña María, a cambio de tenerme a mí, a quien admiraba como reflejo de mi difunta madre, a título de representante de las nuevas generaciones artísticas que aseguraban continuidad a España, a la España interrumpida por la Victoria.

Quizá, en doña Alfonsa, la reciente y cruenta decepción vivida con Culo Rosa se había hecho extensiva a toda una generación (el amor se hace siempre extensivo, en lo malo y en lo bueno, a partir de la persona amada), y empezaba a sentir como asco de aquellos hombres intermedios que ni hicieron la guerra ni dejaron de hacerla, y ponía toda su fe penúltima en quienes íbamos a empadronarnos, para bien o para mal, en una España nueva.

Doña Alfonsa, en todo caso, me pareció una mujer mucho más enamorante y generosa que doña María, la bruja vasca o navarrica. En doña Alfonsa podía incluso reconocer, vagamente, rastros de mi madre. Doña María era otra cosa, otra raza, otra cultura, otra incultura, me dije, aun cuando por mis venas corría y corre sangre vasca, y tengo más de castellano centroeuropeo que de castellano judío.

Doña María seguía su coloquio con el moro amigo, hombre apócrifo de Franco, por lo que me dio mi visión pictórica de cronista. En éstas estábamos cuando doña Alfonsa nos anunció que iba a hablar don Anastasio, cura de Pan y Catecismo a quien se le aparecía Pío XII, como a otras gentes de la ciudad, según ya se ha contado aquí. Perdida por Hitler la guerra mundial, don Pío XII había perdido predicamento en el cielo, según la revista *Mundo*, que era lo que leíamos los chicos rojos de entonces, y ya sólo se les aparecía, como se ha dicho, a párrocos de las afueras.

¿Por qué admitía doña Alfonsa, en sus miércoles, a gente como Pío XII y don Anastasio, el cura de Pan y Catecismo, hombre de hablar zazo y uñas negras? Pensé que, sencillamente, por darle variedad a sus miércoles. Lo pintoresco de la religión era espectáculo y risa para lo culto y mundano de la religión.

Don Anastasio explicó, zazo en el hablar y el pensar, que Pío XII se le aparecía todos los primeros viernes y le auguraba el triunfo de Hitler sobre los aliados. Como Hitler había perdido la guerra hacía por lo menos cinco años, el rubor general se disfrazó de risas, sonrisas y aplausos que despedían al buen cura. Luego, la hija cerdal de doña Alfonsa tocó una adormilada *Leyenda del beso*, al piano Pleyel legítimo, y se fue a dormir.

Se hizo ese silencio que se hace siempre después de la música, que no deja de ser un abuso contra el silencio natural de la creación, y de pronto, doña Alfonsa le dijo valientemente a doña María, que seguía conversando/coqueteando con el moro de la escolta de alguien:

—¿Y usted, doña María, a qué ha venido esta noche? Perdone, pero no recuerdo haberle enviado tarjeta.

—Yo he venido a por un poco de perejil prestado.

Hubo risa simpatizante y natural.

—¿Perejil?

Doña Alfonsa acusaba el desconcierto.

—Sí, doña Alfonsa, yo, aparte de viuda de general muerto gloriosamente en los primeros días del Alzamiento, a las órdenes de Saliquet, y cadete del glorioso Weyler, que también fue, yo, decía, soy bruja vasca, o navarrica, que viene a ser casi lo mismo, ustedes los castellanos no pueden hacer la diferencia, y estoy haciendo un emplasto mágico para el cual necesito perejil prestado, ya que el perejil ha de ser prestado, si no, el emplasto no funciona.

Y doña María se quitaba un guante negro, de media manopla, casi como Rita Hayworth, pocos años atrás, en *Gilda*. Doña Alfonsa tomaba malvasía y reaccionaba, desde su alto trono de convento carmelita, sillal que fuera de santa Teresa, se decía, cuando la santa anduvo por la Rondilla vallisoletana.

—¿Y para qué hace usted el emplasto, mi buena doña María?

—Para que quienes disfrutan de la gloria sin la sangre, como tiene escrito aquí Francesillo, en artículo que nunca le publicará el *Diario Pinciano*, por la censura de Madrid, acaben a manos de quienes padecemos la sangre sin la gloria, en esta España nueva.

—¿Tú has escrito eso, Francesillo? —dijo doña Alfonsa volviéndose hacia mí, ya que en mí veía la oportunidad de eludir debate con la bruja vasca.

—Bueno, no exactamente. Ninguna frase vale expoliada de su contexto —dije, con la característica cobardía de los intelectuales.

Los canónigos se santiguaban ante las palabras bruja y ensalmo, y los militares tenían la mano, enguantada de blanco, en el puño del sable, aunque para nada, naturalmente.

—Doña María, señora generala, puede usted irse a dormir tranquila —dijo doña Alfonsa, echándola así de casa—, que Ignacia, mi primera doncella, le llevará todos los miércoles, a su casa, una buena mata de perejil cogida en mis fincas de Pozaldez y Viana, fincas de quienes disfrutamos la gloria del Caudillo sin sangre de mártires en la familia. Mi hija, a la que usted ha oído al piano, espero, hace un momento, trabajó de enfermera en los hospitales de sangre, pero no tuvo la gloria de ser alcanzada por una bala.

Estaba claro que nos habían echado o, cuando menos, que habían echado a doña María. Nos fuimos de la casa (doña María había intercambiado no sé qué señales con el moro), y, en última ojeada, yo vi las piernas espléndidas de la Ignacia, magnificadas por el plexiglás, los canónigos que se santiguaban ante la salida o expulsión de la bruja (Pío XII les presidía, blanco, con los brazos abiertos, sin que ellos lo supieran), la cuadratura de los militares, que no dejaban de reconocer en doña María a la viuda del general, y escuché los latines zazos de don Anastasio, el cura de Pan y Catecismo, exorcizándonos.

Ángel viene a significar, más o menos, anunciar. O, pasando del verbo al sustantivo, mensajero. Se trata de un espíritu celeste creado por Dios para su ministerio. Esta voz conviene en general a todos los espíritus celestiales. Ángel es cualquiera de los espíritus celestiales que pertenecen al último de los nueve coros. Luego están los arcángeles. El más nombrado es san Gabriel. Según el Antiguo Testamento, los ángeles fueron creados por Dios y tienen dos misiones especiales, a saber: ser mensajeros suyos para guiar y ayudar a su pueblo y asistir ante su trono en la jerarquía celeste. Ángel bueno, para entendernos, es el que no prevaricó, y que también puede funcionar como ángel custodio o de la guarda. Es el que Dios tiene señalado a cada persona. También es el nombre que da el Apocalipsis a los siete pastores de las grandes iglesias de Oriente. Ángel de tinieblas o malo: diablo del infierno. En San Miguel teníamos una réplica del *Angel de la Guarda*, de Murillo, procedente de la catedral de Sevilla, que seguramente es una muchacha, por lo delicado del rostro, y que lleva de la mano a un niño de color amarillo y expresión tranquila. De vez en vez, cuando no había que tocar novena ni funeral, yo, con mis hábitos, me daba una vuelta por el último de los nueve coros, que estaba en los buhardillones de San Miguel, entre retablos de carcoma y sillería gastada por los culos sedentes de tanta divinidad. Era una especie de tertulia, golfería o café de la gallofa celestial donde se jugaba a la brisca y se bebían licores bíblicos que no eran sólo el vino de consagrar.

Desde allí se veían los nidos de los vencejos y esa hierba absurda y verdísima que crece en la tejavana de las alturas. El noveno coro no era redondo, sino cuadrado, según conviene a la geometría de la parroquia, y allí se estaba toda la angeología, como en un mercado, compravendiéndose las túnicas, echando los dados y diciendo dulces blasfemias. Todo el moblaje antiguo que se pudría al sol, me resultaba fascinante, y casi como familiar, como si hubiera sido el desahucio de mi propia casa, cuando era el desahucio del cielo. Aquellos seres del noveno coro no bajaban nunca a la gran nave de la iglesia, que debía de parecerles cosa corrupta, vaticana y comida por el presente.

El cielo eran ellos. A fuerza de subir por allí, a media mañana, cuando ellos estaban como en el recreo de Dios, y yo en el recreo del párroco, conocí un día nada menos que al Arcángel san Gabriel, lo que en verdad no me trajo mayor sorpresa, ya que al Arcángel lo tenía muy visto, que estaba a la entrada de la iglesia (por los corredores, no por la principal), con un pez en la mano (no sé para qué), faldellín de puntilla corta y muslos casi de mujer, más el estofado de oro, ennegrecido por el tiempo, hasta el cobre carnal, o sea un primer sobresalto erótico, como si fuera una mujer, cuidado, Francesillo, cómo va a ser una mujer en muslos en este sagrado recinto. Me parece que ya se ha hablado aquí de cómo los tiempos, aquellos tiempos, nos robaban el tiempo, nuestro tiempo y nuestro cuerpo, dejándonos en la ignorancia de cómo el cuerpo del hombre también es mitológico para la mujer, pero empecé a observar cómo vírgenes necias y madres de familia observaban a san Gabriel, y la verdad es que le observaban demasiado.

En seguida se lo dije a los de la tertulia del alba en la sacristía, o sea don san Pedro de Arlanza y el torero Barbas:

—Aquí al que necesitamos es a san Gabriel Arcángel.

—Ése debe ser como maricona.

—No sé, pero me he fijado por las señoras y las señoritas, y le miran mucho los muslos, a la salida de misa, cuando van ya santificadas, y hasta se les notan las ganas de mirarle por debajo de la puntillita.

—¿Nos vas a salir maricón, Francesillo? —me dijo don san Pedro, mirándome por encima del borde de su vaso.

—Estoy enamorado de Teresita Rodríguez, hija del jefe provincial del Movimiento, y ella de mí, y hacemos nuestras cosas en el Frondor, de modo que repórtese, don san Pedro.

—O sea que en lugar de maricón nos vas a salir fascista.

—Bueno, que a mí no me la menea el padre, sino la hija,

de modo que ya está bien de bromas. Lo que digo es que si ganamos al Arcángel san Gabriel para nuestra causa, con la devoción que se ve que le tienen las señoras y señoritas, ya está la beatificación resuelta. ¿Se le escucha mucho al Arcángel san Gabriel en el Vaticano, don san Pedro?

Don san Pedro hizo un deje:

—Más bien poco. Por el noveno coro, y perdona que insista en el tema, tiene fama de buja.

—En el noveno coro he estado yo, señores, y, efectivamente, allí pasa de todo. Hasta tiran los dados.

—Pues figúrate cuando sube esa preciosura —dijo don san Pedro de Arlanza, santo agrario y sobrio que no entendía ciertos vicios del cielo con la tierra.

El torero Barbas, don Rufo, reía su vino consagrado entre el barbamen negro y una mano gorda y morada con la que pretendía sujetarse algo, en el rostro, y no se sujetaba nada, la verdad.

—De todos modos —prosiguió don san Pedro—, no es mala idea el que las señoras del barrio asocien la beatificación de don Luis con la devoción de san Gabriel, que don Luis, el pobre, no tiene mayores encantos machos, y las mujeres, Francesillo, hijo, qué le vamos a hacer, siempre son un poco putas, hasta las vírgenes necias, y perdona la manera de expresarse en un santo, aunque sea de sacristía.

La tertulia se prolongaba hasta la hora en que yo tenía que ir a la cuerda a tocar la primera misa.

Era cuando don san se metía en la hornacina, a echar una cabezada, y el torero Barbas se lavaba la cara en cualquier pila de agua bendita, para quitarse el sueño, y se ponía a la puerta de San Miguel, por las cadenas de San Gregorio, para pedir limosna a los primeros fieles con castoreño raído de tardes malas.

Resultaba muy edificante para la feligresía un pobre tan tempranero, porque a la Iglesia la hacen sus pobres y el que ha madrugado tanto en representación de Dios (Dios, como se sabe, está repartido eucarísticamente entre los pobres), ése merece limosna doble y parece que ha madrugado en las literas del cielo para bajar a pedir.

—Y no sabes cómo refresca y madruga esto del agua bendita, Francesillo, para quitar el sueño y despejar el alma. Yo creo que los ricos y las viejas me notan el resplandor en la cara, cuando entran a misa, y me dan más que el resto del día.

Aunque yo era monacillo laico, ateo o monacillo del diablo, casi, como se habrá visto o irá viendo por estas verídicas Memorias, nunca me atreví a lavarme la cara en pila bautismal, como si fuera pilón de bestias o palanganero fino. Lo mío era el fregadero de casa.

Lo cierto es que, desde entonces, san Gabriel Arcángel asistió a nuestras conspiraciones nocturnas, a la luz de un velón de muerto, en cuya llama gorda encendía el torero Barbas sus puros de tarde grande en Madrid, cuando había, y accedió a que, colgado del pez que tenía su estatua en la mano, le pusiéramos un cartelito —que yo hice con la más fina letra inglesa del colegio— y una hucha, pidiendo para la beatificación de don Luis.

El negocio empezó a marchar, porque san Gabriel sisaba menos que el torero Barbas y porque a las esposas del prohombre les movía más a aligerar el dinero la presencia efébica, semidesnuda e indiferente del Arcángel san Gabriel, que, si alguna vez había subido por el noveno coro, ya no subía nunca por miedo de que le quitasen la ganancia y le dieran por retambufa.

HABÍA EN MI VIEJA CIUDAD los hombres del Pisuerga y los hombres del Esgueva o de la Esgueva, como mejor se llamaba a aquel riachuelo. Digamos que mi ciudad tenía un río de derechas y otro de izquierdas.

Hombres del Pisuerga, por ejemplo, eran el difunto padre de Teresita Rodríguez, que mandaba construir un puente sobre el río cuando quería. O los deanes y coroneles de los miércoles de doña Alfonsa, que tenían propiedades por la Huerta del Rey, orilla salvaje del río. O los Millán Astray apócrifos y múltiples (mucho más desconcertantes cuando era uno solo, por si era el verdadero). O los moros a caballo, que bajaban hasta la orilla, justamente, para dar de beber a sus caballos.

E incluso don Pío XII, que se les había aparecido a unas teresianas de la Rondilla cuando se lavaban los pies en su huerta, que daba al río, entre girasoles, como culpándolas de su descalcez.

Todos los amigos de mi grupo eran hombres del Pisuerga, y allí llevaban, en barca, a las cursillistas extranjeras de Las Francesas, convento de niñas francesas y afrancesadas. Un año vino, entre las cursillistas, una princesita Seina de Polignac. Davidito se la llevó en seguida al río, y luego nos enseñaba la tarjeta de la pequeña aristócrata francesa, con letras en relieve. Pero al año siguiente, la princesa Seina de Polignac era otra, que se benefició Javi, en barca del Pisuerga.

Y al año siguiente era otra, que se benefició Loyola López, llevándola en su Harley-Davidson hasta la Huerta del Rey. Y al otro año fue otra, que me beneficié yo. Estaba claro que alguna princesita de Polignac había estado en el colegio común de aquellas niñas, que cada año le robaban las tarjetas. Con lo que quedó en risa, una vez más, el galanismo cursi de Davidito. Claro que, para entonces, Davidito andaba ya prometido con su novia muerta, Ana, Anita, la niña que se ahogó en La Concha, en una excursión de Sección Femenina, y no se enteró apenas del cachondeo general sobre su ya remota conquista de una utópica princesa Seina de Polignac que no vino jamás a la ciudad.

Los hombres intermedios, entre el Pisuerga y la Esgueva, quiero decir, entre la izquierda y la derecha, como si dijéramos, eran Lucio Alfil, que iba a Los Morales con «Millán Astray», con el Millán Astray de turno, y, mientras el guerrero se condecoraba de putas, él solía enamorarse, fatalmente, del tocaor de guitarra gitano.

Culo Rosa, que tanto había promiseado entre la derecha y la izquierda, entre los millones de doña Alfonsa la Millonaria y sus citas de escritores republicanos, acabó, como ya se ha dicho, cadáver en unas ruinas de ladrillo (esas ruinas inversas de lo empezado y nunca terminado), orillas del Pisuerga, por detrás de las Tenerías, como se cuenta con más detalle, repito, en mis Memorias del Pisuerga, *Las Giganteas*.

Zequiel Zamora, por su parte, y pese al conservatismo literario que le aquejaba, fue siempre más bien un hombre de la Esgueva, ya que el vino le tiraba, y muy fuerte, de ese lado. Zequiel Zamora se iba a todos los entierros para beber el vino gratis de la vuelta, cuando los deudos y el cortejo paraban en Santa Clara, antes de entrar en el centro de la ciudad, para confortarse en las tabernas de por allí con el cigales, el blanco de Tierra Medina y el Toro.

Zequiel Zamora, poetón viejo, como Cervantes, conocido entre las gentes porque rimaba muy bien, improvisaba un soneto/lápida al muerto, o una larga elegía, y esto lo cobraba en vino, y cuando el muerto era muerta, Zequiel Zamora se sentía aún más inspirado, por ejemplo cuando la muerte de Ana, Anita, la de las modistas, que había sido novia de un gran amigo suyo, como ya se ha dicho, el actor formado por Lucio Alfil. Zequiel Zamora le hizo a Ana, Anita, unas cosas entre becquerianas y zorrillescas, hasta que Ana, Anita, ido su novio a Madrid en el tren tranvía, empezó de nuevo a hacer mucha vida social, y los poemas mortuorios de Zequiel Zamora dejaron de tener vigencia:

—Esta puta niña me ha jodido la vena elegíaca. Ahora resulta que anda puteando por ahí con el Davidito.

—Están de novios.

—Es igual. Era una muerta y su obligación era quedarse en su sitio. Y, sobre todo, que ha frustrado para siempre al mayor actor que había dado esta ciudad, perdido hoy en las procelas de la capital.

El vino de los entierros, el vino de las putas y el vino

de los domingos mataron a Zequiel Zamora. A los entierros le avisaban ya, sin que tuviera que mirarlos por el *Diario Pinciano*, de manera que mi ciudad tuvo un poeta fúnebre, como Egipto y Grecia lo habían tenido, Castilla tuvo un poeta elegíaco, cosa que no se daba en mi Castilla desde don Jorge Manrique, palentino y de buena familia.

El vino de los entierros fue tanto —siempre se muere más gente de lo que parece—, que corrió por el cuerpo de Zequiel Zamora más que el agua clara y oscura de la Esgueva por sus ojos de poeta.

El vino de las putas fue, asimismo, abundante, ya que ellas, como dijera el otro, siempre «dan de beber agua de sueño a los grandes desvencijados». De María de Plata a Carmen la Galilea, Zequiel Zamora tuvo toñas en la cama (ya que no otra cosa), con todas las meretrices de la Esgueva.

El vino de los domingos era el peor. El domingo, en la provincia, es un inmenso hueco de tedio y plateresco. Zequiel Zamora se perdía en ese mundo, volvía a amar la portalada de San Gregorio, la fachada de San Pablo, el coro de San Benito, el Museo Nacional de Escultura (le dejaban entrar los domingos por la tarde, que estaba cerrado, mediante una propina que daba a los porteros, que vivían en el mismo edificio).

El vino de los domingos era la huida definitiva de Zequiel Zamora hacia los reinos violáceos y el *delirium tremens*. Hablaba con las aguas de una Esgueva que venía llena de muertos, como un Ganges gótico, y se perdía, borracho y vergonzante, en esa lucidez inútil que hay más allá de la borrachera, como un Hölderlin, como un Novalis, como un Nerval, poetas a quienes él, naturalmente, no había leído nunca.

Zequiel Zamora murió un domingo, en la cama, de vuelta de la Esgueva y sus tabernas, reventado de vino, y cuando, al día siguiente, lo llevaron a enterrar, se dice que, a la vuelta, apareció un poeta popular, callejero y elegíaco, haciendo versos al maestro y cobrándoselos en vino.

Había, pues, en mi ciudad, una tradición de poetas fúnebres que se bebían el vino de los muertos como las lechuzas se bebían el aceite de las lámparas en mi parroquia de San Miguel, que más de una maté siendo monacillo.

LOYOLA LÓPEZ, sí, tenía una Harley-Davidson lédica, y la picha del cisne la ponía él.

Por entonces había pocas motos en la ciudad.

Y menos como aquélla.

Loyola López, sí, llevaba siempre en su moto, montadas a caballo (esta obligada postura ya empieza a perder a la mujer), las muchachas de melena más veloz y horario más desajustado.

Volvían líricos, ella y él, de haber dado la vuelta al mundo de la provincia en ochenta kilómetros hora.

Loyola López, como queda dicho, pertenecía a la familia dueña de la mejor tienda de radios de la ciudad, y era el hermano pequeño, de modo que había oído la guerra mundial mucho mejor que nosotros, en todos los idiomas, de madrugada, aprendiendo idiomas por las emisoras y subiéndose al gabinete familiar la radio que mejor daba las noticias de la BBC, que era por la que la familia iba siguiendo el triunfo aliado.

Copón de palabras, copo de noticias, reservorio de la verdad, sagrario profano, ya con todos los escaparates apagados, subían la estrecha escalera que daba al piso, la madre con la radio entre las manos, contra los pechos (el padre había muerto en la guerra civil), iban en fila.

En torno de la camilla, con la radio baja, se enteraban de todo, mediados los cuarenta, mientras que yo, con mi periódico local, a la mañana siguiente, tenía que adivinarlo todo, como he descrito aquí.

Hasta para ser de izquierdas hay que ser rico.

Loyola López había conservado dentro de sí ese enjambrado de músicas e idiomas que es la radio universal, y esto quizá constituía su yo, de modo que, cuando no hacía viajes por el mundo, hacía viajes comarcanos en moto con alguna chica. Una tarde de domingo se llevó a Maripi Almenara y creí haber descubierto al fin lo que era el amor con sus heridas/estigmas (como los de las mujeres).

Pero sólo eran los celos.

Volvieron cuando el cielo de verano corría sus cortinas, como una alcoba:

—Maripi.

—Qué.

—Nada.

Le di a entender como pude (mi orgullo me impedía otra cosa) que ella no tenía que volver a hacer viajes en moto con Loyola López.

—La moto es un instrumento infernal de seducción.

—Tú, tan laico, hablas como un cura —rió Maripi.

Me dolió su ingenua ironía, porque decía la verdad.

—Hemos tenido un accidente.

—¿Un accidente?

Los accidentes unen más que las copulaciones. Crean un comercio de sangre y violencia que es como una copulación sin culpa.

Que prepara una copulación.

—Pero no ha sido grave.

—Ya.

Loyola López era el que violaba más chicas, o quizá el único, por su moto y su cosmopolitismo (aparte las confusas orgasmaciones de Javi contra la fantasmagoría talar y la convivencia de Preciado con las mujeres/precio). Loyola López, ya lo he dicho, tenía tantas almas como *foulards* y tantas novias como kilometraje.

Y tantos idiomas como radios de marca extranjera.

Loyola López era el amateur que lo sabía todo de verdad y yo era el profesional que lo sabía todo de mentira. Pero yo era el profesional, de eso estaba seguro. Loyola

López escribía de literatura europea (prohibida) en el *Diario Pinciano.*

Yo, en mis artículos, me metía más y más en mi 27 y mi 98.

Él se estaba haciendo un lector universal. Yo, quizá, me estaba haciendo un escritor local. ¿Un ornitorrinco solemne? No, eso no. El accidente de moto que habían tenido Maripi y él me parecía un incesto, más que un juego de amigos. Uno puede saltar de la fidelidad al incesto. Lo que no puede uno es quedarse en el triángulo burgués. En la traición doméstica. En el adulterio benaventino. Yo estaba convirtiendo en incesto histórico interiormente, lo que ni siquiera había sido una traición juvenil. Por propia estimación, como siempre. Los celos son el Superyó en acto. El yo burlado sólo se redime mediante la clámide de Edipo.

Loyola López y Maripi Almenara habían rodado hermosamente (lo veía yo, lo veía), por la tarde de agosto, confundidos y sangrientos, heroicos de crepúsculo.

Eso une mucho.

Y me puse a reflexionar sobre los celos.

El complejo de Edipo no es sino la coartada universal para consolarse uno de los cuernos. Mediante una transgresión mayor —el deseo de la madre—, que las incluye todas, se empequeñecen las otras transgresiones. A mí no me importaba que Loyola López, Maripi Almenara y la grandiosa moto mitológica hubiesen volado hacia la muerte/copulación en la tarde castellana, entre pajonales de oro y cielo. A mí lo que me dolía era no haber tenido el amor/amor de mi madre, y el último que se interponía entre ella y yo era el chico de la moto.

Maripi Almenara no había sido sino un *signo* banal de la madre.

(El psicoanálisis, incluso invertido, es consolatriz.)

La cópula como violencia. La violencia como cópula.

Loyola López me había llevado muchas veces en su moto, viajando por los pueblos de la provincia. Yo me ponía un *ABC* en el pecho y otro en la espalda, para el viento, porque yo no tenía las cazadoras ni los pulmones de Loyola López. Pero la primera vez que me invitó a montar en la moto, después del accidente con Maripi Almenara, comprendí dolorosamente que no.

En aquella Harley-Davidson yo no volvería a montar jamás.

Era el lecho del amor.

Era el lecho de la muerte.

Era el lecho del incesto.

¿Incesto?

Un lecho volante que ascendía a los cielos, en el momento de la sangre, como los lechos de los amantes.

No.

Maripi Almenara me dijo un día, como de pasada, una de esas cosas definitivas que dicen las mujeres entre sorbo y sorbo de algo, y que para el hombre son institucionales:

—¿Loyola López? Loyola López es un gilipollas. Cuando lo de la moto, antes de mirar qué me había pasado a mí, se fue a mirar qué le había pasado a la moto.

—¿Celosa de la moto?

—No seas ridículo. Pero qué falta de clase, el niño, ¿no?

Era, claro, lo que el Edipo apócrifo estaba necesitando oír para restañarse.

Maripi le dio otro sorbo a su rosolí.

(Tomaba muchos rosolícs.)

Hay antropólogos antiguos y modernos, reaccionarios y progresistas, que cifran y datan la aparición de la cultura en la prohibición del incesto. Más bien, en la creación del incesto, pues que antes de esa ley no existía la noción de incesto.

Una tarde, aprovechando que don Julián, don Luis y don Marino estaban en el episcoarzobispado (pavos reales y reales hembras), convocados por monseñor García García González, el arzobispo, para leerles el borrador de una encíclica que iba a publicar, previo sometimiento al César Visionario, sobre los derechos de la mujer a criar a sus hijos de su propio pecho, ignorando productos extranjeros, don san Pedro de Arlanza convocó a las señoras bien del barrio, empezando por doña Alfonsa la Millonaria, las de Gardoqui, las de Rodríguez y otras, para reunión en la sacristía grande, que era la suya, y tratar el tema de la beatificación de don Luis, de modo y manera que cuando éste muriese, tan verde, el pobre, todo estuviera a punto para elevarle a los altares y convertir San Miguel en un emporio de devoción, limosnas y riqueza.

La mayor y menos confesada atracción, para las señoras bien de aquel mi barrio de palacios y conventos, era la presencia de san Gabriel Arcángel, una cosa entre el *David* de Donatello, en vivo, y los muslos de Zarra en estilizado y sin aquellos calzoncillazos de los futbolistas. Ninguna lo dijo, pero acudieron todas.

O se lo confidenciaban en sus tés:

—Y que va a estar el Arcángel san Gabriel, en vivo, tal y como le vemos a la entrada, por la puerta pequeña.

—Hija, cualquiera diría que te has fijado en él.

—Como tú, ni más ni menos.

—Siempre fuiste un poco locatis, antes del matrimonio.

—Qué quieres, yo creo que con esto del matrimonio de conveniencia, una se ha perdido muchos arcángeles en esta vida, que andan por ahí de gabardina.

—Calla, calla, que eres el mismísimo diablo.

—El diablo también era un ángel bello, para que te enteres.

Lo cual que la sacristía grande, la de don san Pedro de Arlanza, se llenó de damas que fragaban muchísimo, o sea que olían bien, olían a fragancia, y ya el torero Barbas, el Arcángel y yo nos habíamos ocupado de ponerles sillas y bancos en hilera, para que estuvieran cómodas. Don san Pedro de Arlanza les habló desde la hornacina, pero sin dejar el cigarro de picadura y colillas de puro que le había conseguido, en su castoreño, el torero Barbas:

—Dignísimas y castas damas: conocéis bien la causa que nos reúne, de la que habéis sido primeras y valientes impulsoras: la beatificación de nuestro coadjutor don Luis, con dones de santo y milagroso que nadie ignoramos en la parroquia, y que tampoco se ignoran en el cielo, yo que vengo de allá puedo decíroslo, pero las cosas de palacio van con despacio y necesitamos de vuestra colaboración. Tenéis que escribir a Madrid, a la Nunciatura, a Roma, tenéis que mover a vuestros maridos, siempre absortos en sus graves asuntos de política o negocio, tenéis que iniciar una campaña, en fin, la idea fue vuestra y ahora no podéis ni debéis renunciar a ella, y don Luis, según todos los diagnósticos, va a dejarnos pronto. —Don san Pedro de Arlanza hizo una pausa para encender una colilla con otra, las damas removían lo que les sobraba de culo en las sillas de tijera, todas de pelerina y maderas de Oriente: san Gabriel Arcángel, semidesnudo en su puntilla, se estaba de pie bajo la hornacina, como le había mandado el santo, por amenizar un poco la atención de las mujeres con la gracia de su perfil y el estofado de sus muslos—. Don Rufo, el mendigo de Dios —siguió don san Pedro de Arlanza—, es la voz del pueblo, la voz que viene de abajo, agradecida y creyente, y que limosnea a la intemperie por la beatificación de nuestro coadjutor; Francesillo, este niño piadoso y monacillo que todas conocéis, será el mensajero, la mano inocente —yo pensaba en mis exploraciones por el cuerpo de Teresita— que lleve vuestros mensajes, misivas, billetes, esquelas, adonde haga falta, con carácter privado, si necesario fuese, hasta mover toda la ciudad en tan santa causa.

Y, finalmente, el Arcángel san Gabriel, de belleza pura y sin pecado, que hoy nos asiste, recauda dinero, asimismo, para la beatificación, y sólo con su presencia excelsa hace verdadera y justa la causa.

San Gabriel miraba para los lados, sin saber qué hacer con las manos, como un recluta elogiado por un coronel. Las damas salieron encantadas, haciendo trayecto bajo la hornacina del santo, para santiguarse ante él y, de paso, mirar más de cerca la belleza en vivo del Arcángel, al que le habíamos puesto una bolsa de cuero entre las manos, porque las ocupase y porque recaudase un algo. Al final salió mucho dinero.

Al día siguiente, el Arcángel san Gabriel y yo nos dimos una vuelta por el noveno coro, que era algo así como el salón secreto de los casinos del cielo. Yo iba un poco detrás de él, mirando el plumaje de sus alas, que eran un poco como de teatro o alquiler, y a él le recibían todos con abrazos y besos.

—Cuánto tiempo, hijo.

—Estás como nunca.

—Y parece que traes la bolsa llena.

Afortunadamente, a san Gabriel ya le habíamos promediado la bolsa entre don san Pedro de Arlanza, el torero Barbas y yo, de modo que allí sólo llevaba su parte, tras la reunión piadosa con las señoras bien de la parroquia, pero pronto me lo metieron en una partida de dados, y las arpas celestiales sonaban un poco más arriba, como que estábamos en el cielo, tronos, dominaciones y potestades, querubines y serafines, sólo que un cielo provinciano, parroquial y de moblaje viejo.

Mientras el Arcángel lo perdía todo a los dados, y yo miraba de pie la circunstancia, también vi cómo algunos viejos tahúres pasaban una mano por los muslos estofados del Arcángel, quizá prometiéndole un renuevo de monedas a cambio de sus favores, y cómo otros le hablaban al oído, no sé si besándole o confidenciándole, y las alas de teatro de mi Arcángel se estremecían de sorpresa o deseo. Así las cosas, pasamos un día muy hedónico en el noveno coro, escuchando arpas y bebiendo ambrosías, en tanto que el cuerpo efébico del ángel iba quedando hipotecado de deudas y concupiscencias a medida que los dados le rodaban mal. A media mañana o media tarde, tocaron el *Angelus* de Millet, no sé dónde, y todo el noveno coro se puso en pie, con la cabeza baja, celebrando la hora sacra.

Luego volvieron al burle y la priva, y yo iba estando fatigado de ángeles y bujarrones.

Un marginal a nuestro grupo era Pepe Zaratán. A Pepe Zaratán me llevó Davidito, quiero decir que lo conocí por él. Pepe Zaratán era nieto, o me parece que bisnieto, del más poderoso y anciano comerciante en tejidos de la localidad. Pepe Zaratán era bajo, corpulento, moreno, desdeñoso, irónico sin ironía. Llevaba gafas y se veía que en seguida iba a quedarse calvo. Pepe Zaratán tocaba el piano, como Davidito, y esto era lo que les unía y separaba, pues que Pepe Zaratán estaba por las abstracciones de Bach, mientras que Davidito perdía el sentido con las lunas polonesas de Chopin, que le ponían en trance. Pepe Zaratán, su madre y una hermana, vivían en la plaza del Rosarillo, en una casa honda, desvencijada y difícil, esperando que muriera el viejo tratante en paños, el bisabuelo legendario, judío y eterno, para heredarle, ya que el padre de Pepe Zaratán, bello en su juventud, maduro todavía interesante, aunque un poco trabajado por el hambre, había casado con una hija o nieta del millonario, según costumbre de la época, por haber herencia y pasear tranquilo y holgado por la mi ciudad.

Muerta la madre de Pepe Zaratán, algo iba a alcanzarles a los nietos en el testamento, sí, y quizá un algo que fuera un mucho, ya que la fortuna del viejo pañero se consideraba ingente. (Decían que además de pañero era prestamista.) Yo le vi algunas veces, durante mi época de trabajo en la Banca, y era como contemplar el paso de varios siglos bamboleantes, uno encima de otro, cual los hombres o las mujeres en el circo, todo en equilibrio de tiempo, en truco de vejez, en torre deshumana, menos inclinada que la de Pisa, de edades y geologías. Se llamaba don Lezama.

—Cuánto honor, don Lezama, cómo se ha arriesgado usted en esta mañana cruda —le decía don José Hernández, el cruento interventor de la Banca.

—Don Lezama, soy todo suyo, pase a mi butaca —gargajeaba el director de la sucursal, servilmente avisado por mí de la visita del viejo.

El director, don Wamba, siendo hombre más espontáneo, hacía una zalema menos sincera que la del felino interventor, don José Hernández, que se aproximaba a nosotros silencioso como un gato, para espiar nuestro trabajo, por lo mismo que sabía restregarse gatunamente contra la ropa de los mayores cuentacorrentistas de la casa.

Don Lezama había existido siempre en mi ciudad. Don Lezama, con su inmensa tienda/almacén de tejidos, que hoy llamaríamos «galdosiana», porque hay lingüistas de segunda enseñanza que creen tener en Galdós el Balzac español (sólo les iguala la mala prosa), había ido devorando eso que, también hoy, llamamos la pequeña y mediana industria. Les daba tejidos a crédito y luego, como no vendían, se quedaba con la tienda.

Así, su imperio llegaba de los elegantes de Valladolid a los fabricantes de Béjar, ya en la provincia de Salamanca, por donde los ríos bajan azules, morados, rojos, amarillos o verdes, según el tinte del día y sus escurriduras. Nadie era tan viejo como para recordar los comienzos, ni siquiera la juventud de don Lezama. Como nadie recordaba el día en que el Sagrado Corazón de Jesús se le apareció al padre Hoyos para ordenarle que levantase en tal sitio de la ciudad el Santuario Nacional de la Gran Promesa. Eran cosas que nadie había visto, pero que constaban en los anales de viento de la imaginación de la ciudad, bastante azotada de viento norte, por otra parte.

Los Bancos, mi Banca, eran el dinero oficial, social, expresado en mármoles o en viejas maderas de calidad oscura, y eso no fascina a nadie. Lo que fascina es el dinero personal, el dinero de un señor, y el dinero de Valladolid lo tenía todo don Lezama, hombre monetizado por el tiempo y por las monedas.

El dinero redime al dinero y sus pecados, porque lo que no se perdona no es el pecado, sino su fracaso, en las ciudades cristológicas, como lo era la mía, que ya se ha dicho. La meretriz que llega a condesa y el usurero que llega a fuerza viva, quedan redimidos por el éxito. Al fin y al cabo, en esto ha sido más moral el protestantismo que el catolicismo, ya que ha ido abiertamente a la moral que mueve el mundo: la moral del éxito. El que no tiene éxito es porque Dios no le bendice.

Don Lezama, que tenía tantos contables y vinculeros, yo creo que, cuando se acercaba una mañana a la Banca, era por pasear un poco su fortuna, que iba siempre con él, naturalmente, aunque no llevase un duro encima. O quizá, sencillamente, porque aquel día se encontraba joven dentro de su longevidad, o porque hacía buena mañana, aunque también se arriesgaba en mañanas crudizas y marceñas de cellisca, lo que le valía, como se ha contado, la reprimenda enternecida de don José Hernández, el interventor. En último extremo, me preguntaba yo desde mi pupitre en rampa, tatuado de tinta y rasponazos de la pluma, como el del colegio —¿es que la vida nos iba a tener encadenados siempre a un pupitre, como a Prometeo con su buitre, a Sísifo con su piedra y a Cristo con su cruz?—, a ver si va a resultar que el dinero sólo sirve para lucirlo, que con el dinero sólo se compra la admiración y la reverencia por el dinero mismo, ya que todo lo demás que puede comprarse son objetos tórpidos, oros fríos, platas traidoras, maderas muertas. Y lo que vale la pena en la vida, como el amor o así, resulta que no se compra. Don Lezama, con el duro sombrero puesto, para no enfriarse la calva de pelusa otra vez infantil, se sentaba en el trono de don Wamba y presidía la Banca por media hora, como un niño centenario, divertido y caprichoso.

Pepe Zaratán, a veces, me llevaba a su casa porque le oyese tocar a Bach (él decía *Baj*), que lo tocaba muy bien, o a mí me lo parecía, y para demostrarme su superioridad pianística sobre Davidito, controversia que sin duda escondía, entre ellos, otras más profundas y secretas, como que Davidito tenía más éxito entre las chicas, niñas paseantas de la calle Santiago, pantaloneras del barrio ferroviario de las Delicias. Me habían elegido por juez de aquella pugna, ignorando (su pasión musical les llevaba a ignorarlo todo, como casi siempre ocurre) que yo no entendía nada de música, que me había aburrido mamá llevándome a sus conciertos, o sea los municipales, y que esta misma falta de entendimiento me predisponía a ver con más claridad lo que uno ha visto siempre mejor: el hombre y su circunstancia.

La circunstancia era que Davidito tenía múltiples novias y Pepe Zaratán no tenía ninguna.

Subíamos pinas escaleras, corríamos largos corredores verdes y amarillos, ondulantes, desconcertantes, y ya estábamos en el hogar de Pepe Zaratán, con su olor a pañería revenida, pues alguna vez había sido almacén de las mercancías del abuelo mercader. Mi amigo se sentaba al piano, su padre, con ese exceso de educación que da la miseria a los educados, me hacía los honores y se sentaba en segundo término, como dejando claro que yo era allí el invitado de respeto. La hija, o sea la hermana de Pepe Zaratán, porque Pepe Zaratán tenía una hermana, no sé si ya lo he dicho, me daba la mano con entusiasmo y distancia (hay distancias entusiastas). Era una muchacha un poco mayor que nosotros, con la cara redonda y bella, los ojos claros, los pechos grandes y la ropa elegante y antigua, obviamente heredada de mamá. Se sentaba entre su padre y yo.

Entre pieza y pieza, o como se llamase eso de Bach, yo hacía crítica musical sobre la marcha, que en realidad era crítica literaria, por quedar bien y mantener mi prestigio de árbitro entre los dos niños prodigio de la ciudad. Comprobé así que los procedimientos críticos son intercambiables, que todo discurso crítico es aplicable a la pintura, la música y la literatura indistintamente: «claroscuro», «unidad cromática», «riqueza sígnica» y «coherencia interna» son frases aplicables a cualquier cosa, elogios cultos, tan tópicos ya como los elogios del vulgo: «está muy bien, es muy bonito y muy propio». Yo *leía* a Bach como si fuese un novelista, y montaba mi teoría sobre los agudos y los graves, los rápidos y los lentos, las recurrencias y lo estrófico de Bach, con un sentido más plástico o literario que musical.

Pero uno, por entonces, era fácil de palabra y obra, de modo que el padre y el hijo confundían mi facilidad verbal con no sé qué ciencia musical, en tanto que la hija (no recuerdo su nombre) se iba enamorando un poco de mí. Un incidente que solía darse en estos solitarios conciertos para tres, en una casa que no era sino el hueco de una herencia que no caía, un incidente habitual, digo, era que la hermana de Pepe Zaratán, infartada de Bach, llorosa de emoción musical, pegase un dulce grito y huyera, llorando, hacia los fondos de la casa, donde se la oía gemir su soledad, su soltería y su pobreza contra un Bach (al que posiblemente odiaba) mal interpretado por mi amigo.

Yo me hubiera follado a aquella señorita, claro, pero ella buscaba novio formal y matrimonio, cosas que yo no podía ni quería darle, ni a ella ni a otra. Después de estas azarosas y sublimes veladas, nos íbamos a cenar los cuatro a alguna taberna de San Martín, donde solíamos encontrarnos con Lucio Alfil, Carmen la Galilea, María de Plata, Zequiel Zamora y otras gentes del mundo de la Esgueva. Allí era donde y cuando yo desabanicaba de nuevo mi sabiduría musical, que no era ninguna, sino aplicación tanteante de los criterios estéticos de otras artes a la música. Todos me escuchaban en silencio, yo era consciente de que me estaba haciendo un nombre (irónicamente, a costa de la música, una materia a la que era insensible), y la hermana bella y lechosa de Pepe Zaratán me miraba con sus ojos grandes y fijos, con más luz que inteligencia.

VISTO QUE HUBE al *Angel de la Guarda*, de Murillo, y caído en la cuenta de que aquello era una niña —al menos el modelo, la modelo— que utilizara el pintor sevillano, decidí entrar en trato carnal/espiritual con mi propio Ángel de la Guarda, pues que todos tenemos uno, y de eso no hay duda, así que me volvía de repente, por los pasillos fríos de San Miguel, a ver si lo encontraba por sorpresa, o me arrimaba en exceso a alguna de las niñas angélicas que tomaban la comunión en San Miguel, por si alguna de ellas fuera mi ángel, dándome edificio.

Parece que no era así, hasta que un día, en el noveno coro, adonde había subido, como de costumbre, a golfear con san Gabriel, y adonde se estaba como en uno de los círculos del *Dante* pintado por Durero, pero más a bragueta abierta, encontré a una muchacha morena, de ojos redondos y hermosos, con boca de niño vicioso, pechos breves y cuerpo andrógino, que me dijo ser ella mi Ángel de la Guarda, por si no la había reconocido:

—¿Pero los ángeles tenéis sexo?

—Yo sí que lo tengo. Soy chica como tú eres chico.

—La teología dice que no.

—Si los ángeles supiésemos teología, ya no seríamos ángeles.

Razón que le sobraba. Si las flores supiesen botánica, ya no serían flores. La niña, morena y morita, como tengo dicho, más o menos, se parecía mucho al *Angel* de Murillo, con todos aquellos amarillos de la ropa y el sol —el sol que daba en el noveno coro— redimiendo su morenez.

—Vente conmigo, Francesillo.

Estuvimos en unas trascocinas que había al fondo de una de las galerías del noveno coro, y allí mi Ángel de la Guarda, con prontitud de manos y levedad de hábito, me hizo la cosa tan felizmente como si ella fuese Teresita Rodríguez y estuviéramos en el Frondor, de modo que con mi Ángel de la Guarda aprendí realmente a fornifollar, a la edad de años once, y el ángel gemía en el trance, y cualquier cosa le iba bien, penetraciones de oreja, nariz o boca, hasta que mis mil agresiones de mano, boca y obra la dejaron rendida en una banqueta, junto a la triste trascocina, donde daba un rayo de luz de otro sol (el sol de los bienaventurados), y luego me dijo, arreglándose el ropamen:

—Ay, Francesillo, que ya me sé mujer para siempre y no hay duda sobre el sexo de los ángeles.

Momento en que quise enjuagarme en el fregadero de la trascocina partes y boca, si ella no lo hubiera hecho con la suya.

Me llevó de la mano, como el *Angel* de Murillo a su niño, por entre los corros y gentes del noveno coro, y todos se ponían de pie para el *Angelus* de Millet, que no otro, y que sonaba allí mismo, tan cerca del cielo. Estuvimos reverentes y con la cabeza decapitada de piedad.

—¿Y para follar tampoco te quitas las alas? —le pregunté a mi Ángel/niña.

—Las alas no se quitan, Francesillo. Son naturaleza de mi naturaleza. Y, por otra parte, tú y yo no hemos follado, como dices con palabra de allí abajo, sino que, al fin, como era inevitable, nos hemos conocido según la carne y según el alma, profundamente, para que yo pueda custodiarte eternamente en esta vida y en la otra, que ya es ésta, como ves.

—Me parece que, para ser Ángel, sabes demasiada teología —bromeé, recordando su desprecio angélico de los teólogos.

—Y tú, para ser monacillo, sabes demasiada jodienda, niño.

Íbamos como dentro del cuadro de Murillo, sonrientes y felices, preparados para peligros que no existían, interiores a un clima amarillo y penumbra, y la niña tenía andares y sandalias de niña, cuando me llevaba de la mano por entre los grupos, aunque me inquietó un poco la facilidad con que la acariciaban y pellizcaban tahúres y ociosos. Mi Ángel de la Guarda era allí un habitual.

«Esto no tengo que decírselo nunca a Teresita Rodríguez —pensé—; o sea, que me tiro a mi Ángel de la Guarda: claro que tampoco se lo creería, porque esto es una cosa de la otra vida, y Teresita sigue en la vida de allá abajo, entre monjas y pavos reales.» Y me entró, de pronto, una punzada de nostalgia por la vida de la carne, verdadera y municipal, como la vivíamos en el Frondor. ¿Qué es mejor para el sexo, una niña o un Ángel, aunque sea el de la Guarda? Quizá Agustinito me lo explicase bien, con tanta teología.

Doña María Sanmanuel Martinmorena tomó de huésped al moro que había/habíamos conocido en el sarao de doña Alfonsa la Millonaria, y nos contaba por las noches, en casa, cuando bajaba o subía a jugar a la brisca, que era un moro muy educado, que dejaba el caballo en Caballería, o sea en la Remonta, todas las noches, y se presentaba de uniforme —turbante de gasa, gumía atuendaria, decorativa, capa blanca, botas con la puntera levantada—, ya hacia la madrugada, sin hacer ruido, y se metía en su cuarto a dormir.

—Si viviese aún María del Reposo, yo estaría en un grito —nos explicaba doña María—, porque seguro que el moro entraba una noche a forzarla, aunque nunca se sabe si estos moros hacen a mujeres o a hombres; pero así, estando yo sola, vivo tranquila, porque no creo que vaya a fijarse en mí, con los años que tengo.

O sea que doña María se quedaba despierta o levantada hasta muy tarde, espiaba al moro, llena de miedo o de deseo, o de ambas cosas, en su camisón pamplonica, vigilaba si el moro le robaba algo de la plata de la casa, que era mucha, aunque no tanta como parecía, e incluso puede que le espiase por la cerradura, para verle desnudo, fuerte, joven, exótico, poderoso.

Yo de doña María Sanmanuel Martinmorena ya me lo

creía todo. Le temblaban ligeramente en las manos las cartas de la brisca, cuando nos contaba o sugería su asechanza del moro de la escolta, a altas horas. Esta tía se está encoñando con el moro, pensaba yo. Esta tía es más puta que las gallinas. Incluso se retiraba de la brisca antes de lo acostumbrado, ganase o perdiese (antes, no le gustaba retirarse sino cuando iba ganando), «por si llega el moro y no me encuentra en casa». Pero el moro nunca la encontraba en casa ni tenía por qué. El moro (que, por otra parte, no se sabía muy bien qué seguía haciendo en la ciudad, después de la guerra, con algunos otros moros, aunque alguna explicación se ha dado aquí) tenía su propia llave de la gran casa y no era consciente, sin duda, del espionaje a que le sometía su anfitriona. Pero todas las conversaciones de doña María se movían ya en torno del moro: que tengo que tener agua caliente para que se bañe el moro, usa el baño grande, yo no había vuelto a abrirlo desde que murió el difunto, y María del Reposo usaba el baño pequeño de su cuarto, abultaba tan poco, la pobre, en cuanto a mí, ya saben que me lavo en la cocina, una vieja tiene ya poco que lavarse, ni siquiera echo la aldabilla, cualquier día entra el moro a buscar algo y me sorprende, Jesús, Jesús...

Alejandrito era hijo de soltera altiricona y ya entrada y de viajante de comercio, pequeño y redicho, casado con ella en segundas. Alejandrito, cuando nos conocimos, de niños, llevaba un trajecito azul, de punto, con borlas coloradas que a mí me hubieran dado mucha vergüenza. Alejandrito era tartamudo, inteligente, irónico (como casi todos los tartamudos), altiricón como su madre, y triste. No puede decirse que nuestra amistad se moviera al compás del tiempo, sino que un día, siglos más tarde, volvimos a encontrarnos, ya adoleseentes, e hicimos una amistad nueva, como si no nos hubiéramos conocido nunca, sin hablar para nada de los comunes juegos infantiles. Ahora compartíamos la pasión por la radio, los tebeos, la pintura de Dalí, la actualidad, la prosa de Fernández Flórez y la ironía oblicua sobre el Sistema o, más concretamente, sobre los chicos de nuestra generación que los domingos se vestían un híbrido de *boy/scout* y fascista para irse a la Fuente del Sol a pegar gritos patrióticos, como si la patria no fuera una cosa evidente y de todos los días, que estaba aquí mismo.

Alejandrito tenía el pelo rizado, la conversación espumeante, la estatura incierta y larga, la piel morena y la gracia inesperada. Quizá era un dulce judío malogrado por el cruce de yeguona soltera, madura, y semental en decadencia, más libidinoso que poderoso, seguramente.

Eran rojos, pero rojos de entonces, o sea que iban mucho a San Miguel, quizá para que les viesen, y en los días de gran solemnidad, cuando yo oficiaba de monacillo, el viajante de comercio me decía, con una sorna que era la que había heredado Alejandrito:

—Hoy has tenido un lleno, Francesillo.

Uno se ve en los amigos, no sé si lo he escrito ya en estas Memorias. La adolescencia está necesitada de espejos y cada amigo es nuestra figura o contrafigura. Yo, a Alejandrito, no sé por qué, lo veía ya, previamente, como la frustración de mí mismo, como un yo frustrado. En mí se iba a lograr, quizá, lo que en él estaba ya fracasando, visiblemente. Con otros amigos ocurre justamente al contrario. Nunca se sabe.

Iván Mateo era el artista de mi calle. Iván Mateo tenía un taller amplio, profundo, y un cartel en la puerta que ponía «Escultura y Talla. Arte Religioso». Iván Mateo no era nada religioso, ni tampoco era muy artista, sino que más bien era un ebanista inspirado que, entre la tradición de Juan de Juni y Gregorio Fernández, le había dado un carácter gremial, casi medieval, a su taller de talla.

Iván Mateo tenía la cara entre chino y boxeador. O sea que era chato y feo, y hasta puede que un poco soez. Pero su taller estaba instalado entre la parroquia de San Miguel y el Arzobispado, como mi barrio todo, de modo que recibía muchos encargos religiosos para reparar un santo, inventarse otro o sacar una Virgen del modelo de una señorita puta que él frecuentaba por entonces. Más o menos, dicen o decían que el Greco se sacaba los ángeles estilizados y ascensionales de las criadas toledanas que se beneficiaba en su estudio. Y esto se comprueba, más que nada, por las pantorrillas tan terrenales de dichos ángeles, pantorrillas musculadas de subir y bajar las cuestas de Toledo.

Mi ciudad tenía pocas cuestas. Iván Mateo, con su nombre ruso y su nariz de boxeador sonado, dirigía todo un equipo de artistas jóvenes y viejos, que se inventaban santos con la misma minucia y propiedad que los viejos artesanos. A mí, de pequeño, Iván Mateo me había dejado jugar en un su taller, entre vírgenes incipientes y apóstoles mancos. De mayor, yo entraba algunas mañanas, o algunas tardes, en el taller/estudio de Iván Mateo, donde siempre sonaba el golpe de la gubia o el escoplo contra la madera (latido de nuestras tardes estivales, de nuestras siestas, de nuestros largos inviernos, por sobre el rezo de las teresianas o el canto de las modistas, las tías de Ana, Anita, la novia ahogada de Davidito, que estaban ya muy prometidos). Y comprobaba yo cómo aquel hombre iba reproduciendo, sin sintetismos modernizantes, el oficio de sus antecesores de varios siglos, y no tanto por fidelidad como por ignorancia. Hay ignorancias que pueden ser, casi, una forma menor de inspiración. Si Iván Mateo hubiese estado al tanto de lo que era la escultura moderna (incluso la escultura religiosa), no habría podido ya trabajar así.

Su voluntaria o involuntaria ignorancia de lo que se hacía en el mundo le permitía trabajar en lo suyo con fe (con fe en el oficio, sin fe en la fe), ciegamente, cumplidamente, hermosamente. Y silbaba cosas mientras trabajaba, echando, con el silbido, un aire de tabaco y hombre golfo, porque Iván Mateo, como casi todos los artistas piadosos, era golfo y soltero.

Siempre había envidiado yo al creador plástico, que puede incluso silbar o cantar mientras trabaja, que se maneja con los materiales primarios de la naturaleza, y no con esa convención de convenciones que son las palabras. De modo que me gustaba estar un rato al lado de aquel hombre (aunque aquel hombre me repelía un poco), como Rilke (con perdón) se estaba viendo trabajar a Rodin.

—Francesillo, tú que vas para académico de Bellas Artes de la Purísima Concepción de Valladolid, a ver si un día hablas de mí en el *Diario Pinciano*, coño.

Iván Mateo, efectivamente, vivía en el anonimato de los artesanos medievales, pura colectividad, pero, por otro lado, era ya un hombre moderno, peinado con el pelo en montículo por delante, según la moda del cine, y quería una porción de gloria que la Iglesia le negaba, la Iglesia se negaba a darle. O ni siquiera pensaba en ello. La Iglesia siempre ha preferido artistas anónimos (no gusta, en el fondo, de la gloria de Miguel Ángel o Leonardo), pues que sus representaciones religiosas las quiere exentas, inmanentes, sin origen, como venidas de Dios mismo, caídas del cielo, y no fabricadas por los hombres. Un Dios fabricado por un ebanista siempre es menos emotivo que un Dios que se aparece en un artesonado, porque sí.

Iván Mateo, cuando se iban los oficiales y aprendices, dejando sus guardapolvos grises y marrones colgados en una percha como de colegio, se decía que acostumbraba a recibir allí alguna señorita del barrio, o alguna criada, lo que le iba saliendo, y que Cristos y samaritanas tenían que asistir, desde su perplejidad de madera, a las lujurias del artista. Incluso se hablaba de orgías, de reuniones colectivas en que las solteronas del barrio, las criadas de pueblo, Iván Mateo y sus amigos (todos industriales enriquecidos por el estraperlo), vivían desnudos una ordalía de vino de Cigales y sexo, a la luz de candelas bajas, cuidando mucho de no prender la madera sagrada de los buenos encargos, y era cuando las figuras de la Pasión y los retablos barrocos cobraban vida de luz y carne contagiada, confundiendo sus formas y abultamientos con las despojadas formas del pecado.

Nunca me invitó Iván Mateo a ninguna de sus fiestas nocturnas, que se daban orilla de mi casa, o que quizá no se dieron jamás y eran imaginación de las gentes. En todo caso, el taller de Iván Mateo iba teniendo una leyenda sacra y maldita (estas cosas suelen ir unidas), y el golpeteo rítmico de la gubia marcaba las horas de mi calle, de mi barrio, desde la infancia, con una pertinacia artesana, gremial y honrada (honradez de la madera) que venía como del fondo de los siglos, dándonos a todos, inadvertidamente, seguridad y paz. La gubia de Iván Mateo era el corazón latiente y macho de mi barrio.

ARCÁNGEL. *Archange. Arcangelo. Archangel. Archággelos.* Todas estas cosas y más era san Gabriel, o sea una maricona en muchos idiomas. Espíritu bienaventurado de orden inmediatamente superior a los ángeles, y que, por tanto, pertenece al octavo coro de los espíritus celestes. Según el Apocalipsis, hay siete arcángeles que asisten a Dios (VIII) en su trono.

La Iglesia da culto a tres: Miguel, Rafael y Gabriel. A mí me interesaba especialmente el Arcángel san Rafael del Museo Virreinal de Cuzco, que evidentemente es una muchacha, como mi *Ángel de la Guarda*, pintado por Murillo y exhibido en la remota catedral de Sevilla, Giralda por nombre popular. Es una chica con cara de tonta cachonda que también tiene un pez en la mano, por las agallas (un gran pez), y nunca he entendido este extraño comercio de los ángeles/arcángeles con los peces.

Gasta alas, y un inicio de pantorrilla, entre el faldellín de casulla y la bota bordeada de seda, que no deja lugar a dudas; es una tía. San Rafael me parece que sale, no me recuerdo ahora bien, en algunos poemas de Lorca, pero es lo mismo: el prestigio lo lleva consigo.

Me preguntaba yo si el famoso litigio de Trento, o de donde fuese, sobre el sexo de los ángeles, no nacía, más que de éstos, nunca vistos, de las representaciones que los artistas del mecenazgo hicieron de ellos.

En cuanto a beatificar a don Luis, lo miré por los libros y parece que se trataba de «hacer respetable o venerable una cosa». Don Luis era ambas, salvo lo que yo me sabía.

Para ser beato de la Iglesia, tiene que declarar el Sumo

Pontífice que algún siervo de Dios, cuyas virtudes heroicas han sido previamente calificadas, goza de la eterna bienaventuranza y se le puede dar culto. O sea que don Luis tenía que morirse. El beato se ejercita en obras de virtud y se abstiene de las diversiones comunes. Luego venía lo peor: Beatón: hipócrita, santurrón.

Y me pareció, en un repente, que esto era lo que mejor le iba a don Luis, sólo que había que olvidarlo —un mal pensamiento del demonio—, ya que tal pensamiento pondría en peligro mi fe, mi entusiasmo, mi denuedo, mi voluntarismo por don Luis, que me atrevo a decir hoy, más las limosnas y otras sustantivas caridades. Así las cosas, teníamos en la parroquia una criatura beatificable —venero insondable de pesetas como el Santuario Nacional de la Gran Promesa, nuestro adversario local— y varias criaturas beneficiables: mi Ángel de la Guarda, que era chica, san Gabriel, que era buja, Teresita, que iba a confesarse en pecado y salía con más pecados, y en este plan.

Lo que me puso en mayor curiosidad fue el octavo coro, tan nombrado, y que debía de ser aún más disoluto que el noveno, pues que estaba menos regido por la cercanía de Dios y de Millet, el pintor academicista que pintó un *Angelus* inmortal.

Al octavo coro había que subir alguna vez —todo era encontrar, desviándose de la escalera de caracol del campanario, la escalera de los traspatios—. No se me apetecía a mí subir con san Gabriel, muy puteado ya en el noveno coro, por bujas y burleros (gente del burle), ni tampoco con el torero Barbas, que se habría puesto imposible de vino consagrado y habría montado el número pidiendo a todos con su castoreño. (La mendicidad es una exquisita inercia, como la galantería.) Ni tampoco con nadie, salvo con Teresita Rodríguez, en todo caso, a quien me gustaría ir descubriendo los secretos del Cielo, como ella me había descubierto a mí los del Frondor, que venía a ser lo mismo, pero con pavos reales.

Teresita, como una Beatriz inversa, subiría una mañana o una tarde, de mi mano, al octavo coro y yo sería el Alighieri (tan leído en la infancia, con voluntad y ayuda de mamá) que descubriese a la jesuitina la verdad resplandeciente y tahúr de los cielos.

El cielo era el Frondor, pero en la otra vida. El Frondor era el cielo, pero en municipal. Unas tardes iríamos al cielo y otras al Frondor.

Por entonces andaba apareciéndose mucho por el país la Virgen de Fátima, venida en vuelo de Portugal, y fue cuando se casaron Davidito y Ana, Anita, la niña ahogada de las modistas, que pereció en La Concha de San Sebastián, un verano, en excursión de la Sección Femenina, e iniciaría nueva vida en la ciudad, ido su novio cómico a Madrid en el tren tranvía, como novia de mi amigo. Les casamos en la parroquia de San Miguel, que era la de ella, y digo les casamos porque yo oficié de monacillo, aunque ya un poco entrado, don Lince desbordó su órgano en una deflagración de cielos entre wagnerianos y católicos, entre operísticos y escriturísticos, y don Luis, el coadjutor que iba para santo o para muerto, les echó las bendiciones con mucha calma y sabiduría.

Presentes estaban don Pío XII, al que sólo Agustinito y yo veíamos en la lucerna más alta, la Virgen de Fátima, en imagen local, quizá de Iván Mateo, doña María Sanmanuel Martinmorena, con su moro de la escolta, y «Millán Astray», o el caballero mutilado de este apodo, que, en todo caso, recibía los honores y palios del propio Millán —¿y no lo era?—, en un reclinatorio adelantado del resto de la feligresía, casi detrás de los contrayentes, en el que reclinaba sus dispares mitades, con un rosario en la mano y la pistola contra el muslo izquierdo, todo reflectante de cruces de hierro y ojos de vidrio cuando los candelabros confluían sobre él.

Allí estuvieron todos los del grupo, que aún no habían muerto los matados en estas Memorias (resultado de mis diarios íntimos de entonces), como Zequiel Zamora, Lucio Alfil y Culo Rosa, en nube con otros de menos merecimiento, y, en el lado de las mujeres, doña Alfonsa la Millonaria, la primera (no recuerdo si separada de Culo Rosa por el protocolo de la Iglesia o porque ya habían terminado los amores y amoríos de la pareja). Tras doña Alfonsa, la madre de Davidito, hecha un llanto, apuntalada por las modistas tías de Anita, que, para muerta, como ellas decían, no había hecho mala boda. Pepe Zaratán pidió tocar un poco de Bach en el órgano, en homenaje y desagravio de su amigo y rival, con esa generosidad que dan las grandes efemérides, y se le concedió, aunque a la feligresía le gustaba mucho más la manera balsámica y confusa de don Lince.

Honorato rezaba, Loyola López cuidaba el protocolo de la misa como un protocolo palatino. Maripi Almenara estaba junto a él, y esto me producía dolor (habían cruzado juntos la barrera del sonido, el amor, la velocidad, la infidelidad, la vida y la muerte, en una Harley-Davidson). Preciado, con escepticismo de estraperlista putañero, estaba en una boda más que en una iglesia, persuadido, sin duda, de que su insistencia le había ganado la igualdad entre los exquisitos. Javi y la princesa Seina de Polignac (la que detentaba el título aquel año), al fondo de la nave. Alejandrito y su madre, altiricones, flanqueaban al pequeño viajante de comercio. María de Plata, Carmen la Galilea y otras meretrices se agrupaban, con negrosidad medrosa, en torno a la gran pila románica de agua bendita, apagadas por sus velos breves, con ese infinito respeto que las meretrices muestran siempre en las iglesias. Luis López Álvarez y José Manuel Capuletti conversaban en susurro, muy al fondo, con Nicomedes Sanz y Ruiz de la Peña. El cronista de ciclismo del *Diario Pinciano* tomaba apunte de todo para las notas de sociedad. Vino Cacho, con su trípode y su magnesio, con su trapo negro y su manga plegable, e hizo unas fotos, primero de la pareja y luego de algunos asistentes, con esa implacabilidad de los fotógrafos/cronistas, que eligen descaradamente al personaje e ignoran al resto. Así, sacó el primero a «Millán Astray», luego a doña Alfonsa y luego a Lucio Alfil, que había triunfado en Madrid. A los demás nos despreció. Rufo el Barbas me ayudaba en mis ayudantías. San Pedro de Arlanza se fumaba un cigarro entre cortinas, venido de su hornacina de la sacristía. Bajaron ángeles, arcángeles, dominaciones, tronos, querubines y serafines de todos los coros, incluso del noveno, a más de algunas putas celestiales, y el arcángel san Gabriel, o el que fuera aquel arcángel de la derecha del altar, con su pez en la mano y sus muslos de viejo barniz, acariciados furtivamente por don Luis, el coadjutor, alguna noche, sonreía de la ceremonia. Luego se fueron todos a un hotel a celebrarlo. Yo me cambié en la sacristía, de prisa, por reunirme con ellos. Davidito estaba blanco como un tenor adolescente y mortal. Ana, Anita, tenía esa alegre juvenilidad de las muertas vivas, y sus tías, las modistas, le habían hecho un modelo combinado de varios figurines de novias. Mi bisabuelo, ya muerto por entonces, y camino de la beatificación, estaba en su urna de cristal, en una capilla, vestido con su traje de montar, como el Cristo yacente de Gregorio Fernández (se parecían), pero de paisano. Cristo, aunque esté desnudo, va siempre de Cristo. Así son los líderes. Don Pío XII había desaparecido de la lucerna. Davidito y su mujercita partían para una lejana cabeza de partido judicial, donde él había sacado las oposiciones de profesor de música en un Instituto de Enseñanza Media.

La sillería del coro de la catedral de San Miguel tenía escenas bíblicas para apoyar la cabeza (no sé cómo la apoyaban aquellos santos varones en los pechos de Eva, tan pugnaces, según Berruguete), y tenían fieras y monstruos para poner y descansar las manos. Yo me subía al coro, a veces —el erotismo del retablo ya me lo sabía: Adán mordiéndole los pechos a Eva (cosa cancerosa que no debe hacerse)—, por ver y oír tocar a don Lince, y por ver, sobre todo, el espectáculo del cielo desde la tierra, o a la inversa.

El Alzar se hacía en silencio absoluto, contra lo que se diga aquí en algún momento, por ignorancia y recuerdos equivocados. Luego entraba un poco de todo. Wagner para los momentos grandiosos y juicios finales.

Chopin para los momentos místicos y comunión de primeras comulgantes, entre las que esperaba ver a Teresita Rodríguez, que no la veía nunca.

Aquella música no era religiosa, o apenas (tocaban hasta el Himno Nacional, que tenía dos letras, religiosa y patriótica), pero don Lince, con su entusiasmo, con su fe, con sus raptos de maricona y su pasión de músico frustrado, me conmovía, así, visto de espaldas, frente a la grandeza barroca y falsa del altar mayor, frente a las grandes lámparas, creyendo en lo que hacía y creyendo que lo que hacía era importante. Dicen los agnósticos pedantes que no hay música religiosa, salvo alguna música de encargo. (Esto era muy del profesor de modelado de la Escuela de Artes y Oficios Artísticos, por donde anduve algún invierno, antifranquista de derechas y bohemio con buen patrimonio familiar: mal artista.)

Efectivamente, no hay música religiosa, toda la música es religiosa (basta para esto con tocarla en una iglesia y a efectos religiosos), pero don Lince, con su fe, su entusiasmo, su creencia (creencia en Dios o creencia en la música, viene a ser lo mismo), hacía verdaderos aquellos aquilones teológicos del órgano, aquellas unciones chopinianas del coro de las vírgenes necias, que yo, por cierto, urgía en visitar.

De la música de Verlaine, francés, cojo y buja, seguía naciendo «toda cosa».

Las dominaciones estaban en el cuarto coro. Eran unos ángeles con más soberbia que belleza, con más violencia que gracia, con más vuelo que aire.

Algún día subí hasta el cuarto coro del cielo, por la escalera de caracol del campanario, hasta dar con el cuarto coro, más allá de unos galpones, que dicen los argentinos —¿y quién nos asegura que el cielo no es una cosa argentina, como la pampa?—, y vi que aquellos ángeles, más que belleza, gracia o pureza, tenían voluntad de poder. Cada uno de ellos era como si hubiera leído a Nietzsche —tan vetado por los *Indices* del cielo—, y hasta alguno se parecía un poco a Nietzsche —ángeles maduros— en lo loco de la mirada.

Hasta vi algún ángel/dominación con espada de sangre, y era frecuente entre ellos la reunión de espadones, como en un patio de cuarteles:

—¿Y ese mierda de monacillo quién es?

—Es de abajo, de la tienda. Francesillo.

—¡Francesillo, otro litro de vino de consagrar!

Así me iba manteniendo en el cuarto coro, que era militar y conspiratorio como un cuarto de banderas. Pero pronto me cansé de hacer allí de chico de los recados.

Las dominaciones leían *El Debate* de Gil Robles.

Así es como mi parroquia se me engrandeció en metáfora de la Iglesia total, universal, ecuménica. Y a medida que veía más grande la causa de la Iglesia, veía más pequeña e imposible la beatificación de don Luis.

Así es como mi parroquia, provinciana y tardobarroca, se me engrandeció en metáfora del cielo, donde real y verdaderamente estábamos, vivos o muertos, vivos más allá de la muerte. Quizá yo era uno de aquellos niños que se morían de fiebres, por los veranos, y los llevaban a enterrar de blanco (como yo había ido a otros entierros de compañeros de colegio), con todo lo blanco de las maderas, las cintas y las flores claveteado de moscas. No hay como estar en el cielo para desengañarse del cielo, y yo estuve demasiado pronto, pero de esto tampoco quiero sacar conclusiones ateas ni agnósticas ni pesimistas, ni, lo que sería mucho peor y más dañino, luteranas.

Potestades. En la teología católica, espíritus bienaventurados que ejercen cierta ordenación en cuanto a las diversas operaciones que los espíritus superiores ejecutan en los inferiores. Forman el sexto coro. Al sexto coro decidí subir un día con Teresita Rodríguez:

—Teresita, que he descubierto la escalera que lleva a los coros celestiales.

—¿Es muy pina?

—Es bastante pina, pero creo que podrás subirla.

En la *Comedia* del Alighieri, que mamá me había dado a leer por aquel tiempo, o hacía miles de tiempos, Beatriz llevaba de la mano a Dante, hasta los cielos. Yo era, ahora, la Beatriz inversa que llevaba a Teresita al sexto coro, desviación de la escalera de caracol del campanario, por unos escalones pinos, hasta salir a aquellas galerías cuadradas, populosas y bulliciosas, donde estaban las potestades comiendo, bebiendo y fornifollando. Anduvimos por allí levemente, cogidos de la mano, sí, con intención de sombras.

Algún ángel centurión se nos cruzaba:

—Son muy guapos estos ángeles —dijo Teresita.

Comprendí en seguida el peligro. Comprendí en seguida el error. He comprendido en esta vida, ya desde niño, que pasear la hembra propia es perderla. Mejor pasear la hembra de otro, y que la pierda él, que ya la tiene perdida. Las mujeres son mudables como ángeles y los ángeles son maricones como mujeres. Con la mujer de tu prójimo siempre te irá mejor que con la propia. Por si acaso. Aquello del sexto coro era un puterío.

—Podíamos quedarnos aquí y estar tan a gusto como en el Frondor —me dijo Teresita—. Yo, después de todo, ya he hecho novillos en el cole.

Pero yo temía que mi Ángel de la Guarda pasase por allí, sobrevolando, y me cogiese en fornicio con Teresita, que el sexto coro tenía muy amplios y gustosos canapés (el sexto coro tiraba un poco a Segundo Imperio), aunque polvorientos, para el fornicio. Y no hubiera querido yo perder la protección celestial, más el comercio carnal, con mi Ángel hembra de la Guarda, tan morita de Murillo.

—No, mujer, sería profanación —le dije a Teresita. Y la bajé de la mano por las escaleras pinas y oscuras, mientras a ella se le volvían los ojos hacia los musculados ángeles potestativos del sexto coro.

Iba yo comprendiendo que, entre ángeles ambiguos y mujeres angélicas, mi vida iba a ser un castigo.

LAS LLAMAS PROFANABAN LA NOCHE. El Antiguo y el Nuevo Testamento ardían en hoguera como de Sodoma y Gomorra, pero todo en mi barrio sencillo y dormido. Vírgenes, Cristos y Apóstoles se desnudaban en la orgía del fuego, por entre la gente desnuda que había reunido Iván Mateo en su taller.

Una candela perdida, en fin, había prendido fuego a la madera, en noche de gran juerga, y a los quemados y heridos los fue sacando la Cruz Roja (que tenía su hospital justo detrás de nuestro barrio, dando con el huerto/jardín de Teresita Rodríguez). Era tan urgente e importante curar las quemaduras de primer grado a doña María Sanmanuel Martinmorena como restaurar la Virgen de los Cuchillos o de las Angustias, que se había quedado sin una mano y sin media cara.

El fuego blasfemaba contra la sacralidad estrellada de lo negro. Todo el incendio fue una blasfemia en la beata noche de mi barrio, cuando doña Alfonsa la Millonaria dormía entre holandas y hopalandas de castidad, cuando las teresianas en su convento y las modistas, tías de Anita, en su soltería, dormían el sueño sin sueños de las vírgenes. Sí, allí estaba doña María Sanmanuel Martinmorena, con el moro de la escolta, que la sacaron casi desnuda, y allí «Millán Astray», con la Formalita, emperatriz de las putas de mi ciudad, y, naturalmente, Iván Mateo, que fue el que mejor se moviera entre las llamas, salvando gente y acudiendo a todo, con María de Plata y Carmen la Galilea y la Gilda, desnudas, que le ayudaron en la catástrofe con ese espíritu sacrificado que tienen las mujeres de la vida. Allí estaba Lucio Alfil con unos efebos que solían posar de san Juanín, el discípulo amado de Cristo, y Zequiel Zamora con una puta borracha, y Culo Rosa con una puta experta en felaciones. El fuego, sí, era una blasfemia roja contra el manto de Dios, extendido y estrellado, que era la noche en mi barrio.

También había una primera doncella de doña Alfonsa la Millonaria: la Ignacia.

Doña Alfonsa la Millonaria dio cuenta a sus capitanes generales y deanes de la catedral semiherreriana, y parece que la hija de doña Alfonsa preguntaba datos sin cesar, sobre los detalles lujuriosos de la orgía. Doña Alfonsa la Millonaria metió a su primera doncella (la que más me había gustado a mí la noche que fuimos a pedirle perejil, con doña María), en un reformatorio de jóvenes, pero estaba embarazada, y doña Alfonsa mandó, cuando el hijo lo hubiere, que se le enviase al hospicio, que estaba por San Nicolás.

A Iván Mateo le hicieron reformar y recortar el letrero de su estudio: «Escultura y Talla. Arte.» Así quedó, suprimido lo de «religioso». Pero los santos se los seguían encargando igual, porque no había otro o porque era el mejor, o porque le debían mucho dinero en apóstoles.

Doña María Sanmanuel Martinmorena dejó por un tiempo de bajar a casa, por las noches, a jugar a la brisca. Mientras estuvo en la Cruz Roja, curándose de las quemaduras, mamá y yo fuimos a verla, pues que mamá, aunque jamás jugó con ella a la brisca en la cocina, ni gustaba de la cocina ni de la brisca ni de doña María, consideró, no sé por qué, necesario y digno solidarizarse con la quemada, frente a la omnipotencia de doña Alfonsa la Millonaria.

Una había elegido un moro y la otra un escritor. Tampoco era tanta la diferencia, como decía mamá. Luego, la vida siguió en el barrio, tras aquella noche en que bajara fuego del cielo para castigar los lenocinios de Iván Mateo y sus apóstoles, vírgenes y vecinas, porque la vida sigue siempre, y cuando la gubia del ebanista gremial y religioso volvió a sonar acompasadamente en el silencio de mi calle, curado ya Iván Mateo de sus quemaduras, ni siquiera pensamos en que aquello era una reanudación, sino más bien que el tiempo se empalmaba al tiempo. O ni siquiera pensamos nada.

Peor le había ido a Lucio Alfil con su academia de gimnasia rítmica para muchachos y con su ciclorama. Mi ciudad era implacable condenando relapsos. Iván Mateo, a pesar de todo, no volvió a ser el que había sido. Perdió clientes y discípulos. El taller, desde la calle, se veía negro de hollín. El fuego había estofado de fealdad la cara fea de Iván Mateo, el escultor chato.

Mi ciudad castigaba la lujuria, en cualquiera de sus extremos, con plagas del cielo. Iván Mateo, demediado y un poco solitario, trabajaba en su taller (oía yo el ruido de la gubia, desde mi mirador/comedor/estudio, mientras redactaba la carta semanal a Hedy Lamarr o los diarios que dan base a estas Memorias) y silbaba con mucha propiedad, en el silencio del mundo, *Angelitos negros*, de Antonio Machín.

La primera en reparar fue la panadera, aquella cigüeña virgen y friolenta. Que doña María no ha aparecido por aquí en toda la mañana, Francesillo, ni la he visto pasar al mercado. En los tiempos de María del Reposo, ya se ha dicho, doña María Sanmanuel Martinmorena y su pupila hacían larga tertulia de brasero con la panadera, dando conversa y párrafos (mayormente doña María) a toda la clientela que iba pasando por el despacho de pan. Aquello terminó con la muerte, ya referida en esta crónica, de la dulce señorita puta María del Reposo, pero doña María siguió, naturalmente, pasando todas las mañanas por la panadería, de ida o vuelta del mercado, a comprar el pan, y su presencia era cosa que no se olvidaba ni confundía. Desde que tenía en su casa al moro de la escolta, como lo llamaban ya en el barrio, doña María gastaba más pan.

Y he aquí que el moro también había desaparecido:

—Esta mañana no se le ha visto pasar a caballo, camino de Capitanía.

El moro de la escolta, pasando a caballo, camino de Capitanía, a las ocho de la mañana, todo blanco, del turbante a las botas, y con capa blanca, en su caballo negro, era ya una lámina gloriosa y cotidiana de mi barrio.

—A lo mejor la ha raptado a caballo —dijo en la panadería una primera o segunda doncella de doña Alfonsa, que no era la de la preñez y la orgía, sino otra más anovelada.

No parecía la cincuentona/sesentona doña María presa tan loca para el moro. Y entonces es cuando todos empezamos a sospechar lo insospechable: el moro la había matado. La mañana transcurrió en rumores y a primera hora de la tarde me delegaron, las fuerzas vivas del barrio, para subir al piso de doña María y tocar el timbre, como visita de confianza que visitaba mucho, más que a la viuda, su museo militar en pequeño —vitrinas/recuerdo del difunto—, por las que yo reproducía (para mis cuadernos) la intrahistoria de los Ejércitos españoles, al igual que el antropólogo reproduce el dinosaurio por una sola vértebra, con precisión de época, edad, sexo y tamaño. Mis timbrazos sonaban extraños en la amplitud de la vasta escalinata de madera fregada y barandilla encerada. Consideré mi propia casa a la luz de un crimen.

—No sale nadie.

—Pues hay que dar parte en los Juzgados —dijo don Cristóforo, normalista con clases a domicilio, hombre recto y de derechas.

Se daba por supuesto que yo, quizá por ocioso, quizá por amigo y cómplice de doña María Sanmanuel Martinmorena (cuando no era una cosa ni la otra), resultaba el comisionado para las gestiones. Los barrios siempre se buscan un hombre/gestión para estos casos. Me había tocado a mí. De modo que me puse mis guantes amarillos (encontrados por casa, quizá femeninos), mi abrigo con cuello de rizo (dado la vuelta), aquel abrigo/tabardo/levita, como de vago poeta romántico, para ir andando hasta los Juzgados, que estaban por San Pablo.

Los Juzgados eran una oficina como otra cualquiera.

Un hombre con chaqueta de cuadros escribía en una

vieja Underwood de antes de la guerra, y recibió mi alarma de la desaparición de doña María con el mismo tedio cortés que si se tratase de un expediente o una petición de partida de nacimiento.

—Bueno, ahora desaparece mucha gente.

O sea que, concéntrico al orden franquista, había en aquellos años cincuenta un desorden interior que se asimilaba, se propiciaba o se callaba. El empleado tomó nota de todo y quedó en que a media tarde se pasarían unos inspectores por allí. A mí me hubiera gustado descubrir en aquel hombre los indicios de un detective de novela policíaca (aún leía muchas por entonces: Edgar Wallace, Harry Stephen Keller, Maxwell Grant), pero el funcionario, salvo que fumaba en pipa, no parecía esforzarse en superar su condición de tal.

Los policías llegaron al barrio ya entrada la noche, con gabardinas y linternas (era invierno), como auténticos policías de novela, y me designaron a mí, que era el denunciante, para guiarles hasta el piso de doña María (que, naturalmente, seguía sin aparecer, como tampoco el moro). Era noche de apagón o restricciones de luz, cosa muy de la época, de modo que nos movimos en el ballet brusco y dramático de las linternas y las sombras. Como nadie contestaba, forzaron la puerta con una ganzúa. A la luz nerviosa de las linternas, se veía el piso volcado, desordenado, con las vitrinas por el suelo, los cofres abiertos, los arcones caídos, las cortinas desgarradas, los uniformes entrapajados y las últimas monedas del general (que yo había visto rodar, como queda dicho, de los bolsillos del pantalón, casualmente), brillando en el suelo.

A la luz de las linternas policíacas, movieron su susto negro las cucarachas de la cocina. Bajo aquellos hachazos de luz de la linterna, la casa de doña María, tan conocida para mí, me parecía otra casa. Jirones de cortinaje, oros inesperados, trasalcobas que nunca habían estado detrás de aquellas alcobas, vitrinas sólo de luz, pasos sólo de sangre.

O bien, lo muy cotidiano: los garbanzos asados sobre el fogón de la cocina. Era lo que comían las viudas de los héroes de la guerra, de los muertos invictos. Franco no sólo ganó una guerra, sino que la ganó barata: siempre había pagado poco a sus hombres.

A la derecha del pasillo central, la alcoba que había sido de María del Reposo, y que luego ocupó el moro. La alcoba de alquilar. Allí el desorden llegaba a lo tempestuoso. Sobre una mesa había un libro con procedimientos para ahorcar a la gente. A la derecha, la cama estaba volcada y, bajo colchones, mantas, sábanas y colchas, en una dificultad de ropa y sangre, apareció el cuerpo de doña María, con las faldas subidas hasta los violáceos muslos, como a ella le habría gustado exhibirlos en vida. Doña María estaba ahogada, estrangulada, asfixiada, muerta de varias muertes. Las linternas recorrían aquel cuerpo, como lenguas de luz.

No pude seguir mirando.

Naturalmente, me hicieron interrogatorios. Yo era un personaje muy cercano a la víctima. Pero todos tenían claro que el asesino había sido el moro. Sellaron y precintaron la casa de la muerta, después de llevársela al depósito.

El moro seguía sin aparecer, pero era casi un personaje oficial, y encima a caballo, de modo que no iba a costar nada dar con él. El *Diario Pinciano* dio una nota breve en el cuerpo de letra más pequeño de la imprenta. Entonces comprendí lo que era la censura. Y se supo como se saben esas cosas: que Millán Astray, las docenas de Millán Astray que poblaban mi ciudad, habían dado orden de no buscar más al moro, pero, eso sí, de «seguir investigando en tan criminal caso».

Suprimida por los *Millán Astray* la pieza fundamental del juego, o sea el moro, todo se convertía en una alegre farsa. Jóvenes inspectores venían todos los anocheceres a hacer tertulia con mis tías, con las amigas de mis tías, con las mujeres jóvenes de la vecindad. Hubo grandes tertulias donde se hablaba de películas de moda, como *Casablanca* o *Luz de gas*. Yo hacía como que leía *El lazarillo de Tormes,* pero escuchaba. Del crimen ya no se hablaba apenas. Incluso hubo mucha incomodidad un día en que mi abuela dijo que la muerta hacía muchas trampas a la brisca:

—Pero no la matarían por eso —sugirió el inspector más inteligente.

Un mes más tarde llegó el superinspector, hombre de pelo rizado, rubio y escaso, con los mofletes caídos, el bigote cuidado, las manos monjiles y una sortijita en una de ellas. Interrogó a los vecinos y las vecinas uno por uno, incluso a mamá, y estuvo siempre cortés y suspicaz. No sacó nada en limpio, claro, pues que, como queda dicho, a los policías se les estaba obligando a jugar, por cubrir las apariencias, en un juego del que se había sustraído la pieza fundamental: el moro.

Y todo volvió a la cotidianeidad y la repetición en mi barrio, bajo los cielos sucesivos del canto santísimo de las teresianas, el canto flamenco de las modistas, el piano de la hija cerdal de doña Alfonsa y la gubia de Iván Mateo, que taladraba todos estos cielos con su golpeteo seguro y macho, tras el lejano escándalo del fuego, tan olvidado gracias al crimen posterior. En los barrios donde no pasa nada suelen pasar muchas cosas.

QUERUBÍN. *Chérube. Cherubine.* Cada uno de los espíritus celestes caracterizados por la plenitud de ciencia con que ven y contemplan la belleza divina. Forman el segundo coro de la primera jerarquía. Con los querubines andaban los serafines, personas de singular belleza. Los querubines dan bastante juego en los cuadros de la Virgen y en los altares de San Miguel. Pero los vi a todos niños, como en los recreos del cielo, sólo cabeza y alitas, comiendo del cadáver de algún muerto interminable que alguien había subido al segundo coro, sin duda por error.

Estos cadáveres solían ser prestamistas del barrio, alcaldes del Movimiento y delatores profesionales, que iban a parar (aparte su entierro en sagrado, en la Sacramental de la ciudad) a aquel segundo coro de querubines voraces, que empezaban comiéndoles la ropa, el ala del sombrero, la franja de luto, las flores de trapo, los zapatos de posguerra, y acababan mondándoles hasta el hueso. De modo que, al subir por las escaleras pinas, siempre venía del segundo coro un como hedor de cadaverina y masticación, pues se conoce que Dios o el párroco alimentaban a aquellos dulces niños con los cuerpos de los santos varones cuyas almas iban a purificarse eternamente al infierno.

En cuanto a los serafines, nunca supe muy bien qué hacían allí, pues que los serafines eran pastueños, no comían muertos ni vivos, tenían gracia y belleza indudables (aunque no tanta como ellos se atribuían), y eran unos como ángeles de circo, que no acababan de resultar del todo auténticos. Yo recorría los coros angélicos con la esperanza de encontrar algún espíritu puro que sumar a nuestra causa, a la causa de don Luis y su beatificación, pero iba viendo que aquello del cielo era una gallofa bohemia entre lo humano y lo profano, y que hasta mi Ángel de la Guarda era como una gitanilla sevillana que se dejaba beneficiar por cuatro perras.

Yo fui un nino que, antes que la fe en los hombres, perdí la fe en los ángeles.

Los serafines *(séraphin)* son nobles príncipes alados, y cada uno de los príncipes bienaventurados que se distingue por el incesante y perenne ardor con que aman las cosas divinas, y por el intenso y fervoroso movimiento con que elevan a Dios, como a su último movimiento, los espíritus inferiores. La cosa iba estando clara, aunque confusa.

O sea que los querubines se distinguían por su percepción intelectual de Dios, pese al aspecto de moscones gordos que les han dado los imagineros que para nada han leído los tratados del cielo.

Me recordaban el verso de Quevedo:

Tudescos moscos de los sorbos finos.

Los serafines, por su parte, eran apasionados, fervientes, misoneístas, y ascendían todos a Dios como una llama. Otra vez, la división entre clásicos y románticos, entre intelectuales y sensitivos, entre cabezas frías y corazones calientes: los que ascienden ojivalmente hacia Dios, cada tarde, con la luz einstenianamente cansada, desgastada, rojiza, que viera Albert Einstein, el poeta.

Yo quería, sí, meter alguna persona de más solvencia en lo de don Luis, pues veía aquella gestión y aquella iglesia como la solución y carrera de mi vida —monacillo, campanero, sacristán, puericantor, organista, todo de todo, al final, que es a lo que llega, en la oficina de Dios, un hombre que no cree en Dios—, y don san Pedro de Arlanza empezaba a resultarme un santo, astuto, sí, con retranca y resabio, pero de tercer orden, evidentemente, y sin ninguna fuerza en el Vaticano, ni siquiera en la Nunciatura de Madrid, por no hablar ya de las señoras bien del barrio, que iban a sus reuniones de beatificación más por ver los muslos sobredorados de san Gabriel, en vivo, que por escuchar al santo fumador.

De modo que seguía recorriendo los coros angélico/arcangélicos, seguro de que algo iba a encontrar, pero nunca más se me ocurriera hacer de Beatriz de mi dantesca Teresita, pues pronto comprendí que con la mujer hay que ser lobo solitario, encerrarla en un cerco de virilidad en que acaba entregándose, y así lo confirmo ahora, relegado al noveno coro, cansado y viejo, bebedor y poetón, para enseñanza de otros espíritus celestes que nada sospechan del secreto comercio entre la virgen y la Serpiente.

Tronos. Espíritus bienaventurados que pueden conocer inmediatamente en Dios las razones de las obras divinas o del sistema de las cosas. Forman el tercer coro de ángeles. De modo que los tronos, ni intelectuales ni espirituales, eran algo así como los ingenieros de Dios, los técnicos, los tecnócratas, los que podían conocer «inmediatamente» las razones de las obras divinas o el sistema de las cosas. Tuve un día, naturalmente, la curiosidad de conocer a estos ángeles prácticos, digamos, que se interesaban por el sistema de las cosas, ya que entre ellos pudiera estar el espíritu puro que necesitábamos para ayudar la causa de don Luis, que a mí se me antojaba un poco en precario. Un día, después de misa del alba, y como don Luis decidiera no echar más misas, que andaba con la acedía, me subí al tercer coro, no sin mucho buscar, escaleras de caracol, escaleras pinas, pasillos de viento, palomares de yeso y mentira, campanarios que daban más al cielo que a la tierra, mimbreras abandonadas y gatos, bellísimos gatos europeos pelicortos, de todos los colores, hasta el azul, persiguiendo la rata vil de la hora.

Los tronos eran unos ángeles no muy distinguibles de los demás, lo que me manifestó de repente la monotonía de Dios —la creación es monótona, sólo Kepler le metió un poco de gracia con lo de la elipse—, pero he aquí que, de entre aquella *troupe* de enanos de circo con alas (los tronos no eran muy altos), vino uno de ellos hacia mí, de pronto, y le saludé con grandes gratitudes, ya que me pareció ver en él a Agustinito, mi amigo niño y teósofo, evangelizador de las meretrices, a quienes explicaba los concilios de Trento y Nicea por las noches, para luego ir a comulgar casi de mi mano por la mañana, y a quien se le aparecía Pío XII, durante la guerra mundial, en su corral de San Pedro Latarce, y le hablaba más o menos como Hitler, cuando Agustinito salía a mear al corralón, después de haber estado toda la noche leyendo la patrística.

Escrito queda en este libro, me parece, que Agustinito era un ángel quebrado, con alas de periódico católico francés, *Le Croix*, *L'Aurore* y todo eso.

—¡Agustinito, tú aquí!

—Yo no soy Agustinito.

Pero era la misma figura demediada y breve de mi grupo de amigos, sólo que las alas sustituían en éste un amago de chepa.

—Los tronos no tenemos nombre. Los ángeles en general no tenemos nombre. Somos especies puras, no individuos, y parece mentira que tú, Francesillo, pecador, pero dado a las cosas de Dios, ignores esto.

No sería Agustinito, pero me estaba hablando tal cual que Agustinito en la terraza cubierta o cristalera del hostal Floreado. Por un momento temí que Agustinito hubiera muerto sin yo enterarme, de tanto andar evangelizando meretrices, o fulminado por Pío XII, que le veía relapso, y que la divina caridad lo hubiera transformado en ángel, aunque no de los más esbeltos, por cierto.

—¿Tú no eras Agustinito en la tierra?

—Yo nunca he pisado la tierra, que me parece asquerosa. Pero te confieso que, de haber sido humano y corporal, me habría gustado llamarme Agustín, como el doctor de la Ciudad de Dios.

Agustinito o no, comprendí que allí teníamos a nuestro hombre para la causa de don Luis, que no había pasado de ser una causa de sacristía, por mucho que el señor don san Pedro de Arlanza y doña Alfonsa la Millonaria hablasen de la Nunciatura de Madrid, calle del Sacramento, y los laberintos del Vaticano.

Agustinito estaba en su coro leyendo periódicos católicos franceses, como Agustinito en la terraza encristalada del hostal Floreado de Numeriano Riñón (el dueño).

Incluso leía Agustinito, o como se llamase aquel ángel, que no se llamaba nada, porque los ángeles no se llaman, salvo algunos arcángeles, *La Chute*, de Albert Camus, su última novela, me parece, que estaba de moda, y que era una novela espantosa, falsa e ilegible, como todas las suyas y las de su maestro Sartre, que escribían siempre un libro para demostrar algo.

Lo que no llegué a aclararme es si Agustinito leía los libros, aquí abajo en la tierra, y los periódicos, antes o después que su doble en el cielo y el coro. Pero, más o menos, llevaban las lecturas al día.

—Pues perdona, trono, si alguna vez se me escapa llamarte Agustinito, pero es que sois tal para cual, y yo lo que quiero es meterte en una asquerosa aventura de la tierra, aunque te dé tanta repugnancia pisarla, para que nos eches una mano, porque me recuerdas a mi amigo, que es muy piadoso, por otra parte (hasta se le aparecía Pío XII, cuando la guerra mundial) y por eso confío en ti.

—Pío XII estaba con Hitler.

—Agustinito no está con Hitler, que le cogió muy pequeño, ni siquiera con el Frente de Juventudes, pero andamos en canonizar a don Luis, o sea beatificarle, el coadjutor de San Miguel, la parroquia, no sé si te suena...

—¿Cómo no me va a sonar San Miguel, si es la parroquia donde estamos?

—Creí que estábamos en el cielo.

—¿Y dónde va a estar el cielo sino en una parroquia de provincias?

—Cuánto aprendo con tus respuestas, trono. En eso se nota que eres un trono.

—Sigue.

Pero él leía *Le Croix*, muy abierto, y tenía sobre la cómoda que hacía de mesa un tomo amarillo de Péguy.

—Nada, que yo lo de don Luis lo tengo oído por la parroquia, cuando entro a preguntar en los altares, y que me parece una causa, no perdida, pero sí difícil, y no sólo por las penas corporales que afligen a don Luis (tú y yo las conocemos, Francesillo), sino porque el Vaticano es un sitio laberíntico, mucho más laberíntico que esto del cielo, como ya te habrá dicho el señor don san Pedro de Arlanza, y allí no hay manera.

—Algo me tiene dicho.

Mi trono leía *Le Croix* pasando las hojas violentamente, como indignado por el mal francés de los franceses, y fumaba caldo, todo igual que mi amigo Agustinito, de San Pedro Latarce, evangelizador de meretrices, sabio en concilios y visitado por Pío XII durante la guerra mundial, cuando era un niño.

—Mira, Francesillo, yo creo que el cielo, la gloria, la visión de Dios, todo eso, es una cosa, y en ello creo firmemente, pero la Iglesia es otra, un asunto terrenal, y estoy dispuesto a colaborar en ese asunto terrenal con tanto entusiasmo como tú, ya que me gustaría ver próspera esa parroquia de ahí abajo, que siempre es mejor una parroquia floreciente que una casa de lenocinio.

Estuve a punto de contestarle que no, que las casas de lenocinio del barrio, no tan lejanas, eran sitios muy acogedores y hospitalarios para el hombre, y que Agustinito hacía mucha predicación en las casas de lenocinio, hasta llevar al llanto a las meretrices, como Magdalenas, pero me contuve a tiempo.

—Una última cosa, Francesillo —y se miraba las uñas sucias de niño de San Pedro Latarce, impropias de un trono—; puede ocurrir que yo me presente en vuestras reuniones y actividades como tu amigo Agustinito. Como tal puedes presentarme, ya que tanto dices que nos parecemos, pero tú tienes que tener siempre muy clara en la cabeza la distinción.

—Descuide.

Así fue como el trono chepudito y con alas poco vistosas, oliendo más a caldo que a incienso, empezó a aparecer por las conspiraciones nocturnas de la sacristía, vestido de negro, mal vestido, como un seminarista que ha salido para un entierro familiar, pero lleno de ideas y, sobre todo, de conocimientos sobre la marcha enlaberintada de la Nunciatura de Madrid, el Vaticano de Roma, las beatificaciones y todo el rollo. Don san Pedro de Arlanza me lo dijo una noche, cuando el trono se había ido, no sabíamos cómo ni por dónde ni cuándo:

—Muy bien, Francesillo, tu amigo nos puede ser muy útil. Cuánto sabe de la Iglesia.

—¿Parece un trono, verdad?

—¿Y por qué dices eso, Francesillo?

—No, por nada, mi señor don san Pedro de Arlanza. Por decir.

El torero Barbas pedía para la causa desde la misa del alba, en las Cadenas de San Gregorio, con su castoreño pelado. El Arcángel san Gabriel se había subido medio centímetro la puntillita de los muslos, desde que tenía colgado del enigmático pez cristiano y catacumbal el letrero escrito por mí para la causa de don Luis. Don san Pedro de Arlanza reunía a las señoras todas las semanas, para animarlas a escribir cartas de letra picuda a sus influencias y las influencias de sus maridos. El trono Agustinito iba y venía que era el no parar, entre el cielo y la tierra.

Las señoras empezaron, sí, a escribir cartas a sus amigas de Madrid, compañeras de colegio casadas con magistrados y cosas así. También escribían a otras amigas de la ciudad, más metidas en el bridge del Casino que en los negocios del cielo. Muchas cartas, ya digo, las llevé yo personalmente, a los palacios del barrio o de la lontana plaza de Santa Cruz, y me acostumbré a aquella letra picuda, impersonal (pero que debía proceder de una sola personalidad), elegante y un poco ominosa.

También eché cartas al Correo, para Madrid, para la Nunciatura, para hombres famosos que salían en el periódico, pues que esas cartas sólo podía echarlas yo, dado el carácter privadísimo de la carta de una malmaridada al novio/amante de provincias que se fue a Madrid y casó, tras hacer carrera, con alguna madrileña de gran familia. El diluvio de las cartas de las señoras, exhortadas por don san Pedro y excitadas por los muslos de san Gabriel, fue como una temporada de lluvias que cayera sobre la ciudad o sobre mi vida, y era hermoso pensar en todas aquellas mujeres, desde la provecta doña Alfonsa hasta algunas muy jóvenes y deseables, volviendo a su tinterillo colegial, bajo la luz rosa y naranja de la intimidad nocturna, para escribir a un viejo amor de Madrid (en Madrid parece que no creían demasiado en los santos, sino que los usaban), con un tema tan local y, al mismo tiempo, tan celestial. Duró el diluvio de las cartas, ya digo, como el diluvio de Noé, aunque con menos provecho. La letra picuda era esa lluvia diagonal y grafológica que a veces cae sobre las provincias aburridas y profundamente celestiales.

Agustinito, por su parte, o el ángel que se le parecía, y con quien yo había conversado, como se cuenta en este libro, se estaba en la terraza encristalada del hostal Floreado (Numeriano Riñón, dueño o patrón visible), al sol del invierno, potenciado por el vidrio, escribiendo artículos para el *Diario Pinciano* que, directa o indirectamente, favorecía la causa de la beatificación de don Luis, en la que él no creía en absoluto, por supuesto, pero que le parecía de un condotierismo vaticano digno de sus pasiones y aficiones.

Don Luis, verde, altiricón y beato, permanecía como ajeno a todo, salvo la confidencia con soconusco de alguna gran dama de la feligresía.

La Baldo era doña Baldomera, hermana solterona, pamplonica, chepudita y graciosamente monstruosa de doña María Sanmanuel Martinmorena. ¿Cómo del mismo vientre agraciado de la madre había nacido aquella real hembra que fue doña María, hasta su muerte (tenebrosa), y había nacido asimismo el engendro/endriago de la Baldo? La Baldo desprecintó la casa, se quedó a vivir en ella, sin ninguno miedo a los monstruos (ya era monstruosa por sí misma), hizo recuento de lo que se había llevado el moro —monedas, oro y plata, cubertería, medallas, quizá dinero en papel: en todo caso, menos de lo que, sin duda, esperaba llevarse—, y luego empezó a empaquetar la mucha riqueza que aún quedaba en la casa, para llevárselo todo a Pamplona.

Se estaba con nosotros en la cocina, en la tertulia de por la noche, y no jugaba a la brisca ni lamentaba a la hermana o su muerte, sino que repetía el balance de las herencias. Cuando yo cenaba la sopa de ajo que me había hecho la abuela, antes de irme a la cama, la Baldo soplaba en el humo, para enfriármela. A mí, esto, naturalmente, me daba asco:

—Por favor, doña Baldo, no me sople la sopa.

Doña Baldo, la Baldo, doña Baldomera, anduvo de mucho trajín, vendiendo lo que no le interesaba llevarse, y entró en seguida en contacto con ese mundo de araña que son los anticuarios de cualquier ciudad. Vendió uniformes y cruces del Glorioso Alzamiento. Conservó la riqueza neta, monedas de oro y plata, Cristos de marfil fino, como el que había presidido la muerte dulce y resignada de la señorita puta María del Reposo. A la Baldo no le preguntaba nada la policía, pues que ella era completamente ajena, en su Navarra eterna, a lo ocurrido en mi ciudad.

La Baldo tenía la cara larga, más que de caballo, de esqueleto de caballo. Sobre aquel esqueleto o calavera, la Baldo tenía un pelo ralo en orlita de rizos o coca, y luego tenía un cuerpo que no era cuerpo, sino una sucesión de confusiones, chepas, jorobas, bultos y deformidades que nunca estaban donde debieran estar, si es que esas cosas deben estar en algún sitio. La Baldo, naturalmente, olía a pis.

Y no es que la Baldo oliese a pis por casualidad o descuido, sino que se lo hacía allí mismo, sentada, mientras estaba hablándonos de las herencias de la hermana. Por el semblante equino y vagamente iluminado de la doña Baldo, ya había yo aprendido a adivinar cuándo ella se estaba haciendo pis en la silla. Entonces descubrí, más o menos, que el pis es el orgasmo de las que no tienen orgasmos.

Efectivamente, cuando la Baldo se iba a dormir al piso del crimen, su silla de paja estaba húmeda y maloliente.

VIRGEN. Del latín *virgo*. Por las orillas del río / limones coge la virgo. Gil Vicente. Persona que no ha tenido comercio carnal. Uno de los títulos y grados que da la Iglesia, con el cual se distinguen los coros de las santas mujeres que conservaron su integridad y pureza. Nombre científico del sexto signo del zodíaco, que va de los 150 a los 180 grados de longitud (coordenadas eclípticas), y que el sol atraviesa del 23 de agosto al 23 de septiembre. // Constelación zodiacal que en otro tiempo debió coincidir con el signo de este nombre, pero que actualmente, por resultado del movimiento retrógrado (entropía) de los puntos equinocciales, se halla delante del mismo signo y un poco hacia Oriente. Su nombre científico es *Virgo.*

Aquel ángel del noveno coro, adonde yo siempre volvía inevitablemente, por ser el más golfo y el primero que había descubierto, era evidentemente un ángel hembra, y desde que yo había conseguido fornifollar en una trascocina a mi propio Ángel de la Guarda, niña morenucha de Murillo, así como morisca de Levante (todas las levantinas parecen un poco putas), ya no me servían las meretrices de la casa de la Formalita, como a Agustinito, ni de otras casas de lenocinio de la ciudad, sino que necesitaba hacer el amor con ángeles del otro sexo.

(Y aconsejo, modestamente, al lector, probar la diferencia entre una meretriz de soldados y veinte duros, con virgo de celofán de Bubi, y un ángel hembra del noveno coro, o cualquier otro: es hacer el amor con la Inteligencia: uno no está para perder el tiempo tocando el culo a una tonta.)

Aquel ángel virgen, del latín virgo (yo fui quien se lo quitó), venía como de las riberas ribereñas del Sur del Paraíso (por la ribera del río / limones coge la virgo), antes de que la descubriera Gil Vicente ni ningún otro poeta lascivo de juegos florales, que todos son gente despreciable, y no digamos las poetisas. Era, evidentemente, persona o ángel que no había tenido comercio carnal. Disfrutaba los títulos y coros de la Iglesia, como santa mujer, pero eso no parecía importarle demasiado. Conservaba la integridad y pureza de su rostro, que en otras cosas no quería yo averiguar ni me importaba, y el sexto signo del zodíaco, que va de los 150 a los 180 grados de longitud, alumbraba en su frente. Las coordenadas de su cuerpo, por supuesto, eran eclípticas.

Qué tía.

La estuve observando y el sol la atravesaba del 23 de agosto al 23 de septiembre, fechas que cogen entre medias la Virgen del Carmen, por ejemplo, pero este dato me pareció poco significativo para definir la personalidad de la criatura indefinible, aparte de que me parece que me equivoco y tampoco voy a mirarlo. Constelada y zodiacal, pero una como cierta entropía equinoccial me la dejaba en menos, grandiosamente enferma, como una amazona vencida.

La amé.

El trono *Agustinito* me dijo que su nombre científico era Virgo, cosa que no me ayudó mucho.

—Estás enamorado, Francesillo.

—Y que no soy Espíritu Puro, como vos.

Yo a aquel trono le daba ya toda clase de tratamientos, que era como no darle ninguno.

La muchacha tenía el pelo largo, rubio y abandonado, los ojos rientes/indiferentes, los hombros anchos y débiles, la calavera hermosa y perdurable, la nariz recta y la boca grande, los pechos débiles, los muslos interminables y combados en una comba de violín, piano u otra madera muy cuidada y armónica, las manos que se doblaban por más sitios que las demás manos, o sea más flexibles, y la ironía en toda su altísima figura.

Un día, en una timba del noveno coro, adonde estaba de pie, mirando el correr de los dados, como yo, le hablé de amor y guerra, sin saber de qué hablaba, habiendo tomado primero mucho vino de consagrar, para darme facilidad de verba, y ella sonreía con dulzura, me miraba muy fijamente y, al final, me llevó a una trascocina como aquélla, más o menos, adonde me había llevado mi Ángel de la Guarda.

Hicimos un amor brutal, bestial, animal, porque aquel

ángel femenino era como la camella de los cielos, enferma, sensible y sensitiva, y sabía recogerse muy bien las alas a la espalda, con la mano izquierda, mientras con la derecha sujetaba mi miembro para la felación.

—Pero tú no eres de aquí del cielo, Francesillo.

—Cerca le ando.

—¿Y qué quieres de mí?

—Amor.

Rió de una manera que, pese a lo irónica, no me dolía.

—Amor —repetí.

—En el cielo no hay amor, Francesillo. El amor es impuro. En el cielo sólo hay sexo o pureza. El amor es sucio.

—Pues quiero tu sexo y tu pureza.

Y volvió a reír.

—Listo sí que eres.

Su sexo rubio se oreaba bajo el cielo de los cielos.

Mi ángel rubio, grande, femenino y sin nombre, era un ángel botánico, de modo que en seguida me llevó de la mano a ver las plantaciones del cielo.

—El otoño es la estación mejor para plantar árboles y arbustos, Francesillo. Lo primero hay que analizar el terreno. Luego hay que cavar un hoyo en la base de la planta.

—¿O sea que en el cielo se trabaja?

Apretó mi cabeza contra sus pechos.

—Pues claro, Francesillo. El cielo sólo es la tierra un poco mejorada. Finalmente, hay que comprobar el drenaje y preparar la tierra para el relleno.

—¿Y todo eso lo haces tú?

—Yo soy un ángel botánico y me limito a observar el trabajo de los demás.

Tuve una duda:

—No querrás meterme en tu huerto...

—No quisiera estropear esas manos tan finas, Francesillo, que bastante ásperas las tienes ya de la soga de la campana. Mira, Francesillo, en el cielo hay mucho suelo arcilloso, ácido, pedregoso. O plantas un árbol que aguante todo eso o eliges otro sitio.

—¿El cielo no es un cultivo ideal?

—Pues no, ya ves.

Sólo mi estatura privilegiada me igualaba con aquel ángel hembra, botánico, sabio musical y rubio.

—A la base de la planta la llamamos cepellón, que es el conjunto de raíces y tierra. Según sea el tamaño de éste, así deberá cavarse el hoyo. «Cuello» se llama a la zona límite entre las raíces y el tallo.

—¿Plantamos un árbol ahora mismo? —le propuse a mi ángel.

—Es conveniente hacer el hoyo unos días antes de plantar, para airear la tierra y comprobar su drenaje.

—Estoy enamorado de ti, Ángel Botánico.

—Eres un monacillo lascivo y nada más. La comprobación del drenaje es sencilla. Se llena el hoyo de agua y se comprueba si ésta absorbe con facilidad o, por el contrario, queda retenida.

—Parece que me estás explicando una copulación.

—Si ocurre lo negativo, habrá que mejorar el drenaje, porque un encharcamiento en las raíces podría pudrirlas. Entonces hay que profundizar más el hoyo y colocar en el fondo una capa de gravilla.

—Veo que todo en la naturaleza, incluso en la naturaleza celestial, se parece a la cópula.

—El estiércol y el abono mineral van bien en la tierra de relleno. Luego hay que regar abundantemente.

—Estiércol y abono. Todo es igual que entre hombre y mujer.

—Introduciremos la planta verticalmente, apoyándola en la tierra.

—Gracias, Ángel Botánico. En cuanto a la rotura del tiesto, que es como suele venir la planta de la tienda, no hay nada más parecido a la rotura del himen. No sé si eres el Ángel Botánico o el Ángel Erótico.

—Quizá los dos.

Y los dos me abrazaron dentro de su cuerpo rubio, enorme y delicado.

Entre las casas arruinadas a que se refiere esta página 161 del *Diario Pinciano*, en su número 19, estaban la de

DIARIO PINCIANO

Del Miercoles 4 de Junio de 1788.

CARTA DE LA REAL JUNTA DE POlicia à los Dueños directos de varias Casas arruinadas.

Muy Señor mio: Luego que el Real Consejo encargó à la Real Junta de Policia por su orden de 8 de Marzo, consultada posteriormente á S. M. y ratificada por otras muchas, que acordase las providencias convenientes para que los Dueños pudientes de las casas arruinadas las reedifiquen, prefiniendoles para ello el termino, que pareciese proporcionado, y que en quanto à las de los pobres, que no puedan executarlo, meditase los auxilios, que se les pudiesen facilitar, se dedicó la Junta con la mayor actividad á la averiguacion de unos y otros, convocando à los no pudientes por medio de Edictos, examinando con exactitud las necesidades, que se la han hecho presentes, y solicitando de la Real Clemencia los fondos con que se halla para subvenir á ellas, debidos à la Soberana Bondad, y particular amor á este Pueblo. De las diligencias practicadas con este motivo y objeto, aparece que várias Casas arruinadas, cuyos Dueños utiles son verdaderamente pobres, son del directo dominio de V. que por lo mismo es interesado en su reedificacion y reparo, no solo porque le será imposible exigir la pension ó canon emfitéu-

Lucio Alfil, la de Zequiel Zamora, la de mi entrañable Honorato, tan craso. ¿Y cómo iban estos hombres a reparar sus casas, en **1788**, si algunos de ellos ya habían muerto y otros no tenían de qué, como, por ejemplo, Pepe Zaratán o su padre?

El propio hidalgo vallisoletano que sale en el *Lazarillo*, dueño de palomares arruinados, tampoco pudo nunca reparar su casa, aunque otra cosa imagine el bonancible Azorín. No sé en qué medida se debió, incluso, la muerte de algunos de mis amigos y maestros, al imperativo de reparar unas casas que no tenían reparación, a la angustia de verse echados a la calle.

Pero las Cartas de las Reales Juntas de Policía siempre han sido así.

ESTÁBAMOS DEBAJO DEL TÚMULO, del gran túmulo, y Teresita Rodríguez se había bajado la braga:

—Ahora me lo vas a hacer de verdad, pero de verdad.

—¿Debajo del cuerpo muerto de tu padre?

—No digas chorradas. Esto sólo es un túmulo. Papá ya está enterrado.

El señor Rodríguez Pancho había muerto en su día, y no era verdad que estuviese ya enterrado, sino que un lujo de caballos negros y enjualdrajados a la federica esperaba la partida de la carroza, llamando impaciente con sus cascos al centro de la tierra, al infierno suntuoso donde iba el fascista.

El cuerpo estaba en el féretro y el féretro en la carroza.

El túmulo, sí, era un ridículo andamiaje de madera reciente y trapos negros, en torno de lo cual se movía el gregoriano de los canónigos y el planto de las beatas. Teresita Rodríguez me había metido allí, a deshora, y le parecía el sitio más adecuado para que de una vez la desflorase:

—¿Pero es que odiabas a tu padre?

Yo —lecturas inducidas de Agustinito— quería encontrarle a todo una explicación freudiana, pero Teresita iba por libre.

—¿Y por qué iba a odiar yo a papá? Lo que digo es que éste es un sitio seguro y a gusto, y que ya va siendo hora de que yo pierda el *virgo potens, virgo clemens, virgo fidelis*, que en el Frondor no hemos hecho más que guarrerías.

Lo comprendí:

—Aquí, lo que pasa, Teresita Rodríguez, es que la muerte del padre te libera y ya quieres ser tú.

—Bueno, pues será eso.

—Me estás utilizando, Teresita.

—Hijo, qué intelectuales sois los rojos. Vete a la mierda.

—Cómo voy a ser rojo, si soy monaguillo.

O sea que se quitó la braga azulina —azul purísima, quiere decirse—, e hicimos el amor de verdad. La niña era mujer de orgasmo fácil, múltiple, ligero, encadenado: no había que esforzarse. Bastaba con mantenerse erecto.

Recordé lo de Valle-Inclán en la biblioteca de mamá: «Ah, mujeres ardientes, y cuán fácil es contentaros.» Para la mujer ardiente, cualquier hombre vale. La frígida es agotadora.

—Esto de la madera va a ser duro para ti, Teresita Rodríguez.

—No lo creas, Francesillo, que tú te vas a poner debajo.

Y yo me ponía debajo, soportando tres siglos de maderamen en los riñones, más el alma enhiesta, y Teresita Rodríguez me cabalgaba en la oscuridad con una paciencia, un amor, un fervor, un ardor y un tacto que parecían los de una meretriz del Frondor o los de un ángel del noveno coro.

—Sólo los ángeles y las putas se lo hacen así de bien, Teresita.

—Y sin cansar al hombre, ¿has visto?

—Claro que he visto.

—Lo que cansa al hombre no es la eyaculación, sino la

gimnasia. Hay que dejar la gimnasia para la mujer, que es más flexible.

—¿Y eso es lo que os enseñan en las jesuitinas?

—Vete a la mierda.

Teresita se ponía la braga azul purísima y a través del negro de los paños pasaba una procesión de velones. El gregoriano era ya como una orgía de tribu y el planto de las lloranderas era una cosa insoportable. Pero tuvimos que esperar allí, tendidos de pronto en la fresca madera, como estatuas yacentes, cogidos sólo de la mano, bajo el túmulo del papá fallecido de la niña, para salir a gatas y volver, ella a su casa y yo a mi sacristía.

Pero en seguida me avisaron de San Miguel, para el entierro, que acompañábamos el cortejo hasta el Fielato, si el muerto era de renombre, y yo iba delante del todo, con la cruz alzada, en la media tarde inverniza y soleada, y, si miraba para lo alto, veía mi cruz de latón, navegando por entre las nubes, como un palo de mesana (yo leía por entonces mucho Salgari).

Detrás venían los curas con sus latines y gregorianos.

El párroco, congestivo y malhumorado, como si le estuviese echando las maldiciones al muerto, en latín (no todo el clero estaba con el francofranquismo, como se ha dicho).

Don Luis, el coadjutor beatificable/asesinable —¿para cuándo dejaba el organista su trabajo?—, tenía el cuello largo, la nuez saliente, la tráquea espléndida, la voz como empalmada, y quizá eso y sólo eso era lo que le había dado fama de santo y ser sobrenatural entre las señoras bien del barrio.

Don Marino, el confesor, que vivía descaradamente con moza, justo enfrente de las cadenas de San Gregorio, donde pedía el torero Barbas con su castoreño viejo del revés.

Entre los tres hacían un buen gregoriano ilegible y un latín picapedrero que a cada cual le sonaba al acento de su provincia: León, Zamora, Salamanca, etcétera.

A mí, que ya había llevado la cruz alzada en otros entierros, todo aquel oreo de canto y lengua antigua me impulsaba como un viento, como el viento latino que impulsaba las naves de la vieja épica. Detrás, corroborando esta épica, el paseo abrumador de los cuatro caballos negros, cuyos cascos también sonaban negro, los tacos a medias del cochero a la federica, y lo demás.

Lo demás eran la familia enlutada de Teresita Rodríguez, la propia Teresita, que sin duda se había bañado después de nuestros pecados, por lo blanca que la vi, gentes del Régimen, uniformes, correajes, gentileshombres, oidores y relatores de la Real Chancillería de Valladolid.

Ángeles de los nueve coros no vi ninguno.

A los ángeles, arcángeles, serafines, querubines, tronos, dominaciones, potestades y todo eso, no les engañaba, por golfos y sabios, ningún jefe local o provincial del Movimiento con sus limosnas.

Pero yo sabía que Teresita me iba mirando y eso me ayudaba a llevar la cruz derecha.

Agustinito, en la terraza encristalada del hostal Floreado (Numeriano Riñón), estaba entre periódicos franceses y gran revuelo de cuartillas, escribiendo cartas a sus amigos e influencias de Madrid y Barcelona —Aranguren, la revista *El Ciervo*, *Ecclesia*— para mover la cosa de don Luis. Yo le veía al pasar, cuando iba a llevar las cartas de letra picuda de las altas damas/calandrias (Guillén) de la ciudad, y llegué a la conclusión de que a Agustinito le interesaba mucho más la beatificación de las meretrices —como le hubiera interesado a Cristo— que la beatificación de don Luis.

Lo que pasa es que la beatificación de don Luis le permitía hacer literatura, rememorar los concilios, contar las apariciones de Pío XII, que hablaba por boca de Hitler, cuando la guerra mundial, mientras que la evangelización de las meretrices sólo hubiera dado para una novela, y Agustinito —yo lo sabía— no estaba dotado para la novela. Las que hizo con el tiempo fueron malas y no tuvieron ningún éxito. Así las cosas, llegué a preguntarme si aquel niño de negro, con raro abultamiento en la espalda, no era el trono *Agustinito*, trabajando por la causa de don Luis, mientras que mi amigo Agustinito se estaba en la redacción del *Diario Pinciano*, con alas de periódico francés —*L'Aurore* y *Le Croix*, sí—, leyendo y anotando para nada.

O si una tercera criatura, síntesis de las dos, no leía pacíficamente a Péguy en el coro de los tronos.

De este modo es como la causa de don Luis empezó a ir a más, gracias a las cartas y artículos de Agustinito —niño o trono— en la prensa de Madrid.

Yo sabía, ya digo, que él, ángel o niño, trono o seminarista quebrado, estaba haciendo literatura con los concilios y con san Anselmo, que era un santo que le gustaba mucho, no sé por qué, y repetía aquello de un autor católico, «en el cielo se produce un gran arrodillamiento», y él creía que era una emoción mística, haber cogido a Dios por el rabo, pero yo sabía que era una emoción estética, literaria, poética, y le respetaba demasiado (él tenía estudios y yo no, a él se le aparecía Pío XII cuando la guerra mundial, y a mí no), como para decírselo.

Entre las cartas y los artículos de Agustinito/niño y Agustinito/trono, entre los delicados billetes rosa y picudos de las altas damas, entre las reuniones de san Pedro de Arlanza, semanalmente, en la sacristía, la presencia, silenciosa, eficaz y semidesnuda de san Gabriel Arcángel y la mendicación del torero Barbas, que pedía para don Luis desde el alba, con su castoreño del revés, pelado, en las cadenas de San Gregorio, como si don Luis se hubiese muerto ya, el asunto iba indudablemente a más. En el *Diario Pinciano* hasta salían editoriales.

—Los hace Agustinito para cobrarlos aparte.

Esto me desedificó un poco. Por Agustinito, por la causa, por el periodismo y por mí. Sobre todo por el periodismo, mi futuro, que ya iba viendo yo que era también un mundo de trapicheo donde el lema era «un duro y quietos», mucho más que mi incipiente/impaciente pasión de estilo.

EL BORRACHO, el ángel y el músico.

Había llegado carta de Madrid, de la Nunciatura, con sello en seco, y don san Pedro de Arlanza decidió, en reunión nocturna y clandestina, con su resentimiento de santo de sacristía, que había que matar a don Luis:

—La cosa está clara —encendía su purastre en un velón de los que le ponían—. La carta de la Nunciatura de Madrid, calle del Sacramento, que aquí os muestro, con sello en seco, demuestra que nuestras piadosas gestiones se han tomado en serio, mayormente las de doña Alfonsa la Millonaria, emparentada con nobles familias de Madrid, y los artículos de Agustinito, el chico piadoso del *Diario Pinciano*, que sabe de concilios más que yo mismo, que estuve en todos.

La tertulia tenía temblores de luz y velorio en el alba de la sacristía.

—Por esta carta de la Nunciatura a doña Alfonsa (y la Nunciatura no se mueve sin fe del Caudillo), está claro que nos van a canonizar o beatificar a don Luis mediante un solo trámite: que se muera. Don Luis, aunque verde y anciano, parece que no tiene ganas de morirse, de modo que se le mata, pues aun cuando los trámites celestiales de beatificación son un tiempo, los efectos de la noticia y la intención comienzan a funcionar desde el primer día, con lo que esto será en seguida el Santuario Nacional de la Gran Promesa, sin necesidad de padre Hoyos ni coñas.

(En el Santuario Nacional de la Gran Promesa se le había aparecido el Sagrado Corazón de Jesús al modesto padre Hoyos, por sus méritos, asegurándole que «reinaré en España con más veneración que en parte alguna», cosa que quizá el Sagrado Corazón ya había dicho en otro sitio, pero el Sagrado Corazón tenía derecho a repetirse, como cualquier columnista de provincias, de los que yo tanto admiraba.)

Y lo cierto es que el Santuario Nacional de la Gran Promesa era un río de oro, desde entonces.

—Lo primero le toca al torero Barbas —dijo don san Pedro de Arlanza, en su hornacina, mirando la lumbre del puro y como quejándose de la mala calidad de la mercadería con que últimamente le obsequiaba el torero Barbas.

Así fue.

Una noche, el torero Barbas y yo dormíamos en la capilla de San Wenceslao y San Boleslao, cuando me desperté y vi cómo una sombra larga —don Luis— iba dando candela a todos los santos del santoral y de la parroquia, entre fantasmal y piadoso. Al llegar al Arcángel san Gabriel y su pez, don Luis se detenía, pasando sus manos largas, débiles y temblorosas por los muslos estofados y magníficos del arcángel o su estatua. La luz de la candela ponía como aspavientos de vela en el rostro hermoso y simple del arcángel.

—Y encima, maricón. Ahora sí que me lo cargo.

El torero Barbas fue silenciosamente hacia el cura, en la negrura posbarroca de la iglesia, con la botella de Vega Sicilia en la mano, botella que le había enjumado y que fuera regalo de don san Pedro de Arlanza en la reunión de la noche anterior. Lo vi todo como en un cine.

El torero Barbas golpeaba al coadjutor en la coronilla, el coadjutor caía lentamente, deslizando sus manos de Valdés Leal por los muslos oscuros del arcángel, como en una lubricidad insospechada que sólo podía dar la muerte, y luego se apagó la candela de don Luis, y se apagaron todas las candelas, y quizá volví a dormirme a la sombra dúplice de san Wenceslao y san Boleslao, porque a la mañana siguiente, cuando desperté, don Luis decía su misa, con sospechoso bonete, y el torero Barbas pedía para don Luis, con su castoreño pelado, a la puerta de la iglesia, en las cadenas de San Gregorio.

—Nada, que no ha salido el truco —nos dijo don san Pedro de Arlanza desde su hornacina—. Ha fallado el borracho, por eso, porque su golpe ha sido flojo, de borracho. Probemos con el ángel. Don Luis tiene que morir pronto para que esto empiece a dar dinero. Esta noche le toca al Arcángel san Gabriel.

El arcángel, aunque era de madera y carcoma, se estremeció. Yo, desde la capilla dúplice y acogedora de San Wenceslao y San Boleslao, me desperté a medianoche para ver el crimen. Don Luis tenía algo de reptil y daba como gusto matarle.

Cuando se acercó, santo por santo, a darle palmatoria al Arcángel san Gabriel, éste, cobrando vida, le asestó en el pecho su pez de metal, con lo que al santo coadjutor se le fueron las manos de los muslos de la imagen, y cayó como fulminado a los pies de su adorado arcángel.

—Se lo ha cargado —me dije, y volví a dormir dulcemente.

A misa del alba, cuando me desperté a tocar, don Luis sufría soponcio (bajada de tensión, quizá por las emociones eróticas) a los pies del arcángel, y éste seguía inmóvil, como correspondía a su condición de pino.

—A este don Luis no hay quien se lo cargue —me dije, lleno de la fe del mal en el bien. Pero aún nos quedaba el músico, el organista, más humano, más real, menos borracho y más eficaz, sin duda.

LO QUE NO HE DICHO es que el entierro lo presidía el general Millán Astray, vuelto a la ciudad o siempre de paso por ella —algún amor perdido tendría donde la Formalita—, y que era todo él como una joya con pies, muy completo de medallas, bordones, gafas, guantes de manopla y cosas, a la vez que demediado de todo, como se le ha explicado aquí.

En el Fielato se despedía el duelo, como queda dicho, y el general era un alfeñique de mitades y gestos frente a los curas del gregoriano, en el sol machihembrado en luna.

Una noche estaba yo en la sacristía, esperando tocar misa del alba, privándonos de vino bendito con don san Pedro de Arlanza, y en esto que Agustinito, con ojeras y verdosidades de haber pasado la noche con las meretrices:

—Tengo que confesarme, y es urgente.

—Qué no habrás hecho tú de malo en casa de la Formalita, Agustinito.

Don san Pedro de Arlanza, viendo que la cosa venía por él, apagó una a una las candelas de su hornacina, se dio media vuelta, y nos decía su voz en la sombra:

—Te doy poderes para que lo confieses tú, Francesillo, que este Agustinito, aparte ser medio trono, está haciendo mucho con su bien cortada pluma por la causa de don Luis, y ya en nombre de eso, todo pecado de fornicio le puede ser perdonado.

Salimos en silencio, apagando yo la luz de la sacristía, y elegimos un confesonario cualquiera en la nave central de la iglesia, penumbrosa de luz de lucerna y filtraciones del cielo. Me metí dentro, cerré la portilla y Agustinito se arrodilló ante mí:

—No sé qué me da el verte así, Agustinito.

—Pues yo ya tengo el fervor.

—Sabes que soy pecador, Agustinito, y más que tú.

—Vives consagrado a Dios, aunque sea a tu manera, y estoy seguro de que tu manera le gusta a Dios.

Agustinito empezaba a envolverme con sus palabras.

—No soy más que un monaguillo golfo.

—En este momento eres, para mí, la Iglesia triunfante.

Y pareció que todas las imágenes de todos los retablos avanzaban un poco, seguras y curiosas, con la luz redonda de los ventanales.

—Ave María Purísima.

—Sin pecado concebida. Parece que estamos jugando a curas, Agustinito.

—Te digo que ya tengo el fervor. Yo, que sólo había pecado contra Dios con la inteligencia, ahora he pecado también con la carne, esta noche, Francesillo, esta noche.

—Yo, casi todos los días, Agustinito.

—Tú eres como un ángel del noveno coro —me dijo.

Y tuve un estremecimiento. ¿El ángel no era él, que tenía su doble entre los tronos?

—Has holgado con moza de la Formalita.

—Sí.

—Cuántas veces, hijo...

—¿Cuántas veces? ¿Es que se puede más de una...?

—Perdona, era una pregunta de rigor. Dime con cuál de las mozas, por ver si tenemos los mismos gustos. Con Carmen la Galilea, claro.

—Con Carmen la Galilea. Eres niño santo y sabio, Francesillo. Acabas de tener una revelación.

—Tampoco es eso, Agustinito. Pero has ido a pecar con la más pecadora.

Y me puse austero como un archidiocesano. Lo que me iba por dentro eran los celos, ya que Carmen la Galilea era la meretriz ancha, maternal y hospitalaria que me había iniciado a mí en el amor de los amores.

Las meretrices estaban en casa de la Formalita como los ángeles en sus coros, ociosas, semidesnudas y purísimas, ya que el comercio carnal las llevaba y las traía, pero no iba con ellas.

—Es la que a peores lascivias ha podido llevarte —le dije a mi amigo, procurando mejorar mi lenguaje.

—Apenas si ha habido tiempo...

Comprendí que la impericia de Agustinito le habría llevado a la vegada rápida, insegura, sin firmeza ni espacio para las gloriosas violencias de Carmen la Galilea, que en libros se cuentan.

—Estás perdonado por tu inocencia, Agustinito.

—Necesito un perdón de verdad para volver a San Pedro Latarce. Tú, esta noche, Francesillo, eres la Iglesia Madre y visible.

—Yo no soy más que monaguillo. Pío XII hace mucho que no se aparece, con lo que habrás visto que no era santo. En cuanto al pecado de concupiscencia, ahora podrás condenar mejor la carne, cuando hablas de ella, habiéndola conocido. ¿Estaba en sus días la Galilea?

—Nada he notado...

—Eres inexperto, Agustinito. Los días se notan por el olor, aunque la Galilea es muy relimpia. Y todas las mujeres, con el arate, tienen el fornicio como más alegre y gustoso.

—¿El arate?

—Bueno, sí, la regla, como quieras.

—Se ve que vas para escritor, Francesillo.

—Y tú se ve que vas para santo. Me parece que hemos cambiado los papeles en esta confesión. El miedo a la sangre menstrual es un prejuicio católico.

—¿Sangre, dices?

—A lo mejor llevas la camiseta rebordeada de sangre, Agustinito. Cuidado al llegar a San Pedro Latarce. Di que ha sido la fístula esa que tienes en el culo.

—¿Hay que confesar también las fístulas?

—No hay que confesar nada, Agustinito. El hombre está hecho de fístulas y menstruaciones. El hombre y la mujer. Somos una morcilla de sangre. Una morcilla que piensa, mejor que la «caña que piensa», de tu querido Pascal, que tanto me has explicado.

—Ocupas en estos momentos un lugar sagrado, Francesillo. No me hables tan laico.

—Tu admirado Pascal te hubiera dicho más o menos lo mismo. Aunque no te lo parezca, don Blas estaba más cerca de mí que de ti, Agustinito. Lo tuyo es Pío XII.

—Vete a la mierda.

—¿Qué manera es ésa de confesarse, Agustinito? Vuelves a tu pueblo en pecado.

—No me absuelves porque he conocido mujer en el cuerpo de tu Carmen, la Galilea.

—Me parece que la has conocido poco. Estás perdonado, Agustinito. *Ego te absolvo.* Y corre, que tienes que coger el autobús de San Pedro Latarce.

Le di un coscorrón por bendición. Él se santiguó, me besó la manga del ropón, fanático como era, y salió corriendo al autobús, con el alma limpia y la próstata llena quizá de blenorragias. Pero recordé, mientras iba a la cuerda para tocar misa del alba, balanceándome en el sueño, que Agustinito era trono, o medio trono, espíritu casi puro, a salvo de lodos humanos. Esto me tranquilizó por él y por mí. Pero había acunado su cuerpo menudo y entreceleste en las carnes anchas y torrefactas de Carmen la Galilea, mi segunda madre.

Mi toque del alba estaba lleno de celos.

El señor don Lince, el organista/sacristán, era el hombre que definitivamente habíamos elegido para acabar con don Luis, cuya piadosa muerte era el trámite primero e indispensable para nuestra buena vida.

El señor don Lince tocaba de todo, al órgano, y sabía que no había música religiosa, o sólo de encargo, y que era de más efecto, en todo caso, la profana que la religiosa, de modo que el señor don Lince había llegado al escepticismo por la música como otros llegan por la filosofía.

Él sabía bien que las emociones del alma se controlan mediante Bach o Beethoven, como las emociones del cuerpo, y con eso tenía bastante para ser un filósofo de parroquia y no creer en nadie ni en nada.

—Te lo digo yo, Francesillo, y no lo olvides nunca: al hombre le mueven unas cuantas emociones, y da igual que sean naturales o provocadas: la música o los celos. Todo viene a ser lo mismo, Francesillo, un problema de vanidad del macho y lujuria de la hembra.

Así las cosas, le hablé al señor don Lince del asesinato de don Luis:

—Es que a don Luis hay que cargárselo.

—Estoy de tu parte y tienes toda la razón, Francesillo. Todos viviríamos mejor de don Luis muerto que de don Luis vivo. Las familias, aunque no se den cuenta, viven más y mejor de sus muertos que de sus vivos, y eso viene hasta de la prehistoria, pero tú no habrás leído tanto, aunque estudioso sí que eres. Lo que no veo es la manera de cargarme a don Luis.

—El torero Barbas ha fracasado.

—Claro, porque es un borracho. En mala hora lo trajiste a la parroquia, Francesillo.

—No lo crea, señor don Lince. Saca un dinero pidiendo con su castoreño para la beatificación de san Luis. Sobre todo en misas del alba, que usted no suele estar, porque no madruga.

—De nada nos vale que saque limosnas para don Luis, si luego no es capaz de cargárselo.

El señor don Lince, pequeño, vivo y rápido en llevar el santolio adonde falta hiciera, reinaba en su órgano como en un ejército.

Siempre tenía los pies, menuditos y charolados, sobre los pedales del gran monstruo musical, jugueteando. El señor don Lince, revolviéndome un poco el pelo, no sin lujuria (yo estaba sentado en el suelo, y me había enviado don san Pedro de Arlanza), lo dijo todo:

—A don Luis se le pide subir al coro, o sea aquí, y luego al púlpito del coro, que ya ves que tenemos otro, y don Luis, que es soberbio, aceptará hablar desde ese alto trono a los feligreses, superando así al padre Landáburu y otros oradores sagrados.

—Claro.

—Hablará cuando yo le deje, entre Wagner y Wagner, borracho de grandeza. Y se le tira del púlpito, cuando haga falta. Don Luis se ha caído en un éxtasis místico. Si esto ocurre a misa del alba, no tenemos testigos.

El señor don Lince, sin duda, tenía mejores planes que el torero Barbas, que se había contentado con el botellazo, y el Arcángel san Gabriel, que había respondido casi visceralmente a las agresiones sexuales del coadjutor.

En España siempre han pensado más y mejor los sacristanes.

De modo que había que encontrar una ocasión solemne de la Iglesia para que don Luis hablase temprano; el crimen era mejor que lo viese poca gente, o nadie.

El señor don Lince se abrillantó las canas ante un espejito que puso sobre el órgano, se anudó la corbata, se miró de perfil y de frente, y luego jugó sus pies en los pedales de la gran máquina, no sé si comprobando la agilidad de sus miembros o el charolado de los zapatos.

—Lástima que seas rapaz tan arisco, Francesillo.

—A mí no me venga con mariconerías, señor don Lince. Yo vengo enviado por don san Pedro de Arlanza, para el trato, y, en cuanto a lo otro, lo mío son las tías, o sea.

—Se dice por la parroquia que has tenido comercio carnal con tu Angel de la Guarda...

—Eso pasó en las trascocinas del cielo, y además mi Ángel de la Guarda es niña, qué pasa, una niña como la de Murillo que tenemos ahí abajo pintada, en su capilla.

—La Iglesia aún no ha decidido el sexo de los ángeles, Francesillo.

—Pues yo sí.

San Pedro de Arlanza, huido de la antigua abadía de la Orden de San Benito, ya ruinosa, orillas del Arlanza, Hortigüela, y de la dominación goda, ignorado en parte por la restauración de don Fernán González, conde de Castilla, con iglesia y tumba en la Mudarra, entre Valladolid y Burgos, se fumaba un puro davidoff que le había traído el torero Barbas:

—¿Y ese puro, don san Pedro?
—Nada. Obsequio del torero Barbas.
—Por hacerse perdonar su mal botellazo al santo.
—Y que lo digas.
—Nunca puede uno fiarse de un borracho.
—Ni de una mujer, Francesillo, ni de una mujer...
—¿Lo dice usted por mí, don san Pedro?
Tuve susto.
—Lo digo porque hay ángeles botánicos, ángeles músicos, ángeles de la guarda y otras especies que andas beneficiándote por los desvanes del cielo.
—Allá ellas, don san Pedro.
—Pero te vas a confesar conmigo, si es que quieres comulgar como es debido el Domingo de Ramos.
—Con usted confesaría, señor don san Pedro de Arlanza, pero usted de mí ya lo sabe todo. Más de lo que yo pueda contarle.
—Tranquilo, Francesillo, que era broma. Habrás visto que el cielo, en sus nueve coros, es lupanar, lenocinio y timba y jodienda. Ése es el cielo que a mí me asqueó y me hizo bajarme aquí abajo, de santo de sacristía.
—O sea que es usted un marginal.
—Eso. Un rebelde.
—Un maquis del cielo, como si dijéramos.
—Del cielo y del infierno.
San Pedro de Arlanza, ignorado en parte por la dominación de don Fernán González, conde de Castilla. Ya me sabía yo de dónde le venía a don san Pedro de Arlanza el resentimiento, la rabia, la rebeldía, la conspiración y aquella manera que tenía de fumarse —una manera casi blasfema— los puros que le traía el torero Barbas.

Don san Pedro de Arlanza era un ángel caído, lo comprendí de pronto, y de ahí su grandeza inversa y siniestra, su conspiración irónica y calculada en contra de don Luis y a favor de don Luis, su logia de sacristía.
Habiendo llegado a santo, un conde —Fernán González— lo dejó en nada, relegándole a las sacristías del romá-

nico castellano, y don san Pedro de Arlanza se tomaba venganza de todo esto tramando cosas para embarullar la Iglesia, oscurecer el cielo y fumarse mejores puros.

—¿Y el conde don Fernán González?

—Un hijo de puta, y perdona que te hable así, Francesillo.

—¿Y los vecinos que viven en la calle de ese nombre?

—Otros hijos de puta, aunque no salgan en los sellos de Correos, como el conde.

Aquel hombre estaba lleno de resentimiento y por eso le amé.

Más que los cuproníqueles del cepillo de las ánimas, anhelaba la gran farsa de la beatificación de don Luis —monstruo verde de soberbia y homosexualidad contenida—, y el trastocamiento de todos los valores.

—Debiera usted darse una vuelta de vez en cuando por los nueve coros, señor don san Pedro, para ver en qué relajo está aquello. Parece la revolución de Cuba, que dicen los feligreses de derechas.

—No, hijo. Ellos han prevaricado por vicio, por sevicia, por lujuria, y todo eso es pequeño y vil y ha empequeñecido el cielo. Yo he prevaricado por soberbia, que es sentido de la justicia, por rebeldía contra un conde idiota que se deja sacar en los sellos de Correos.

«Ésa es mi grandeza.»

No lo dijo, pero hubiera podido decirlo. Ésa era su grandeza. Él no era un viciosillo, sino un ambicioso de absolutos. Señor y santo de Hortigüela, no olvidaba humillaciones. El que en el quinto o el noveno coro se jugase a los dados era una cosa que le daba igual. En realidad, y tan golfo, se mantenía puro en su hornacina de sacristía.

Sólo la soberbia nos hace puros, pensé.

Por la mañana muy temprano —si no había dormido en un banco de la iglesia o en la capilla de San Wenceslao y San Boleslao, que era la más caliente—, llegaba yo a la sacristía, por esquinados laberintos de frío, me quitaba el abrigo dado la vuelta, de posguerra, y me ponía los ropones de monacillo de lujo que para mí guardaba don Luis en el arcón principal.

El señor don san Pedro de Arlanza, insomne, asistía a la operación, mientras yo me iba abrochando, uno a uno, los cien botones de la ropa, como pepitas de sandía, y me daba noticias de la noche:

—Tu Ángel de la Guarda ha venido hasta aquí a buscarte. La niña es un puro Murillo y se ve que necesita otra vegada antes que vos vades. El ángel botánico también asomó de madrugada, con un tiesto en la mano, el alba del alhelí, que ahí ha dejado, para Francesillo; Teresita Rodríguez, que hoy viene a misa del alba con toda la familia, porque celebran el ascenso de su papá al cargo de jefe local del Movimiento, también se ha asomado a ver si estabas por aquí revistiéndote.

—Gracias, don san Pedro de Arlanza, por su buena vigilancia —le decía yo, mientras me entremetía los ropones a la luz cruel del alba.

—De nada, hijo, pero dame un trago de vino consagrado antes de salirte para el altar mayor con las vinagreras.

VAGANDO POR LOS ALTOS PALOMARES de ángeles y vencejos de San Miguel, curioseando los buhardillones profundos, con sol de otro tiempo, di un día con el gineceo, o lo que fuera aquello, de las vírgenes necias, mujeres de la Biblia, deseables y tontas (como casi todas las deseables), eternamente jóvenes, reunidas en sus retretes, riendo de nada, felices y en camisón de una batista como celestial. Lo primero que me recordaron fue las vicetiples de la compañía de revistas. Luego, las meretrices de la Formalita.

—¡Mirad, ha venido un hombre!

—Pero si es un niño...

—El monacillo mayor de allá abajo —dijo la más enterada, que tenía grandes pechos sueltos bajo la cretona teologal que la vestía.

Y menos mal que venía conmigo el ángel trono, al que yo llamaba interiormente Agustinito, por ser como repetición celestial y platónica de mi amigo, el teólogo laico de San Pedro Latarce.

—Son las vírgenes necias de la Biblia —susurróme.

—Eso me parecía. Buenas sí que están.

—Te condenarás por el sitio de tu pecado.

—Eso es de Lorca, trono, uno que fusilaron hace poco, cuando la guerra, y además tú no eres mi Ángel de la Guarda, que mi Ángel de la Guarda es hembra de Murillo, niña sevillana, y ya me la he beneficiado, en una trascocina, por más detalle.

—Respeta a estas santas mujeres —decía el trono chepudito—. No abuses de que son necias, que ya lo pone en los Evangelios.

Pero nos sentamos en un alféizar y pronto nos hicieron corro.

Al trono —¿Agustinito?— lo daban como por sabido, pero a mí, monacillo mayor de San Miguel, rubio y alto, me hablaban con la boca muy cerca de la boca:

—¿Eres niño santo?

—¿Conoces mujer?

—¿Eres el Niño Jesús de Praga?

—¿Estás por humildad de monacillo?

—Y qué rubio es.

—Y qué espigadito.

—Si habláis todas a la vez, me vais a volver loco.

El trono chepudito huyó con sus periódicos católicos franceses y sus tomos de Péguy, que siempre llevaba bajo el ala, pero yo me quedé entre las vírgenes necias.

—¿Y qué hacéis vosotras aquí?

—Esperar que llegue la noche para encender la lámpara. ¿No has leído los Evangelios?

—Los Evangelios son él —dijo una rubia como un ángel yanqui.

Y la noche llegó en conversación.

Encendieron sus lámparas, que todas tenían aceite, contradiciendo los Evangelios —o sea que no eran tan necias—, y su llama lucía más que los astros, estando como estábamos en el cielo.

Me llevaron casi en andas a sus retretes interiores. Me desnudaron de los ropones de don Luis y gozaron de mi cuerpo adolescente, como las meretrices de la Formalita, no sé. La mujer sabe placeres que en el placer no se cuentan.

A la mañana, cuando desperté entre ellas, todas parecían castas y bobas. Las lámparas que habían iluminado nuestras carnes estaban apagadas, pero visibles.

—Adiós, necias.

Me ayudaron a abrochar mi larga botonadura y bajé a campanear misa del alba.

Los celos son filósofos, y yo tenía celos de Carmen la Galilea. Con mi grupo de amigos —Davidito, entre la pleuresía y el anacronismo; Honorato, entre el luto y el sindicalismo; Loyola López, entre el estraperlo y el mundo, que le traían las radios internacionales de su tienda; Javi, bobo e ingenioso; Preciado, redicho y mercero— habíamos frecuentado la casa de lenocinio de la Formalita, y allí fue donde, según cuentan libros, Carmen la Galilea me descubrió el sexo, el amor y quizá la muerte. Ahora veía yo que el mundo era dúplice, masticando lentamente pan de hostias, mientras san Pedro de Arlanza dormía la preterición en su hornacina.

¿Irá a tener razón el bujarroncete de Platón, que me cae tan mal? ¿Será verdad que vivimos de las sombras de una caverna? Yo no quería ser platónico, sino socrático y, mejor aún, heraclitano, de modo que me desconcertaba el fenómeno. Agustinito —me decía— tiene su doble celestial en un trono chepudito; las vírgenes necias de los Evangelios son lo más parecido a las meretrices de la casa de lenocinio de la Formalita: yo, que ando entre el cielo y la tierra, veo que el cielo no es sino una mala repetición aburrida de la tierra, y que aquí abajo es donde se realizan los ideales del cielo. Mi Ángel de la Guarda había resultado ser una niña sevillana y cachonda de Murillo. El cielo necesita de la tierra para tomar cuerpo. Agustinito tenía su dúplice en el cielo, en un trono con alas de periódico. ¿El cielo imitaba a la tierra, o a la inversa? Demasiada teología para un monacillo.

Mientras el párroco decía misa del alba a cuatro beatas y un loco, y yo le ayudaba en un latín que me era absolutamente indescifrable, comprendí de pronto —como se comprende un sueño—, que una de las vírgenes necias, la de la cretona teologal, era como duplicación platónica de Carmen la Galilea, la meretriz de la Formalita, la mujer ancha, cálida y chata que me había echado al mundo del sexo. Después de misa, cuando el párroco, tan viejo, volvía a casa, para seguir durmiendo, entré en la sacristía y estuve en la gran mesa de nogal —hecha de un solo e inmenso y noble y hermoso nogal—, desayunando pan de hostias y bebiendo vino bendito con don san Pedro de Arlanza.

—Tarde se despierta usted, don san Pedro.

—Es lo que tiene llegar a santo. Que no cuentan los horarios.

—Claro. Me he enamorado de una virgen necia que hay en los buhardillones, y que es como repetición platónica de Carmen la Galilea, una de la Formalita.

—No es amor, es encoñamiento.

—Joder, cómo hablan ustedes los santos.

—Tú de quien estás enamorado es de Teresita Rodríguez.

—Pero es que la virgen necia resulta repetición de Carmen la Galilea. Sombra platónica y cavernaria de ella.

—No está dicho en los Evangelios que las vírgenes necias fueran al cielo.

—Tampoco eso es el cielo. Sólo son los buhardillones de la parroquia.

—Tampoco creas que el cielo es mucho más, hijo.

—Iba desnuda bajo la cretona, y me fornifolló como Carmen la Galilea. Le gustan los niños, como a la Carmen.

—Deja el fornicio, Francesillo, que va a ser tu desgracia.

—Es que no creo en Platón. Dicen que Cristo viene de

Platón, como Platón de los orientales, más que de Sócrates. Y a mí el Oriente me da por retambufa. Yo quiero venir de Heráclito, los presocráticos, los prerrafaelistas y todos los pre.

—Sabes más de lo que yo creía, pero no estás para meterte en humanidades, Francesillo —decía san Pedro de Arlanza, masticando pan de hostias, que remojaba en vino santo, con sus encías sin dientes—. Pero tengo recado para ti. Doña Alfonsa la Millonaria está al tanto de los raros accidentes de don Luis, botellazo y pez de latón arcangélico clavado en el pecho, y quiere que la visites, como mano inocente, para informarla, en su casa palacio, de lo que está pasando aquí. Es lista, casi condesa, y algo sospecha.

Y don san Pedro de Arlanza echó sobre la mesa una carta de letra picuda, que en seguida se salpicó de vino que era la sangre de Cristo. Leí la carta.

EL PORTAL SOMBROSO (chiscón de la Morena, la portera), como para el paso de carruajes, el patio de un castellanismo sevillano, con verdores y fuente, la escalinata frágil, encerada y oscura. Doña Alfonsa la Millonaria era como un pájaro heráldico de ojos claros, nariz de águila de blasón y voz contenida: una voz en la que yo adivinaba que se contenían/reprimían la ira, el odio, la vergüenza, la desvergüenza, el despotismo, el amor, la falta de amor y todo lo que hacía de doña Alfonsa la Millonaria la marquesa natural del barrio de San Miguel.

—En nuestra parroquia están pasando cosas raras, Francesillo.

—Dígame la señora.

—Bueno, en principio, ese vagabundo, ese torero viejo, ese rojo, seguramente, que habéis puesto a pedir en las cadenas de San Gregorio.

—No lo hemos puesto. Se ha puesto él.

Doña Alfonsa la Millonaria había mandado pedir unos rosolíes para ambos, quizá más para mí que para ella, y la tarde le daba en el rostro como su juventud ida y vuelta de pronto. No había recurrido al viejo truco de ponerse a contraluz y observarme desde la penumbra. Quizá tenía más confianza en los verdes del verde de sus ojos cuando la tarde, populosa de vencejos, que tienen el vuelo bajo, quemaba sus pupilas.

—He escrito a don san Pedro de Arlanza porque veo cosas raras en nuestra parroquia.

—¿Raras?

Y yo me sorbía mi rosolí, balanceando las botas duras de Auxilio Social bajo los ropones lujosos de monaguillo excepcional. Me sentía casi un Richelieu visitando a alguna reina de la época.

—Lo de don Luis no han sido desmayos del corazón. Han sido atentados.

—Atentados.

—Sí, intentos de crimen, no te hagas el tonto, que no lo eres.

—Gracias, señora.

—O sea que tú tampoco vas a contarme nada.

—Lo que me pregunte la señora.

—Este don san Pedro de Arlanza, y te voy a hablar con toda mi verdad, que para eso eres niño y sabio, casi como Jesús entre los doctores, no me inspira mucha más confianza que vuestro torero pedigüeño.

—A nadie hace ningún daño don Rufo el Barbas...

—Salvo que quiso matar a don Luis de un botellazo. Si no se hubiera bebido primero el vino, quizá el botellazo fuera más contundente. El alcoholismo le hizo perder el golpe.

—¿Usted sabe todo eso?

—Me lo imagino. Tú dormías en la capilla de San Wenceslao y San Boleslao. ¿Viste algo?

—De un tirón duermo, señora.

—Listo eres, Francesillo.

—¿Y por qué quieren darle de botellazos a don Luis, que es nuestro coadjutor?

—También san Gabriel es arcángel y quiso clavarle a don Luis, en el pecho, el pez de latón.

—¿Como un cuchillo?

—Como un cuchillo.

—Pues ya ve la señora que no sé nada.

—Lo sabes todo, Francesillo. Y me lo vas a contar. Morena, más rosolí para el príncipe de la Iglesia.

Me halagó y me humilló la burla.

—Es que si ustedes sacan beato a don Luis, la parroquia será un emporio.

—¿Un emporio?

—Bueno, eso dice don san Pedro. Como el Santuario Nacional de la Gran Promesa. Y usted ha escrito a la Nunciatura, ¿no?

—El padre Hoyos no es más que padre, con santuario y todo.

—Mejor don Luis, si llega a beato.

—Pero primero tiene que morirse.

—¿Primero tiene que morirse?

—O tenéis que matarle.

—No vamos a hacer eso, señora. Usted lo comprende, doña Alfonsa...

—El torero Barbas falló por borracho. El arcángel falló porque es de mentira, como todos los arcángeles, aunque don Luis le sobe los muslos.

—¿Los muslos?

—De sobra sabes que don Luis es un maricón reprimido, hijo. ¿A ti nunca te ha metido mano?

Y doña Alfonsa la Millonaria encendía en aquel momento un purito filipino, de sus bisabuelas virreinas, y me recordó a las mujeres de la Formalita, siendo señora y millonaria, como era.

—No van ustedes a beatificar a un buja...

—Buja. Qué palabra.

Ella echó el humo igual que la Formalita, la encargada.

—Alguien tiene que intentarlo —me dijo.

Y tiraba del purito. Comprendí. Doña Alfonsa la Millonaria estaba dispuesta a llegar hasta el final. Ella misma me lo dijo en seguida.

—Tiene que intentarlo otro.

—¿Otro?

El rosolí me había mareado con su frescor y su menta o su genciana o lo que fuese.

—Yo mando en este barrio, en esta parroquia, yo tengo el dinero, la edad y el poder, y tú, aunque eres niño, debes comprenderlo, Francesillo, porque parece que te asisten luces sobrenaturales. Yo haré donaciones en beneficio de don Luis, beato y mártir, víctima de unos rojos incontrolados y blasfemos de la guerra civil. Yo quedaré por mi obra y, si es que hay un cielo, lo habré ganado, con mi generosidad y desprendimiento.

—Bueno, nuestra última oportunidad es el organista —dije.

—¿El organista?

—A veces, don Luis se sube al púlpito de arriba, junto al coro y el órgano, para hablar a los fieles con mayor majestad.

—Y desde allí puede caerse.

—Y eso puede ocurrir de madrugada.

—Eso.

—Don Luis suele hablar a las beatas en misa del alba.

—Sí.

El rosolí sabía a menta y a crimen.

La casa como un museo dormido con vago olor a cocido exquisito. La escalera majestuosa e insegura, de maderamen y hierro forjado. El patio castellano/andaluz. La calle, como un atentado de la vida contra las penumbras de la conspiración. En llegando a San Miguel, se lo dije a don san Pedro:

—Que doña Alfonsa la Millonaria está en el truco. Quiere reinar después de morir, o sea que la cosa urge.

—Y qué bien que lo dices, Francesillo.

En mis andanzas por los buhardillones del cielo, lo que descubrí, mayormente, es que todos mis amigos y enemigos de la tierra tenían su doble angélico, arcangélico o platónico en el cielo, así Davidito, que iba de arcángel músico con el arpa al hombro, dando conciertos donde adivinaba propina, como una puta de puerto.

Así Honorato, querubín gordo, que predicaba a las multitudes del cielo revoluciones del nacionalsindicalismo del diario *Pueblo* y Emilio Romero.

Así Loyola López, de quien algo se ha hablado en este libro, rico por su casa, que al final salió corresponsal de un periódico en Roma, y les hablaba en italianini a las multitudes celestiales, cosa que les gustaba mucho, porque les recordaba el latín de Dios (Dios Padre hablaba en latín y Dios hijo hablaba en arameo). Nunca se entendieron.

Decididamente, el Universo era platónico y yo me rebelaba contra esto, pues que nunca me había caído bien Platón. En mis aprendizajes de monaguillo humanista, yo había visto que el rebelde total era Heráclito, que el rebelde romántico y blando era Platón (antecedente de Jesús) y que el rebelde asimilable, reconvertible, reciclable, era Aristóteles, que un día reencarnó en santo Tomás de Aquino.

Yo estaba allí (yo estaba en todas partes) y se lo dije a Tomás:

—Usted lo ha tomado todo de Aristóteles, don Tomás.

Estábamos en los buhardillones del cielo, en los cielos de la parroquia de San Miguel. Yo sentía renacer en mí, previamente, el periodista que iba a ser. Nada menos que hacerle una entrevista a Aristóteles, o a Tomás de Aquino (a quien fuese: al periodista le da igual el entrevistado: lo que quiere es lucirse él).

—Todo no, todo no. Por otra parte, usted sabe que mandé quemar toda mi obra hacia el final de mi vida. No creía en ella.

—Pero gracias a ella está usted aquí, en el cielo, disfrutando de músicas propiamente celestiales.

—Bueno, es que Dios es un poco distraído. Aristóteles, en cambio, se ha quedado sin este relajo del cielo, porque Aristóteles cometió el error de ser anterior a Dios, y eso se paga. Eso Dios no lo perdona. Yo esperé a que Dios pasase primero.

Ya tenía yo mi exclusiva y se la pasé al trono *Agustinito*:

—¿No podrías poner tú esto en francés y mandarlo a *L'Aurore*?

—¿De qué me hablas, Francesillo?

—De un amigo mío de la tierra, Agustinito, que sabe francés, se le aparecía Pío XII, cuando la guerra mundial, y es el vivo retrato de usted.

—Insisto, no sé de qué me hablas, Francesillo. Tú eres un intruso en el cielo, y me temo que lo serás siempre, si no abandonas eso del periodismo y otras bajas pasiones.

—De algo hay que vivir en la tierra, trono.

—Vive de la oración y la abstinencia.

—Lo del doctor Angélico podría ser una exclusiva mundial, en París, en Madrid, en todas partes.

—Pero tú, ¿qué es lo que buscas, Francesillo?

—La gloria literaria, señor trono. Es lo mismo que me pregunta mi amigo Agustinito, allá abajo.

—¿Y él, qué busca?

—Lo mismo. La gloria literaria. Pero a través de santos, concilios y artículos sobre la beatificación de don Luis. ¿Por qué? Porque no tiene talento literario para crear.

—Eso son cosas de la tierra, pasajeras y fugaces.

—¿No me pone usted en francés el artículo de santo Tomás?

—No.

—De Gaulle ha implantado el franco fuerte. Puede ser una pasta. Vamos a medias, con perdón, señor trono.

—¿Y para qué queremos el dinero, los ángeles, aquí en el cielo, donde el dinero no significa nada?

—¿Qué tristeza, no?

—Y que lo digas, hijo, qué tristeza.
—La alegría de la vida es ganar y gastar dinero.
—Eso pienso, Francesillo. Pero la bienaventuranza eterna consiste en aburrirse.
—¿Me pone usted en francés la entrevista con el doctor Angélico?
—Veremos lo que se puede hacer.
Era como Agustinito cuando liaba un pitillo de picadura, antes de dar el sí al pecado.

El cielo, para el que no tira bien los dados, para el que no baraja bien el naipe, para el que no pulsa finamente el laúd o no toma por retambufa, es una cosa aburrida. Advierto.

Advierto yo, que sólo fui un visitante casual y mortal de los cielos inmortales.

Al cielo hay que subir por las virtudes, de acuerdo, pero no conviene dejarse abajo los vicios, porque el cielo, entonces, se hace como un poco aburrido.

Davidito (o su sombra platónica) seducía criaturas celestiales. Honorato (o su sombra platónica) discutía el tema sindical con criaturas celestiales, porque todos estaban un poco hartos de la autarquía de Dios y planeaban, cuando menos, un sindicato único, como Franco. Loyola López, que era internacionalista y superficial, hablaba con los ángeles y las vírgenes del localismo del cielo, y les decía que el cielo era mucho más hortera que el Vaticano, un suponer, con su Capilla Sixtina y su marcha.

Pero no eran mis amigos, mi grupo de la pequeña ciudad, sino su sombra platónico/cristológica, y yo me abstenía, por si acaso. Los astros, en tanto, seguían dibujando sus bellas elipses por el cielo.

La situación, para mí, comenzaba a ser un poco monótona. En la tierra encontraba los mismos amigos, duplicados, que en el cielo. Ni Dios había tenido imaginación para hacer un cielo que no se pareciese demasiado a la nostalgia que los humanos tienen de la tierra. Un lío.

Lo que había que llevar adelante era el asesinato de don Luis, el coadjutor, para que la parroquia se convirtiese en santuario, como el de la Gran Promesa, y para que el dinero entrase alegremente hasta nosotros, como en un casino.

Las beatificaciones tardan, pero el mito del beato comienza a funcionar en seguida. La fe del pueblo se adelanta a la fe de los cardenales.

Todo estaba previsto para matar definitivamente a don Luis, el coadjutor.

Dios le llamaba a su diestra.

UN DÍA hubo fiesta en el cielo, alboroto de los buhardillones, que el cielo tiene sus días festeros y sus días feriados, como la tierra.

Mi descubrimiento más teológico había sido descubrir que el cielo vive imitando melancólicamente a la tierra. Dios hizo un mundo más allá de la muerte, sí, pero Dios estaba acabado, se había agotado en su invención prodigiosa de la tierra, y sólo le salían imitaciones de ésta.

Platón cree que sólo somos sombras que tienen su realidad en otra vida.

Dios, mucho más sabio que Platón, sabe que sólo somos cuerpos que tienen una pálida proyección de sombra en el cielo. La caverna platónica era a la inversa, por lo que yo iba viendo, y el cielo no era sino una gran melancolía de la tierra.

En la noche festera y feriada del cielo, Agustinito, el trono, dijo discursos y pregones. Davidito, el ángel músico, hizo melodías aburridas, como toda melodía, que permitieron a la gente ir al puesto de los rosolíes, servido elegantemente por doña Alfonsa —¿y qué rayos hacía allí doña Alfonsa?—, con delantal blanco, impecable.

Honorato quiso distinguir, cuando se subió a la tarima, entre el sindicato vertical y el sindicato horizontal, pero le silbaron, porque aquello no interesaba nada a las criaturas angélicas, aparte de que Millán Astray, lleno de cruces y brillantes, llamó inmediatamente a El Pardo, por el teléfono de canuto, para informar de que en el cielo había un rojo.

—¿Y cómo ha podido llegar un rojo al cielo? Eso es cosa de ustedes, los militares.

—Se le pide la cartilla de racionamiento a todo el mundo, Excelencia.

—También los rojos, gracias a mi magnanimidad, tienen cartilla de racionamiento. Eso no prueba nada.

Y se cortó la comunicación con El Pardo, populoso de ciervas vulneradas y rebecos.

Millán Astray se hundía en sus cruces como el *Titanic* en tanta joya de agua.

Loyola López, o el ángel que le repetía en el más allá, cantó canciones francesas de Juliette Greco, Patachou, Yves Montand y todo lo que oía en su tienda de radios, que los hermanos mayores las enchufaban al amanecer, con los cierres echados, por escuchar a Francisco Díaz Roncero, desde París, por emocionarse con *La Marsellesa* y por ir de rojos y de enterados en mi vieja ciudad.

—Esto de la canción francesa me suena a cabaret y a relajo parisino.

—¿Quiere el general otra conferencia con El Pardo?

—No, deje, no se van a poner. Ya es tarde y estarán acostados. Nuestro Caudillo es un modelo humano de hombre que duerme pronto y madruga mucho.

—Ah.

Por fin vinieron, como final de fiesta, las vírgenes necias, que sabían hacer de todo, y de entre ellas, pese a ser vírgenes, distinguí a la que repetía platónicamente el modelo de Carmen la Galilea. Entre la caligrafía de luces de sus lámparas, que esta vez sí tenían aceite, y no como en los Evangelios, me quedé con las transparencias bien nutridas de algunos camisones y con el guiño de Carmen la Galilea, o quien fuese aquella virgen necia, que era un guiño de la calle de los Moros, de la calle de las Vírgenes, de la calle Padilla, o simplemente de la calle.

Cuando la fiesta naufragaba en vino y sexo, como una bacanal romana (el cielo nunca ha conseguido mucho más, en sus momentos más felices, que parecerse a Roma), cuando los cuerpos yacían sobre los cuerpos, con más sueño que lujuria, en un fructuoso reconocimiento de la carne, más allá de la lascivia, cuando el general Millán Astray se había retirado, entre indignado y digno, con el párroco a un lado y el coadjutor al otro, entonces, entredormido como estaba yo en un sillón de mimbre, vino Carmen la Galilea, o sea la virgen necia que se le parecía, a despertar mi sueño y los mis apetitos.

—¿Dormido te me has quedado, Francesillo?

—Hablas como una criatura de la tierra.

—Quizá lo soy.

—No, que está viva.

—Tampoco me llames muerta, Francesillo.

—Perdona, Galilea.

—A lo mejor yo, aquí en el cielo, estoy más viva que tu pobre puta en su esclavitud de la tierra, orlada de reclutas y borrachos.

Tenía razón. Era como una Galilea liberada de la esclavitud del lenocinio.

—Pues tú diras, virgen necia.

—Que alguna vez tenemos que perder la necedad las vírgenes.

No me acordaba en aquel momento, por el vino/sangre de Cristo, si yo había tenido ya comercio carnal, o no, con aquella virgen.

—Será lo que tú digas, Galilea.

—Será lo que tú puedas, Francesillo.

Y acabó de espabilarme el reto.

Lo que pasa es que en el cielo se hacía el amor en las

trascocinas, pues que los espíritus puros no comen, como ya tengo explicado, de modo y manera que aquellos sitios estaban siempre ociosos y abandonados.

En una trascocina estuvimos aquella virgen necia y yo, aquella noche, y yo ya sabía, por Carmen la Galilea, que era su sombra corpórea en la tierra, que había que dejarse hacer, que ella disfrutaba con un muñeco como yo y que iba a lo suyo:

—Estaba harta, Francesillo, de que allí abajo me trascordasen brigadas, que son todos unos guarros, y no digamos los brigadieres, que de todo he conocido, de modo que una mañana me tomé una botella de lejía y aquí me tienes, de virgen necia.

Lo cual que me hizo sus necesidades sexuales, me amó con aquel amor con que las mujeres aman a los niños, más sus orgasmos interminables, que son también amor por la especie, por la vida, por el niño, por el hombre, por mí. Había aprendido yo, de mis entregas a la Galilea, que a este tipo de mujeres es mejor no hacerles nada, sino estar atento a conservar la erección, que eso les gusta, claro, y dejar que ellas gocen en uno del hijo que no tienen, del amante que perdieron, del cliente que no les gusta y hasta del Niño Jesús de Praga.

—Y qué satisfacción me has dado, Francesillo.

—Ninguna, virgen necia. Sólo he esperado tu orden para la vegada.

—Es el mayor mérito del hombre, Francesillo. Retener la vegada hasta el momento de la mujer.

—Demasiado sabes para virgen, virgen necia.

Su lámpara ardía pálida contra la luz clara —y tan alta— de la mañana. Ella la apagó de un soplo.

—Verás que no ha faltado aceite en toda la noche —dijo.

La llama del aceite, sí, iluminando, decorando, dorando las formas rubensianas de su cuerpo, decolorando las formas lisas y blancas —que vergüenza— del mío.

—Entonces ¿las Escrituras son mentira?

—Nada es mentira ni verdad, Francesillo, hijo. Todo es según ocurre.

Y me besó con su gran boca en mi boca de niño asustado y feliz. Alguien, por mí, tocaba a maitines en el cielo.

José María Stampa era más corpulento que alto, y el alumno más brillante de Derecho de la Universidad de Valladolid. José María Stampa tenía el pelo rubiasco, se veía que en seguida se le iba a poner blanco, las gafas gordas, la cara de boxeador bueno y simpático, las manos sinceras y la voz grave, buena para la oratoria de los juicios.

José María Stampa y yo paseábamos de madrugada, a la salida del *Diario Pinciano*, donde él, a lo mejor, había escrito algún editorial finamente jurídico, y yo lamentaba no haber tenido antes aquel amigo fuerte y fino, honesto y completo. José María Stampa no era un cursi como Davidito, ni un esnob como Loyola López, ni un mártir como Honorato, ni un redicho como Agustinito, ni un resentido como Pepe Zaratán, ni un frívolo como Javi, ni un hortera como Preciado, ni un enfermo como Alejandrito. José María Stampa era uno de esos hombres de muchas piezas bien conjuntadas que dan, coño, el hombre de una pieza.

De modo que me hablaba fuerte y sincero:

—Tú te tienes que ir a Madrid. Tu mundo literario, tu mundo narrativo, tu mundo retrospectivo lo tienes aquí, pero tu porvenir lo tienes en Madrid.

Quizá se estaba hablando a sí mismo. Él sí que llegaría a brillar en Madrid. Doña Alfonsa, cuando el asesinato de doña María Sanmanuel Martinmorena, se había quedado ciega, que se le desprendió la retina, y ya nunca más le volvieron la vista los médicos de la capital, pero desde su ceguera, como Homero, contaba las dichas y desdichas del barrio. Todo lo que había visto y callado de vidente, como si no viera nada, lo decía ahora, de invidente, monologando con su hija cerdal, con la Morena la portera, que también se había vuelto vieja, o con Millán Astray, en sus miércoles inmortales, que se habían vuelto tristes y como apagados sin la luz de sus ojos, aunque ella ordenaba, precisamente porque estaba ciega:

—Que enciendan todas las lámparas, que iluminen los salones.

De lo que no hablaba casi nunca doña Alfonsa era de la muerte de doña María Sanmanuel Martinmorena, quizá por lo que ella había contribuido involuntariamente al hecho, que era bien poco: al moro asesino lo habíamos conocido doña María y yo el día o la noche en que nos presentamos en casa de la Millonaria a pedir perejil prestado.

—Francesillo —me decía ella, cogiéndose de mi brazo para pasear por el barrio, mientras con la otra mano aclaraba el mundo su bastón—, tú me trajiste a casa aquella bruja, aquella bruja vasca, navarra, los vascos no son españoles, son una raza bárbara y sin latinizar, Francesillo. Pero no me la trajiste tú, sino que ella te trajo aquí, a mi casa, a los moros, comprenderás que no podía negarles la entrada, siendo como eran de la escolta del Generalísimo, y luego de la guardia personal del capitán general, pero nunca me gustaron, eso seguro, y la culpa la tuvo doña María, la bruja, por enamoriscarse de aquel moro malo y meterlo en su casa, que luego salió todo en el incendio del taller de Iván Mateo, mujeres desnudas entre las santas imágenes, y aquella viuda, a sus edades, faltándole al glorioso caído. En fin, Francesillo, sabes que siempre quise a tu madre y hasta le disculpo, ya muerta, que visitaseis tanto a doña María en la Cruz Roja, que de todo me enteraba yo en el barrio, aunque parecía que de nada. Tu madre, Francesillo, tenía un veleide volteriano de cuando la República, y eso la llevaba a decidirse por la gente del mal.

Demediado el siglo XX, tenía yo unos guantes amarillos (encontrados por casa, quizá femeninos), tenía yo un abrigo con cuello de rizo (dado la vuelta) y tenía un capazo o capacho de hule, para la compra, del que ya me había redimido. Me gustaba ser el lazarillo elegante, digamos, de la aristócrata ciega, y me apresuraba a recoger en mis diarios íntimos (base de estas Memorias, ya se ha dicho) todo cuanto me contaba la anciana, para una redacción futura, que pudiera ser ésta. Dábamos vueltas a la plaza de San Miguel, con sus bancos de piedra, largos y semicirculares, su farola escurialense de cuatro brazos y su alrededor de palacios y conventos.

—De lo de don Luis, el coadjutor, Francesillo, recuerdo tu visita a mi casa, siendo monacillo, y enviado por don san Pedro de Arlanza, que nunca ha sido santo de fiar, como el río de su nombre, y nunca quise saber más de la beatificación de aquel cura mediocre, ni de su muerte natural o accidental, pese a lo que te dijera entonces, que, a los ciegos, con la visión se nos va la memoria. Ni siquiera sé si don Luis está en el cielo o en el infierno. Mi hija entró en religión, Francesillo, que no era de este mundo, que los hombres buscáis hembra más codiciadera, incluso a ti te la habría dado, Francesillo, a ti mejor que a nadie, con todos mis arriendos, para que te dedicases a escribir y estudiar, que ya sé que es lo tuyo, mejor que el *Diario Pinciano*, donde no te pagan nada, o la Banca ésa regional, donde te pagan poco y trabajas mucho. Y no creas que no le llegabas tú a mi hija, Francesillo, lo que pasa es que había distancias insalvables entre vosotros, y ella, que, como te digo, se ha apartado del siglo, entrando en religión, no era una Teresita Rodríguez, hija de un rudo beneficiario de la Victoria, que te llevaba al Frondor a hacer cosas de hombres y mujeres, cuando erais niños.

Lo de menos era que doña Alfonsa la Millonaria, ciega y con bastón, tuviese razón en unas cosas y no las tuviera en otras. Lo que me emocionaba a mí (su ceguera me permitía llorar impunemente) era el relato homérico de nuestra vida completa que hacía la ciega, con razones y sinrazones, y el haber llegado, por fin, a ofrecerle mi brazo para pasear hasta el palacio de Fabio Nelli, el cuartel de la Guardia Civil, en forma de plaza de toros, que es lo que había sido, el plateresco de San Pablo o el barroco de Berruguete. Muerta mamá, de quien hablo en otras Memorias mías, doña Alfonsa fue la abuela nobiliaria e inesperada que me hizo reflexionar sobre la vida grandiosa y minutísima de nuestro barrio, de nuestro siglo. La ceguera era en ella, como en todos los ciegos, algo así como una forma de bondad.

—Tu madre fue grande, Francesillo, la mujer más grande que ha dado nuestra parroquia. Tú sales a ella, aunque también sales a padre, en lo apuesto y mujerizante, que no creas que no te veía mirarle las piernas a la Ignacia, la pobre, que es infeliz de nacimiento, pero con un cuerpo que es como si no fuera de ella, con un cuerpo que no sabe administrar, de modo que acabará muchacha de ciudad o barragana de algún estraperlista de estos que ha creado Franco.

(«Mujer de ciudad» llamaba doña Alfonsa a las meretrices callejeras, y luego he encontrado yo esto en grandes escritores europeos, lo que me revela un dato más de la cultura callada de doña Alfonsa.)

—Yo he tenido en mi casa, Francesillo, a los generales y los moros de Franco, como sabes, a los hombres del tenientillo que rechazaba Carmen, o la familia de Carmen, que yo de chica veraneaba mucho en Asturias y me conozco bien la historia. Franco se fue a África por demostrar a la familia de Carmen lo que él valía. Primero le habían desechado para marino, en Ferrol, por bajito. Franco, como Napoleón, como todos los hombres que llegan a algo, iba movido por estas frustraciones. Los hombres sois muy hombres, Francesillo, y no aguantáis un agravio. Franco hizo su guerra, y lo que nos quede de Franco, que me parece que es mucho, más a ti que a mí, por desvengarse de todo aquello: la humillación de la Marina, la humillación de Carmen, la humillación de su familia humilde, la humillación de ser judío: Paquito Bahamonde es judío galaico, Francesillo, y por eso persigue a los judíos, y persigue a su padre, que es borrachín y lo va contando. Franco, a los míos, nos ha quitado una Monarquía, pero nos ha dejado monárquicos, y eso tenemos que agradecerle. Tú saldrás volteriano, porque a tu familia le ha ido mal y porque tienes biblioteca, pero yo soy de cuna, Francesillo, perdóname, hijo, sabes que a tu madre siempre la quise.

Los vencejos volaban bajo, rasada la tarde. Doña Alfonsa la Millonaria, ciega y lúcida, era el cronicón vivo de la pequeña Atenas de mi barrio, algo así como un Homero femenino. Qué lejos los tiempos en que ella descendía sobre el mercado, los miércoles por la mañana (para el resopón de la tarde), se hacía ubicua entre las pescaderías y las verdulerías, y yo la evitaba por pudor, por vergüenza de mi compra doméstica. Ahora comprendía yo que, en su visión totalizadora del mundo y de la parroquia, mis labores de ama de casa no suponían ningún demérito para ella, que me sabía o presentía artista adolescente, por mis padres y por algún artículo mío que, sin duda, había leído en el *Diario Pinciano*. En cuanto a su idilio fugaz, literario y de mecenazgo con el difunto Culo Rosa, no parecía haber dejado mucho dolor en ella. Nunca salió Culo Rosa en nuestros paseos y conversaciones. Ni siquiera esta inmortalidad conversacional tuvo el pobre Culo Rosa. Pero estos paseos por mi barrio, llevando del brazo a la ciega (que me explicaba el plateresco de San Pablo y el románico de la Antigua, desde su ceguera, como si lo estuviese viendo), son lo último y más entrañable que memoro en estas Memorias de provincias. Doña Alfonsa fue, un poco, como un añadido de mi madre.

AQUELLA NOCHE también había fiesta en el noveno coro, como casi todas, por la primavera (en primavera estábamos otra vez) y a las primeras que vi, al llegar, no sé si como vírgenes necias o ángeles del mal, fue a Ignacia, la doncella inocente de doña Alfonsa, y a la meretriz María de Plata, que tanto había fornifollado con Zequiel Zamora, Preciado, Loyola López y conmigo mismo.

¿Eran ellas o era su alma platónica y musical? Jamás he llegado a saberlo, entre otras cosas porque me aburre bastante Platón (como a Nabokov) y no sé si los seres vivos/muertos proyectan sombra en el cielo/infierno o es a la inversa, ni me importa. Por entre los cuerpos desnudos de las vírgenes necias, todas vagamente parecidas a las mozas de mi barrio, iba y venía don Luis, el coadjutor, más alto y delgado que nunca, con sotana blanca (se parecía un poco a nuestro tan aparecido Pío XII) y un esparadrapo grande en la frente: ¿era la herida de su muerte criminal o sólo un accidente, resultado de nuestros largos planes? A su lado, el Arcángel san Miguel o san Gabriel o el que fuera, el de abajo, el de la derecha del altar (supongo que san Gabriel, por lógica toponímica), a quien tanto había acariciado don Luis los muslos de barniz rococó.

Pero también el ángel parecía blanco y como más vivo. Allí, Davidito y su novia, su santa esposa, Ana, Anita, la niña muerta en La Concha de San Sebastián, en excursión de la Sección Femenina, celebrando su boda en las trascocinas, de manera muy semejante a como lo hicieran en un hotel de la ciudad, el día que los casé. (Digo «los casé» y sé lo que me digo.)

Seguramente, otro Davidito y otra Anita estaban en una lejana cabeza de partido judicial, esperando un niño, y él le explicaba la divina proporción que subsiste en Chopin, pese a todo, mientras ella le miraba con ojos blancos, pensando sólo en el hijo que le crecía dentro.

Entré en la trascocina y besé a ambos. Allí estaban todos, muy de boda: Pepe Zaratán y Loyola López, que se habían ido a Europa en la Harley-Davidson de este último, huyendo de la estrechez franquista. Zequiel Zamora, de pie, diciendo versos a los novios y llorando contra la axila de su amigo el actor, el que se había ido a Madrid, para triunfar, en el tren tranvía, y que ahora asistía, noblemente, a los esponsales de su muerta. Lucio Alfil, rodeado de querubines, contra un cielo como un ciclorama, Culo Rosa, discutiendo con Agustinito (o el ángel que se le parecía) la actitud equívoca (o nada equívoca) de Pío XII durante la guerra mundial, aún reciente. Y los otros amigos. Pero no vi a Maripi Almenara, hija de judíos comerciantes castellanos (los judíos no entran en el cielo, o tienen el suyo). Ni vi a doña Alfonsa la Millonaria, que sin duda ya había muerto y, por lo tanto, estaba en el infierno (suponiendo que aquello fuera el cielo). Pensé que los designios de Dios nunca son los nuestros. Tampoco estaba Iván Mateo, el ebanista, que había hecho tantos santos de palo, pero —ay— sin fe, ni estaba Teresita Rodríguez, quizá porque aún seguía viva, por alguna Capitanía General, poniéndole los cuernos a su cadete. Ni estaba su padre ni nadie de su familia. A todos les daba y emblanquecía una Luna que realmente no había. Conmigo venía José María Stampa, el sólido amigo, el futuro abogado, reconocible en traje de calle, como yo, sin transfiguraciones. No estaban san Pedro de Arlanza, ni Rufo el Barbas ni don Lince, ni ninguno de los que habían participado en la conjuración de sacristía contra don Luis, por su bien y beatificación. Estaba Alejandrito, en un rincón, palidísimo, oyendo su radio de galena. Unos fornicaban tras las columnas y otros se emborrachaban en corro. La boda de Davidito parecía que justificaba la juerga.

Pensé que aquel cielo era un poco como el de la *Comedia* del Alighieri, que me había hecho leer mamá desde muy pequeño, pero en versión parroquial, aunque Dante tampoco va mucho más lejos de su parroquia florentina. A la Ignacia se la beneficiaba un batallón de moros blanqueados y María de Plata, la puta de la calle de las Vírgenes o de la calle Padilla, no recuerdo, en todo caso, una puta que estaba allí desde los tiempos del palacio de Vivero, las crónicas de Culo Rosa y la boda de los Reyes Católicos, vino a mí, me separó delicadamente de José María Stampa y me llevó a fornifollar a otra trascocina.

Por cierto que unas puertas más lejos, como en una perspectiva de Vermeer (y ya sé que el resolver una descripción mediante una alusión culta es *kitsch*, según la Sontag: pero que le den por retambufa a la lesbiana y cancerosa de la Sontag), vi a mi Ángel de la Guarda, según Murillo, jodiendo con otro moro de turbante. Tampoco se veía por allí a Millán Astray, pero siempre he creído que Dios es más esteta que otra cosa, se rige por un criterio de belleza, antes que de Justicia, como han supuesto los coñazos que le interpretan sin haberle leído (y cómo leerle, si no escribió nada). De modo que Millán Astray no estaba allí por feo y demediado, antes que por otra cosa. Ni Pío XII ni la Virgen de Fátima aparecieron en ningún momento, aunque se les anunció mucho. La Virgen de Fátima creo que estaba en Zaragoza, de peregrinación, siguiendo su itinerario o galas, con ocasión de la toma de Hungría por los rusos. Tampoco estaba doña María.

María de Plata, con el pelo rizado y clareado, cubierta de collares y dijes más que de ropa, con el cuerpo moreno y fuerte, con aquella cosa que tenía de guerrero cartaginés, y que a ella le hacía reír tanto, cuando yo se lo decía, quizá había muerto de sífilis en su viejo barrio de reyes y meretrices, cronificado puntualmente por Culo Rosa, al que aquí y siempre rindo homenaje, María de Plata, morena de luna primaveral, me tendió en el sofá de mimbre de una trascocina, ahuecando almohadones debajo, me desnudó de medio cuerpo y me hizo felaciones. Luego, vestida sólo de sus collares, esclavas y pulseras, montó sobre mí, se clavó en mi cuerpo erecto y se violó repetidamente, proporcionándose sucesivos y crecientes orgasmos (yo había aprendido ya la técnica de mantener la erección, dejando los cuerpos cavernosos hinchados de sangre, y de retardar la eyaculación, mediante breves movimientos anafrodisíacos: quizá la remota Carmen la Galilea, que debía estar pecando por otro rincón del cielo, me había enseñado todo aquello).

Cuando María de Plata cayó sobre mí, ahogada y feliz, sudorosa y respirante, como un guerrero cartaginés con una lanza que le pasaba de lado a lado, me dejé ir dentro de ella, disfruté mi vegada, humedad y calor que la enloquecieron definitivamente. Tras un epílogo de murmullos y caricias (jamás hay que cortar bruscamente el lento apagamiento sexual y afectivo de la mujer), me puse en pie, a lavarme en el grifo de la trascocina, agua fresca y celestial, y me despedí de María de Plata con un beso en su gran boca todavía ahogante, volviendo a los claustros del noveno coro, por donde la luna era la más desnuda de todas las mujeres, y la más luminosa, a la busca de mi amigo Stampa. Bajamos juntos las escaleras del noveno coro, dejando atrás un eco dulcísimo e infernal de cielos pecadores, arpas y borrachos, zanfoñas y tenores. Íbamos al *Diario Pinciano*, muy señoritos, pisando las grandes salas de la noche, a entregar nuestras respectivas colaboraciones.

—Yo he sido monacillo en San Miguel toda una vida —le dije innecesariamente.

Los talleres del *Diario Pinciano*, a aquella hora, olían a aceite de barco y noticia antigua. Ya la primera vez que entrara yo en aquellos talleres, las grandes máquinas, los paquidermos de urgencia y acero, me persuadieron de que la literatura y el periodismo eran una realidad entre las realidades de la tierra, de que se podía ser escritor como se podía ser arquitecto, porque había toda una industria y una técnica dispuestas a corporalizar los vagos fantasmas de niebla y luz, los pensamientos, las ideaciones, las locuras interiores de uno.

La redacción, arriba, era el reino de Miguel, mirada clara que me seguiría toda la vida, como la de un hermano mayor al que se acepta casi como padre, por la nobleza y seguridad de su conducta. El resto del periódico olía un poco a Culo Rosa y sus ensayos plagiados de Pérez de Ayala, más la necesaria erudición pinciana. Los talleres eran el mundo de unos hombres oscuros que en aquel momento se ponían la gabardina sobre el mono azul, para irse a dormir. Emilio Cerrillo, viejo gacetillero de melena blanca y locoide, pajarita y cojera, poeta del catastro y berroqueño crítico teatral, había estado encargado aquella noche del cierre y nos recibió tan cordial y teorizador como siempre, a Stampa y a mí. Se hizo cargo de nuestras colaboraciones y mandó que las subieran a su mesa, en la redacción. Algún otro redactor rezagado se unió a la tertulia en pie, entre las máquinas, como respirando por última vez, en aquella jornada, el olor acre y crítico de la tinta. Había mucha controversia, porque Eisenhower, uno de los grandes héroes de la guerra mundial, iba a venir pronto a España para abrazar a Franco.

Terminaban los cincuenta. Lo de Eisenhower iba a ser la consagración del franquismo en el mundo. Aproveché para deslizarme entre ambos gloriosos generales, pronto reunidos por la Historia, y me fui del periódico sin despedirme de nadie, caminando por la calle Gamazo, hacia la estación del Norte. Iba a coger algún tren/tranvía hacia Madrid, para siempre, como un día el novio actor de Anita, la ahogada de la Sección Femenina, que luego resucitó, hizo mucha vida de guateque y, al final, boda por amor con Davidito. La ciudad, en mi última paseata nocturna, era un galeón de tierra adentro, volcado y lleno de sueños, arruinado y feo a trozos, bello y heráldico, también a trozos.

En la estación saqué mi billete de tercera. La fonda tenía un artesonado y unos frescos que habían estado siempre allí, en el techo, pero que miré por primera vez, mientras esperaba. Unos señoritos de Medina se emborrachaban en la barra, la última barra abierta de la ciudad. En los frescos medio abolidos del techo vi una orgía que era más o menos la del séptimo o noveno coro de San Miguel, y hasta me pareció distinguir, entre las pinturas, a las vírgenes necias, a María de Plata, a mi Ángel de la Guarda hembra, a Agustinito, a Davidito y Anita en su boda, a todos.

Afuera, en el andén, la noche era una inmensa y palpitante tela de araña que esperaba el insecto inminente que iba a entrar en ella: el insecto era el tren.

Villa Carola, abril de 1985.

NOVELAS GALARDONADAS CON EL PREMIO EDITORIAL PLANETA

1952. EN LA NOCHE NO HAY CAMINOS. *Juan José Mira*
1953. UNA CASA CON GOTERAS. *Santiago Lorén*
1954. PEQUEÑO TEATRO. *Ana María Matute*
1955. TRES PISADAS DE HOMBRE. *Antonio Prieto*
1956. EL DESCONOCIDO. *Carmen Kurtz*
1957. LA PAZ EMPIEZA NUNCA. *Emilio Romero*
1958. PASOS SIN HUELLAS. *F. Bermúdez de Castro*
1959. LA NOCHE. *Andrés Bosch*
1960. EL ATENTADO. *Tomás Salvador*
1961. LA MUJER DE OTRO. *Torcuato Luca de Tena*
1962. SE ENCIENDE Y SE APAGA UNA LUZ. *Angel Vázquez*
1963. EL CACIQUE. *Luis Romero*
1964. LAS HOGUERAS. *Concha Alós*
1965. EQUIPAJE DE AMOR PARA LA TIERRA. *Rodrigo Rubio*
1966. A TIENTAS Y A CIEGAS. *Marta Portal Nicolás*
1967. LAS ÚLTIMAS BANDERAS. *Angel María de Lera*
1968. CON LA NOCHE A CUESTAS. *Manuel Ferrand*
1969. EN LA VIDA DE IGNACIO MOREL. *Ramón J. Sender*
1970. LA CRUZ INVERTIDA. *Marcos Aguinis*
1971. CONDENADOS A VIVIR. *José María Gironella*
1972. LA CÁRCEL. *Jesús Zárate*
1973. AZAÑA. *Carlos Rojas*
1974. ICARIA, ICARIA... *Xavier Benguerel*
1975. LA GANGRENA. *Mercedes Salisachs*
1976. EN EL DÍA DE HOY. *Jesús Torbado*
1977. AUTOBIOGRAFÍA DE FEDERICO SÁNCHEZ. *Jorge Semprún*
1978. LA MUCHACHA DE LAS BRAGAS DE ORO. *Juan Marsé*
1979. LOS MARES DEL SUR. *Manuel Vázquez Montalbán*
1980. VOLAVÉRUNT. *Antonio Larreta*
1981. Y DIOS EN LA ÚLTIMA PLAYA. *Cristóbal Zaragoza*
1982. JAQUE A LA DAMA. *Jesús Fernández Santos*
1983. LA GUERRA DEL GENERAL ESCOBAR. *José Luis Olaizola*
1984. CRÓNICA SENTIMENTAL EN ROJO. *Francisco González Ledesma.*
1985. YO, EL REY. *Juan Antonio Vallejo-Nágera*